»Wie müßte eine Sprache gestimmt sein, um entsprechend andeutungsweise etwas über Musik sagen zu können?«

Rüdiger Görner legt hier eine außergewöhnliche Studie zum Verhältnis von Musik und Sprache vor. Von Bach über Mozart, Beethoven,
Chopin, Schumann bis hin zu Wagner, Strauss, Tschaikowsky und
Schönberg untersucht er in achtzehn Essays das Verhältnis der Komponisten zum geschriebenen Wort und geht der Frage nach, ob das Unerhörte, das sie in der Musik geschaffen haben, in ihrer Prosa ein Echo
findet. Fällt ihre Sprache durch eine eigentümliche Musikalität auf oder
durch ihr Gegenteil: durch eine trockene, betont nüchterne Diktion?
Und umgekehrt: wie verarbeiten große Autoren wie Kleist, Nietzsche,
Rilke, Benn und Stefan Zweig in ihrem Werk musikalische Elemente?
Görners Essays geben neue Einblicke in die künstlerischen Schaffens-
prozesse, in die Spannungsverhältnisse zwischen Inspiration und Reflexion.

Von Rüdiger Görner sind im Insel Verlag u. a. erschienen: *Mozarts
Wagnis*, 1991; *Streifzüge durch die englische Literatur. Von Alexander
Pope bis Harold Pinter*, 1998, it 2179; *Nietzsches Kunst. Annäherun-
gen an einen Denkartisten*, 2000, it 2610.

insel taschenbuch 2711
Rüdiger Görner
Literarische Betrachtungen
zur Musik

Rüdiger Görner

Literarische Betrachtungen zur Musik

Achtzehn Essays
Insel Verlag

insel taschenbuch 2711
Originalausgabe
Erste Auflage 2001
© Insel Verlag Frankfurt am Main und Leipzig 2001
Alle Rechte vorbehalten, insbesondere das der Übersetzung,
des öffentlichen Vortrags sowie der Übertragung
durch Rundfunk und Fernsehen, auch einzelner Teile.
Kein Teil des Werkes darf in irgendeiner Form
(durch Fotografie, Mikrofilm oder andere Verfahren)
ohne schriftliche Genehmigung des Verlages reproduziert
oder unter Verwendung elektronischer Systeme
verarbeitet, vervielfältigt oder verbreitet werden.
Vertrieb durch Suhrkamp Taschenbuch Verlag
Umschlag nach Entwürfen von Willy Fleckhaus
Satz: Hümmer GmbH, Waldbüttelbrunn
Druck: Nomos Verlagsgesellschaft, Baden-Baden
Printed in Germany

1 2 3 4 5 6 – 06 05 04 03 02 01

Inhalt

Vier Motti
quasi uno praeludio

Der Weg des Ohrs ist der gangbarste und
nächste zu unseren Herzen.

Friedrich Schiller · 1782

Die Musik hat Modellcharakter für die
Literatur. Wirkliche Musikalität, das
heißt Einsicht in die, beinah übergeistige,
überlogische, Natur der Musik, ist daher
für den Schriftsteller unerläßlich.

Alfred Döblin · um 1920

Denn die Architekturierung des Zeit-
ablaufs, wie sie von der Musik vollzogen
wird, diese unmittelbare Aufhebung der
zum Tode hineilenden Zeit, ist auch die
unmittelbare Aufhebung des Todes im
Bewußtsein der Menschheit.

Hermann Broch · 1947

Ich bin das Lied, / ich höre es nicht.

Günter Eich · 1957

Für Alfred Brendel,
den poetischsten Pianisten,
in herzlicher Verehrung

Komponistenprosa

Quasi una introduzione

Man muß schriftstellern, wie Componiren.
Novalis, Fragmente und Studien I

I

»Wie wenig der deutsche Stil mit dem Klange und mit den Ohren zu thun hat, zeigt die Thatsache, dass gerade unsre guten Musiker schlecht schreiben«, klagte Nietzsche im achten Hauptstück seines »Vorspiels einer Philosophie der Zukunft«, genannt *Jenseits von Gut und Böse.* Zu dieser Philosophie sollten ihm zufolge gerade »Musiker« Entscheidendes beitragen, nichts Geringeres nämlich als eine Art Klangweltbild und einen neuartigen, weil musikalisch inspirierten Denkrhythmus. Als Schöpfer sinnlich-geistiger Kunst schienen Nietzsche die »Musiker« im Prinzip besonders geeignet, Ton- und Wortkompositionen zu schaffen, die das Wechselspiel von Denken und Intuition im Sinne dieser Zukunftsphilosophie zum Thema haben könnten. Das aber setze voraus, daß die Komponisten auch als Wortkünstler ihr Anliegen reflektierten. Die Kunst philosophisch und die Philosophie künstlerisch werden zu lassen, das war für Nietzsche bekanntlich *die* Aufgabe der Zukunft – als »letzte metaphysische Tätigkeit«, um den Nihilismus zu bestehen. So jedenfalls skizzierte er sein Vorhaben in den Entwürfen zum *Willen zur Macht.*

Stillosigkeit in der Sprache der deutschen Komponisten – dieser Vorwurf Nietzsches gehörte zu seiner über ein Jahrzehnt dauernden Abrechnung mit Wagner. Dessen Essays kamen ihm zu gewunden vor, zu schachtelsätzig und die Libretti zu stabreimverliebt, zu lautmalend. Wer jedoch etwas unbefangener Wagners Schriften liest, sieht sich eher geblendet von der stilistischen Brillanz dieses Künstlers, verwirrt zuweilen von der Variationsbreite dieses Stils, freilich auch oft befremdet von allzu gesuchten Wendungen und einer nicht immer passenden Langatmigkeit. Was Wagner schrieb, konnte durchaus glänzen. Er war ein Pamphletist, der das Unerhörte in der Musik provokativ anzukündigen verstand, und ein Briefeschreiber, der sich subaltern genug seinem Schwanenkönig zu nähern wußte, um ihn besser rupfen zu können. »Was ich niederschreibe, ist alles Superlativ«, meinte Wagner einmal. Mit Carl Maria von Weber hätte er ausrufen können: »Ich will ihnen das Wort nennen, das mir zur Energie des Ausdrucks verhilft, es heißt: Übertreibung!« Der Komponist des *Freischütz* ergänzte jedoch: »Freilich ist Übertreibung ein großer Fehler, wenn sie von dem Publikum an dem Kunstwerk bemerkt wird. Aber dem Künstler ist sie ein hilfreicher Genius.«

Wagner kümmerte eine solche Einschränkung nicht mehr. Superlativisch war schon sein »künstlerisches Glaubensbekenntnis« von 1841 ausgefallen, in dem er sein Ich zum Über-Ich zu steigern versuchte: »Ich glaube an den Heiligen Geist und die Wahrheit der einen, unteilbaren Kunst ... Ich glaube, daß ich auf Erden ein dissonierender Akkord war, der sogleich durch den Tod herrlich und rein aufgelöst werden wird.« Ob in der Rolle des Kunstpriesters oder Leitartiklers, des Kunsttheoretikers oder Bittstellers, des Polemikers oder Weisen, Wagner verstand sich auf jede nur denkbare Stilebene. Und wenn er sich um die Belange der »Zukunftsmusik« kümmerte, gelangen ihm Passagen von besonderer rhetorischer Eindringlichkeit: »In Wahrheit ist die Größe des Dichters am meisten danach zu ermessen, was er verschweigt, um das Unaussprechliche selbst schweigend uns sagen zu lassen. Der Musiker ist es nun, der dieses Verschwiegene zum hellen Ertönen bringt, und die untrügliche Form seines laut erklingenden Schweigens ist die unendliche Melodie.«

Das Eigenartige an Wagners Stil ist jedoch, daß durch ihn Getragenes und Ausfälliges, Subtiles und Krudes bedenklich nahe beieinanderstehen können; man denke an seine philosophisch gestimmte Prosahymne auf Beethoven und an seine primitiven Invektiven gegen die Juden in der Musik. An solchen Stellen ist man durchaus geneigt, Nietzsche zuzustimmen: Der »Fall Wagner« versteht sich nicht nur als ein stilistisch-ästhetisches, sondern vor allem auch als ein psychologisches Problem.

Was interessiert überhaupt an der Komponistenprosa, an den Briefen und Aufzeichnungen der Tonsetzer? Ob das Unerhörte, das sie in der Musik geschaffen haben, in ihrer Wortsprache ein Echo fand; ob ihre Sprache nicht doch, Nietzsches Behauptung zum Trotz, durch eine eigentümliche Musikalität auffällt oder durch ihr Gegenteil: eine trockene, betont nüchterne Diktion.

Um vorerst bei Wagner zu bleiben, diesem Sonderfall in der Musikgeschichte, diesem Faszinosum und Ärgernis, diesem schillernden Gesamtkünstler, der die Einheit von Wort und Ton und Bild propagiert hatte: Emphatischer als er hatte vor ihm nur Beethoven geschrieben, programmatischer niemand. Seine Sätze gerieten ihm stets zu Absichtserklärungen. Er verstand sich darauf, zu bekennen und zu verdrängen. Von Schumann hatte er die kritische Besprechung eines Musikstücks gelernt, ihre ironische Verkleidung bei E. T. A. Hoffmann, den ganzheitlichen Anspruch bei

Goethe, den Umgang mit dem Mythos bei Äschylus und mit dem Pessimismus bei Schopenhauer. Kein Komponist hatte sich konsequenter vorge*schrieben*, was er zu komponieren gedachte. Daß er selbst sich daran nicht immer hielt, gereichte seiner Musik nicht zum Nachteil.

Mit Wagner kam die Ideologie in die Musik. Gerade seine Briefe zeigen, wie er diese Ideologisierung der Tonkunst vorbereitete. Die Essays arbeiten sie aus, und seine musikdramatischen Kompositionen verwirklichen sie dann bis zur Aufhebung seiner Ideologie, und zwar an jenen Stellen, an denen die Intuition, der Einfall Oberhand gewinnt, im Vorspiel zum *Lohengrin* etwa oder im Siegfried-Idyll oder in der Gestalt Kundrys.

Drei Briefe Wagners seien genannt, in denen Kritik, Programm und seine scheinbare Verklärung vorgeführt werden: Sein Brief *Über Franz Liszts Symphonische Dichtungen* von 1857 an Marie Wittgenstein, sein *Brief an Hector Berlioz* vom Februar 1860 sowie sein später *Brief an Heinrich von Stein* vom Januar 1883, dem Vermächtnischarakter zukommt.

Wagners Brief über Liszt ist eine sophistische Meisterleistung, eine Ekloge auf diesen symphonischen Dichter und versteckte Kritik an ihm, ein Bekenntnis zur Kunst Liszts, aber nur in ihrer Eigenschaft als Wegbereiterin von Wagners eigenen Intentionen: »Hören Sie meinen Glauben«, beschwört Wagner seine Adressatin, »die Musik kann nie und in keiner Verbindung, die sie eingeht, aufhören die höchste, die erlösendste Kunst zu sein.« Dem Glaubensbekenntnis darf dann ein zwiespältiges Lob der Kompositionen Liszts folgen: »Diese geniale Sicherheit der musikalischen Konzeption spricht sich bei Liszt sogleich im Beginn des Tonstückes mit einer Prägnanz aus, daß ich oft nach den ersten sechzehn

Takten erstaunt ausrufen mußte: ›genug, ich habe alles!‹« Im Klartext lautet das: In Liszts Musik entwickelt sich nichts, nach sechzehn Takten kann man getrost weghören.

Im Brief an Berlioz argumentiert Wagner als ästhetischer Dialektiker, der die »Vereinigung aller Künste« als logischen Schritt in der Entwicklung der Künste vorstellt und, nebenbei, um Asyl für seine Kunst in Frankreich bittet, um schließlich seiner »herzlichen Sehnsucht, mit der ich der ersten und hoffentlich durchaus gelingenden Aufführung der ›Trojaner‹ entgegensehe«, Ausdruck verleiht. Die (eigen-) logische Argumentation geht in Emotionen und Ironie auf – eine für Wagner durchaus typische rhetorische Abfolge.

Ein Kuriosum stellt Wagners letzter großer Brief an Heinrich von Stein dar. Er zeugt einerseits von Wagners Überdruß an den ideologischen Auseinandersetzungen in seiner Zeit, den Debatten über »Anschauungen«, denen er das reine »Sehen und Schweigen« gegenüberstellt und beiläufig zur einleuchtendsten Charakterisierung der Bühnenkunst im aufkeimenden Symbolismus findet. Dieses symbolistische Drama, meint Wagner in besagtem Brief, sei »das aus unsrem schweigenden Innern zurückgeworfene Spiegelbild der Welt«. Doch nach diesem gerüttelten Maß an Ideologiekritik fällt er selbst wieder ins Abstrus-Ideologische zurück und spricht von einer neuen (rassistischen) Kultur der »Völkerstämme«, die aufräumen solle mit der gänzlich ›semitisierten‹ sogenannten lateinischen Welt.

Wagners Prosa ist aber deswegen so bedeutsam, weil in ihr Schärfe und Unschärfe miteinander wettweifern, poetischer Ausdruck und brüskes, ja, skandalöses Urteil. Seine oft verzweigten Satzgefüge spiegeln Wagners Verstricktheit in seinen eigenen Widersprüchen; die plötzliche Apodiktik seiner Kritik legt seinen geradezu totalitären Anspruch in

Fragen der Kunst bloß; und die dann und wann ausufernde, ins Blumige geratende Sprache, seine Wortkaskaden über das Thema »Schweigen« zeigen sein Verhüllungsbedürfnis und das Verliebtsein in die eigene Rede, das Frau Cosima, eckermannhaft beflissen, noch zusätzlich nährte. Nur eines ereignet sich in dieser Sprache nicht: ein Aufbruch ins Sprachexperiment. Alles bleibt gebunden, knittelversig oder schopenhauernd, romantisch getragen, ohne »chromatisch« zu erden. Beethoven etwa schrieb weitaus experimenteller, war wagemutiger im sprachlichen Ausdruck, Mozart unendlich verspielter, beständig zwischen den Ausdrucksebenen modulierend.

Wagner konnte nicht anders, als sich programmatisch zu äußern, ob in Fragen des Gefühls oder Geschmacks. Mit ihm kam nicht nur ein neuer Klangzauber in die Musik, sondern auch ein ungewohnt grundsätzlicher Ton in den Diskurs über Musik. Wer nach Wagner als Komponist Essays schrieb, verwandte sich entweder für oder gegen das, was der Bayreuther Meister vertreten hatte. Unheil ahnend, meinte Verdi, dessen Bedeutung als Briefeschreiber Franz Werfel als erster erkannt hatte, in einem Brief an seinen Freund, Conte Arrivabene, aus dem Jahre 1875: »Ich könnte Dir nicht sagen, was man tun soll, um aus dieser Krise der Musik einen Ausweg zu finden. Der eine möchte Melodiker sein wie Bellini, der andere Harmoniker wie Meyerbeer; ich möchte weder das eine noch das andere, und wenn es nach mir ginge, dürfte ein junger Mensch, der zu komponieren beginnt, nie daran denken, Melodiker, Harmoniker, Realist, Idealist, Zukunftsmusiker zu sein, oder was sonst der Teufel an pedantischen Formeln erfunden hat. Melodie und Harmonie dürfen in der Hand des Künstlers nur Mittel sein, um Musik zustande zu bringen – und wenn einmal der Tag kommt, an dem man nicht mehr von Melodie und Harmonie, von deutscher und italienischer Schule, von Vergangenheit und Zukunft der Musik spricht, dann wird wohl das Reich der Kunst erst beginnen.« Bei Verdi blieb dies eine private Äußerung. Wagner hätte dergleichen umgehend veröffentlicht.

II

Der erste große Wortsprachkünstler unter den Komponisten war fraglos Mozart gewesen. Bei aller Schlichtheit in Ausdruck und Syntax sind seine Briefgebilde labyrinthisch, nach 1787 zunehmend abgründig, das Bodenlose ahnend, auf das er sich vorgewagt hatte. Vor Mozart übten sich manche Komponisten allenfalls im Verfassen »Gründlicher Violinschulen«, schrieben Vorworte zu »Clavierübungen« oder kompilierten »Getreue Musikmeister«-Stückchen. Ansonsten beließen sie es bei Bittschriften und persönlichen Briefen, die meist vermieden, Grundsätzliches anzusprechen. Händel äußerte sich gelegentlich über exotische Pflanzen, die er in Vauxhall Gardens gesehen hatte und unbedingt Telemann schicken wollte, Carl Philipp Emanuel Bach verfaßte diesen oder jenen unschicklich erbosten Brief, allein Gluck äußerte sich von Fall zu Fall programmatisch, etwa im Vorwort zu seiner *Alceste*, die seine Opernreform einleitete, also geradezu zweckgebunden komponiert war, und Telemann selbst verstand sich sogar auf ein Stück Selbstkritik: »Ich habe mich nun von so vielen Jahren her ganz marode melodirt, und etliche Tausendmal selbst abgeschrieben/copirt, wie andere mit mir, mithin also daraus geschlossen: Ist in der Melodie nichts Neues mehr zu finden, so muß man es in der Harmonie suchen.«

Nur eines findet man in allen diesen Äußerungen nicht: einen Wortspiegel der musikalischen Kompositionsweise. Seine Konturen werden erst in den Briefen Mozarts sichtbar, in der souveränen Art seiner Wortbehandlung, die vor Neuprägungen ebensowenig zurückschreckt wie vor kühnen Inversionen in der Syntax. Anders als etwa in Haydns wortsprachlichen Zeugnissen beginnt in Mozarts Briefen die Sprache selbst in Bewegung zu geraten; sie gibt sich melodisch, rhythmisiert, sie weist gleichsam Dur-Moll-Schattierungen auf oder drastische Stimmungsumschwünge und spielt durch, was ihr an Lautmalereien zur Verfügung steht. Mozart verstand sich in seinen Briefen aber nicht nur auf burleske Worttänze, sondern auf präzise Beschreibungen seiner kompositorischen Absichten. Auch über das Wort-Ton-Verhältnis äußert er sich genau: »verse sind wohl für die Musick das unentbehrlichste – aber Reime – des reimens wegen das schädlichste; – die herrn, die so Pedantisch zu werke gehen, werden immermit sammt der Musick zu grunde gehen. –«

Buffonesk meldete sich Mozarts Subjektivität zu Wort, dynamisch-expressiv jene Beethovens, impressionistisch geradezu jene Schuberts. In manchen seiner Briefen gelangen Schubert Landschaftsschilderungen von eigentümlicher Güte, ob des Salzburger Landes oder der Pußta; knappe Mitteilungen und lyrisches Schwärmen wechseln einander ab. »Tiefer Sehnsucht heil'ges Bangen / Will in schön're Welten langen«, so lautet der Anfang seines im Frühsommer 1823 notierten Gedichts *Mein Gebet*. Immer wieder zelebriert er das »Schöne« in seinen Briefen und Aufzeichnungen, das er nicht näher zu qualifizieren bereit war, allenfalls durch eher vage Behauptungen. Ein Gedicht seines Freundes Bauernfeld lobt er, nennt es »schön« aufgrund seiner »erhabenen Lustigkeit und komischen Erhabenheit«. Eine *Frei-schütz*-Aufführung im Kärntnertor-Theater ist für ihn einfach das Gegenteil, nämlich »schlecht« – ohne Angabe von Gründen. Doch kann es bei ihm auch zu sprachlichen Ausbrüchen kommen: »Das Wetter ist hier wirklich fürchterlich, der Allerhöchste scheint uns gänzlich verlassen zu haben, es will gar keine Sonne scheinen. Man kann im Mai noch in keinem Garten sitzen. Schrecklich! fürchterlich!! entsetzlich!!! für mich das Grausamste, was es geben kann!« Von Mozart bis Liszt ist sie allen zu eigen gewesen, diese Art von Accelerando-Prosa, deren Ausrufungszeichen sich bei Beethoven versechsfachen konnten.

Unter den Komponisten der Romantik fällt besonders der Sprachstil Schumanns und Chopins auf. Schumann war der wahre Schriftsteller unter den Komponisten, der nicht nur der Musikkritik zu einem quasi poetischen Niveau verhalf, sondern seine Essays und Briefe wie romantische Dichtungen verfaßte. Was Schumann unter den Pseudonym »Eusebius«, »Florestan« oder »Raro« schrieb, liest sich wie eine Kreuzung von Wackenroders Erzählung *Das merkwürdige musikalische Leben des Tonkünstlers Joseph Berglinger* und E.T.A. Hoffmanns *Don Juan*. Auch Jean Pauls Ironie funkelt in Schumanns musikkritischer Prosa, deren anmutige Stellen wiederum an die sprachliche Eleganz Chamissos erinnern. Für Schumann lag es nahe, bei der Entdeckung der C-Dur-Sinfonie von Schubert und ihren »himmlischen Längen« an einen vierbändigen Roman von Jean Paul zu denken. Bezeichnend, wie er die Größe des Niemals-endigen-Könnens begründet: Leser und Hörer sollten dadurch zum ständigen »Nachschaffen« angeregt werden.

Und es spricht, wenn Schumann schreibt, selten nur eine Stimme. Vierstimmig redet er zum Beispiel über Beethoven, als Florestan, Jonathan, Eusebius und Raro, zweistimmig über weniger bedeutende Komponisten, aber stets einstimmig verträumt von Schubert. Man lese seine Besprechung von Schuberts »allerletzter Komposition«, den drei großen Klaviersonaten, um zu erleben, was »poetische Musikkritik« meint: »Es gab eine Zeit, wo ich nur ungern über Schubert sprechen, nur nächtens den Bäumen und Sternen von ihm vorerzählen mögen. Wer schwärmt nicht einmal! Entzückt von diesem neuen Geist, dessen Reichtum mir maß- und grenzenlos dünkte, taub gegen alles, was gegen ihn zeugen könnte, sann ich nichts als auf ihn … Mir scheinen diese Sonaten auffallend anders als seine andern, namentlich durch eine viel größere Einfalt der Erfindung, durch ein freiwilliges Resignieren auf glänzende Neuheit, wo er sich sonst so hohe Ansprüche stellt, durch Ausspinnung von gewissen allgemeinen musikalischen Gedanken, anstatt er sonst Periode auf Periode neue Fäden verknüpft. Als könne es gar kein Ende haben, nie verlegen um die Folge, immer musikalisch und gesangreich rieselt es von Seite zu Seite weiter, hier und da durch heftige Regungen unterbrochen, die sich aber schnell wieder beruhigen. Ob in diesem Urteile schon meine Phantasie durch die Vorstellung seiner Krankheit verführt scheint, muß ich Ruhigeren überlassen.«

Schumann erreicht in rhetorisch geschickt aufgebauten Passagen wie dieser zweierlei: Er erweckt den Eindruck, als nähere er sich Schubert als naiver Hörer, der seinem Schwärmen nachgibt. Zum anderen meldet er leise Kritik an (»es rieselt von Seite zu Seite weiter«), wobei er aber gleichzeitig auf die uneingelöst bleibende Utopie (er sagt: »Sehnsucht«) eines jeden Komponisten anspielt: die nie enden müssende unendliche Melodie zu komponieren, einen alles durchdringenden Pan-Melodismus – ein Anliegen, das bei Wagner zur Obsession werden sollte und im Serialismus unserer Tage abermals aktuell geworden ist.

Anders Chopin. Seine Briefprosa setzte sich von der Musik geradezu ab. Während man bei Schumann selbst in der Diktion seiner Kritiken an den Klang seiner Musik erinnert wird, wirken Chopins Briefe durch den Kontrast zu seinen Kompositionen. Seine Sprache hat nichts Tänzerisches, nichts Verträumtes, nichts Spielerisch-Schwebendes. Sie zeichnet sich durch Nüchternheit aus, sie berichtet, ironisiert à la Heine, sie kann gesellschaftskritisch sein, analytisch, eher realistisch denn romantisierend. In seinen brieflichen Befunden über den Zustand der Welt und seines Ichs gibt er sich stets selbstkritisch und stilbewußt. Er bemüht Buffons berühmten Satz »Le style est l'homme même«, um sogleich zu ergänzen: »Mein Stil ist ziemlich dumm.« Nein, das war er nicht, eher treffsicher, am Detail orientiert, gelegentlich schalkhaft: »Amüsieren Sie sich mit Bach für mich«, schreibt er seiner ehemaligen Schülerin Marie de Rozières, die mit Bach stets wenig anzufangen wußte.

Introspektion vermeiden diese Briefe. Chopin nennt den Grund: »Wenn ich über mich nachdenke, wird mir so traurig zumute, daß mich oft irgendwie das Bewußtsein verläßt.« Was ihn aber zum literarischen Briefeschreiber macht, ist sein Interesse an der möglichst genauen Wiedergabe seiner Umwelt, die durch Vergleiche oder Anspielungen immer auch die Verwandlung dieser unmittelbaren Erfahrung andeuten. Sein erster Brief aus Palma vom November 1838 beginnt so: »Ich bin in Palma, unter Palmen, Zedern, Kakteen, Oliven, Orangen, Zitronen, Aloen, Feigen, Granaten usw. Was immer der Jardin des Plantes in seinen Öfen hat. Der Himmel ist wie Türkis, das Meer wie Azur, die Berge wie Smaragde, die Luft wie im Himmel. Am Tage herrscht Sonne, alle gehen sommerlich gekleidet, und es ist heiß; in der Nacht hört man stundenlang Gitarren und Gesang. Riesige Balkone mit Weintrauben über dem Kopf; mauretanische Gemäuer.« Nun folgt der entgrenzende Hinweis: »Alles schaut ebenso wie die Stadt nach Afrika.« Zu sein, wo man nicht ist, ein Lebensgefühl, das Chopin nie los wurde.

Eigenwert kommt jenen Briefen Chopins zu, die er 1848 aus England und Schottland geschrieben hat, Stimmungsberichte, die ins Epische ausgreifen, scharfsinnige Bemerkungen über London und den britischen Adel. In diesen Briefen aus seinem vorletzten Lebensjahr erweist sich Chopin abermals als Ironiker von Heineschen Graden: »Die Leute hier sind häßlich«, heißt es in einem Brief aus Edinburgh, »aber dem Anschein nach gut. Dafür gibt es hier reizendes Vieh, doch anscheinend bösartig, herrliche Milch, Butter, Eier und alles, was daraus folgt: Käse und Hähnchen.«

Vor seiner Abreise nach England hatte Chopin in Paris das Rumoren der Revolution vernommen, die Beklommenheit vor dem großen Sturm gespürt (»Paris ist ruhig vor Angst«); in England registriert er Mangel an revolutionärem Bewußtsein, Geschmacksverirrung und Trägheit. Er erkennt, daß das englische Bürgertum im Grunde nicht die Macht des Adels beschränken, sondern nur seine *Handels*freiheit bestätigt sehen will. Und weiter: »Unter den Bürgerlichen muß man etwas Verblüffendes, Mechanisches aufweisen, was ich nicht kann; die höhere Gesellschaft, die reist, ist sehr stolz, aber gebildet und gerecht, wenn sie hinzuschauen geruht, doch ist sie durch tausenderlei Dinge so zerstreut, so von Langeweile der Konvenance umgeben, daß ihr alles einerlei ist, ob die Musik gut oder schlecht ist, wenn sie sie vom frühen Morgen bis in die Nacht hören muß. Denn hier gibt es Blumenausstellungen mit Musik, Diners mit Musik, Verkaufsbasare mit Musik; Savoyarden, Tschechen, meine Kollegen, alles wird wie Hunde durcheinandergemischt.« Eine Bastardenkultur, die dennoch glänzt und glittert, aber, so legt Chopin nahe, nichts Genuines mehr hervorbringt. Nichts hat Chopin romantisierend ausgeschmückt, nichts verklärt. Er beobachtete und liebte es, die Dinge zu entzaubern; um so geheimnisvoller konnte dann seine Musik sein.

III

Seit Wagner schreiben theoriebewußte Komponisten kontroverser und »engagierter«. Die Moderne in der Musik gab sich von Anbeginn programmatisch, kämpferisch. Die Reflexion hatte zwar schon der späte Schumann als Quelle der Inspiration erkannt. Doch erst um 1900 stabilisiert sich diese Einsicht. Hatte Brahms noch die reine Emotionalität verteidigt und Tschaikowsky an einer spätromantisch literarisierenden Musikkritik festzuhalten versucht, so ersetzte in den Schriften Regers, Pfitzners und des frühen Richard Strauss die scharfe Polemik den ausgeruhten Ton der Romantiker. Um 1900 entbrannten sie aufs neue, die »Querelles des Anciens et des Modernes«, nicht zuletzt durch Hugo Riemanns 1907 veröffentlichten Affront *Degeneration in der Musik*, eine Fortsetzung dessen, was Eduard Hanslick gegen den Modernismus Wagners vorgebracht und als Schmähung des »Musikalisch-Schönen« gebrandmarkt hatte: den Verrat an der Harmonie. Die Komponisten beider Lager, Reger und Strauss auf der einen und Pfitzner auf der konservativen Seite, wußten wortgewaltig ihre Ar-

gumente zu vertreten. Doch Nietzsches Forderung, daß
der Sprachstil selbst zum Argument werden solle, konnten
sie alle nicht erfüllen. Das gelang erst Ferrucio Busoni mit
seinem Rilke gewidmeten *Entwurf einer neuen Ästhetik
der Tonkunst* und den Schriften Claude Debussys, der sogar
die Form des offenen Briefs an einen Toten, nämlich an
Christoph Willibald Gluck, wählte, um seinen musikästhe-
tischen Vorstellungen Gehör zu verschaffen, die auf einen
um Wagners Einfluß verminderten Modernismus in der
Musik hinausliefen.

Busonis *Entwurf* fällt vor allem durch die Deutlichkeit
seiner Diktion auf. Sie kennt keine Schnörkel wie die Prosa
Regers und Pfitzners. Sie will neoklassizistisch und modern
klingen und ist es auch: »Jede Notation ist schon Transkrip-
tion eines abstrakten Einfalls«, heißt es in dieser konkreten
Utopie der modernen Musik, die auf das Schweigen setzt:
»Was in unserer heutigen Tonkunst ihrem Urwesen am
nächsten rückt, sind die Pause und die Fermate ... Die span-
nende Stille zwischen zwei Sätzen, in dieser Umgebung
selbst Musik, läßt weiter ahnen, als der bestimmtere, aber
deshalb weniger dehnbare Laut vermag.«

Schönberg, der Busonis Versuch mit kritischen Anmerkungen versehen hat, bemühte sich in seiner Wortsprache
um eine noch konsequentere Verknappung, etwa in seinem
Vorwort zu den *Sechs Bagatellen für Streichquartett* von
Anton Webern: »So eindringlich für diese Stücke die Für-
sprache ihrer Kürze, so nötig ist andererseits solche Fürspra-
che eben für diese Kürze. Man bedenke, welche Enthaltsam-
keit dazu gehört, sich so kurz zu fassen. Jeder Blick läßt sich
zu einem Gedicht, jeder Seufzer zu einem Roman ausdeh-
nen. Aber einen Roman durch eine einzige Geste, ein Glück
durch ein einziges Aufatmen auszudrücken: solche Konzen-

tration findet sich nur, wo Wehleidigkeit in entsprechendem Maße fehlt.«

Nach Schönberg ist die Komponistenprosa zunehmend herber geworden, technischer, trockener. Wer wagte noch wie der junge Richard Strauss über Wagners *Siegfried* zu schreiben: »Und wenn Du die ersten Szenen des ersten Aktes gehört hast, hast Du das ganze Gewäsch gehört, denn es wiederholt sich alles wieder ... Der Anfang des dritten Aktes ist ein Lärm zum Ohrenzerreißen. Die ganze Oper kannst Du in hundert Takten ausdrücken, denn es ist immer das Gleiche und immer gleich langweilig, scheußlich, hundemäßig.« Die kritischen Rationalisten schreiben nüchterner, Bernd Alois Zimmermann etwa oder Mauricio Kagel. Aber die große Ausnahme sei nicht vergessen, der literarischste unter den zeitgenössischen Komponisten: Hans Werner Henze. Henze hat sich in vielem als jener musikalische Sprachkünstler erwiesen, den Nietzsche mit seiner Bemerkung gemeint hatte, ein Komponist »südlicher« Musik, die sich auch in seiner Wortsprache umsetzt, am gelungensten wohl in seinen *Canzonen von Neapel*, in Passagen wie diesen: »Was ich in Neapel sehe und höre: Es ist Winter. Die Sonne war tagsüber gleißend weiß, aber von geringer Kraft, und die Schatten haben eine feuchte Kälte in den langen und winkligen Straßen auch zur Mittagszeit festgehalten, als ein fernes Licht für Augenblicke über die Hinterhöfe zu kommen versuchte ... Die Stadt ist von Geräuschen erfüllt, von gellendem Lärm, beunruhigenden Lauten, und es scheint, daß das alles mit Singen zu tun hat, vom Singen herkommt und in Singen endet. Aber es fängt an mit dem Sprechen. Nicht Sprechen im europäischen Sinne – es ist ein Durchlaufen aller erdenklichen Klangfarben, immer mit der Tendenz, in Gesang zu münden, es ist Zärtlichkeit, Weichheit, es ist

der rauhe, schwere Laut der Fischersprache, die wenigen
städtischen Akzente der *lazzaroni*, schnelle aufgeregte *stac-
cati* und milde beteuernde *legati*, das Pathos der *commenda-
tori*, Seufzen, Schmeicheln, Lästern der *cavalieri*, da ist das
Flüstern der Huren, und da ist das warme und gute Reden
der Liebenden, und dann geht es in Schreien über: Stimm-
bänder wie gespannte Bogensehnen, da schnellt der Schrei
in die Luft.«

Eine Beobachtung, verdichtet zu einer in sich vielfach dif-
ferenzierten Klangerfahrung. Der Ton der Sprache zählt,
nicht ihre konkrete Bedeutung. Die Reihung der einzelnen
Eindrücke baut sich allmählich zu einem Spannungsbogen
auf, inhaltlich wie formal. Aus einem *solchen* Spracherleben
kann dann, scheinbar mühelos, Musik werden.

»Flöten gehn ihm voraus ...«

Johann Sebastian Bach
in den Augen der Dichter

für Oliver Kohler

I

»Andre schüfen nicht auch, die Zauberhalle zu ordnen, /
Gang und Verhalt?« fragte Friedrich Gottlieb Klopstock in
seiner späten, ein halbes Jahrhundert nach Johann Sebastian
Bachs Tod verfaßten Ode *Die Musik*. Wer war gemeint? Die
ihrer Zeit Entrückten, die Jenseitigen, mythische Gestalten,
Klopstock nannte sie »die Bewohner der Leier«, Apollon
und Orpheus. Und die »Zauberhalle«? Sie galt ihm als Bereich, in dem Diesseits und Jenseits eins werden konnten –
nach eigenem »Gang und Verhalt«, eben Rhythmus und
Takt.

Der greise Klopstock lauschte der musikalischen Ordnung der Dinge, in der die Zeitverhältnisse nichts als Intervalle zu sein brauchten. Im Zitat aus einer anderen Welt
verbirgt sich eine Vision: Die »lautere Form« der Musik
solle den Menschen läutern; das wiederum meinte, sie solle
ihn vorbereiten auf das Andere, das hinter den weltlichen
Dingen warte. Wer das hinter uns Liegende durchdringt
oder »aushorcht«, spürt genauer, was uns bevorsteht. Auch
Johann Sebastian Bach rief »das Andere« auf, das, was
bereits zu seiner Zeit anachronistisch klang, in der *Kunst
der Fuge* etwa, die abgelebt geglaubten Formen neue Möglichkeiten abgewann. Aber auch diese neue Gestalt alter
Formen sollte nicht zeitgemäß klingen, sondern durchaus
fremd wirken.

Eine andere, soll man sagen »alte« Welt war auch schon 1747 in seinem *Musikalischen Opfer* erklungen. Sie erlebte ihre Apotheose in jenem sechsstimmigen Ricercar, in dem die Form selbst zum Gehalt werden konnte. »Allerunterthänigst« war sie jenem, nicht nur musikalische Themen vorgebenden Monarchen gewidmet, der eben diese alte Welt zertrümmert hatte durch die Verletzung der sächsischen Hoheitsrechte und die Annexion Schlesiens.

Hatten die Preußen nicht 1745 Bachs Leipzig belagert, die Felder ringsum verwüstet, die Stadt an den Rand einer Hungerkatastrophe gebracht? Bachs Antwort war eine Kantate gewesen: *Du Friedefürst, Herr Jesu Christ*, eine der sehnsuchtsvollsten Kompositionen, die der späte Bach vollendet hat, eine musikalische Utopie, ein ästhetischer Entwurf zum »ewigen Frieden«. Und doch besuchte er zwei Jahre später den Verwüster Sachsens, diesen rastlosen Neuerer, der Brachialgewalt nicht scheute, diesen hochkultivierten Radikalen. Und Bach improvisierte vor ihm, ließ eine andere Sphäre erklingen, eine unbeschädigte, ruhevolle. Welten lagen zwischen ihr und dem Flötenparlando des Königs und seiner Quantzens. Zwischen diesen Welten stand Bachs Sohn, Philipp Emanuel, Friedrichs Hofcembalist. Er lebte in der Formenwelt des Vaters, konnte ihr aber entwachsen, nicht stürmend und drängend, eher verhalten, durchaus selbstsicher.

Was war dieses Improvisieren vor dem König? Ein Ausdruck musikalischen Widerstands? Eine ironische Pointe dieses spottlustigen und devoten Director musices aus Leipzig?

In dem zu Hause ausgearbeiteten *Musikalischen Opfer* ließ Bach freilich keine Ironie zu. Die kanonische Fuge, die Triosonate, das Ricercar entstammten überlegen ausgespieltem Können. Sie glichen Skulpturen, die er mitten in seine Zeit gestellt hatte, gearbeitet aus fremdem Ton-Gestein, dem man anmerkte, daß es einen langen Weg hinter sich hatte.

Szenen, Anekdoten, Legenden: Bach in Potsdam, Bach als gestrenger Lehrer, derb polternd, dann wieder verklärt komponierend, Bach der sorgen- und liebevolle Vater, der alle Schicksalsschläge komponierend meistert, Bach als Kollege, der dem Organisten der Leipziger Universitätskirche, Johann Gottlieb Görner, die Perücke an den Kopf wirft mit den Worten, er hätte besser Schuster werden sollen. Man mache sich ein Bildnis von Bach – und es ist unzureichend bis falsch.

Wolfgang Hildesheimer stellte fest: »So besteht denn Bachs Leben für uns aus Daten, Fakten und didaktischem Kitsch. Denn seine Selbstzeugnisse – Gesuche, Anträge, Gutachten, Bewerbungen, Beschwerden – sprechen keine Sprache: ihre floskelhafte Stilisierung, ihr devoter Stil ersticken jegliche Empfindung.« Selbst einen Brief an den Jugendfreund Georg Erdmann begann Bach mit der Formel »Hochwohlgebohrener Herr«, und er schloß ihn mit einem »gantz gehorsamst ergebensten Diener«. War diese Selbsterniedrigung Maske oder einfach die andere Seite seiner Sicherheit in künstlerischen Fragen? Er konnte verhandeln, und er verstand sich auch darauf, nach 1726 jeweils zur Leipziger Messe eine seiner Kompositionen erscheinen zu lassen. Bach wußte sich durchzusetzen, bei allen Enttäuschungen und Herabsetzungen, die er sich von den Leipziger Behörden gefallen lassen mußte. Brauchte er die Enge, das Kleine, die Devotion, um sich komponierend aufschwingen zu können in ungeahnte Höhen, in Tongewebe von ätherischer Enthobenheit, die man noch immer empfindet, wenn ein Chor einsetzt in der *Matthäus-Passion* oder in der *h-Moll-Messe*?

Was geschieht in uns, wenn die Spiegelfuge erklingt, die zwölfte aus der *Kunst der Fuge*, wenn die Kontrapunkte reflektieren, das meint, gespiegelt werden wie ein Lichtstrahl auf einer Wasserfläche, aber auch: wie der Kontrapunkt innezuhalten, ja, nachzudenken scheint über sich selbst, über das bisher musikalisch Zurückgelegte?

Der selbstsichere Bach? Hat er nicht immer wieder verbessert, verändert, die Teile umgruppiert, weltliche Musik in sakrale Kompositionen integriert, neu gesetzt? Er hat verbessert, wo andere selbstzufrieden aufgehört hätten. Das eben ist der Unterschied. Bach war selbstsicher genug, zu wissen, daß weitere Veränderungen Verbesserungen bedeuten würden. Deswegen konnte er sich auf diesen beständigen Verwandlungsprozeß einlassen.

Bach steht für Ernst und Tiefe, aber als Spiel. *Spiel* bedeutet nicht spielerisch, sondern *ludus tonalis*, Spiel der Töne mit sich selbst und miteinander, Variationen, Wirbel verschiedenster Tonbeziehungen, Tanz und Ruhe in einem, den Instrumenten ein Fest, ein Zerspielen dessen, was man aus Mangel an Phantasie ›das Nützliche‹ nennt. Das Spiel des Bürgers Bach lächelte über das bürgerliche Nützlichkeitskalkül. In dieser Musik, in den *Brandenburgischen Konzerten* ebenso wie in den Violin- und Cembalo-Konzerten, wurde das Spiel zum Souverän.

Bachs erster Biograph, Johann Nikolaus Forkel, bezeichnete ihn als »musikalischen Dichter« (1802), der frei geworden sei von den Zwängen der Welt in seiner Kunst. Forkel wußte aber auch, daß gerade Bach alles »mit Religion anzufangen« gewohnt war. Das Religiöse hatte Bach als Schaffensquelle nie in Frage gestellt; es inspirierte auch seine weltliche Musik. Gerade deswegen konnte er sie auch in sakralem Zusammenhang nutzen. Er war schon als Köthener Hofkapellmeister etwas Kantor und blieb noch als Thomaskantor etwas Köthener Hofkapellmeister.

Der »musikalische Dichter« und Lutheraner verstand sich aufs Wort. Die Texte zur *Matthäus-Passion* montierte er geradezu collagenartig. Und das intime Liebeswort konnte zur Dichtung werden, die das zeitübliche Schäfergetändel weit hinter sich ließ: »Bist du bei mir, geh ich mit Freuden / Zum Sterben und zu meiner Ruh'. / O wie vergnügt wär so mein Ende, / Es drückten deine schönen Hände / Mir die getreuen Augen zu!« Das erinnert an Paul Gerhardt, nicht aber an die Sprache Bachscher Gesuche. Aus dem Glauben an Gott konnte hier der Glaube an die Geliebte (zweite Frau, Anna Magdalena) werden. So wirkten sie Wunder, Wort und Musik – aus Religion.

II

Kunst und Religion – was Bach als Einheit gelebt hatte, wurde nach ihm zum Problem. Richard Wagner charakterisierte es 1880 geradezu im Sinne einer ästhetischen Dialektik: »Erst durch die Tonkunst ward die christliche Lyrik zu einer wirklichen Kunst: die kirchliche Musik ward auf die Worte des dogmatischen Begriffes gesungen; in ihrer Wirkung löste sie aber diese Worte, wie die durch sie fixierten Begriffe, bis zum Verschwinden ihrer Wahrnehmbarkeit auf ...« Übrig blieben »der reine Gefühlsgehalt« und die »entzückte Empfindung«, aber nicht mehr die Worte der Glaubensdogmen. Das war der Weg vom Kyrie der *h-Moll-Messe* zum Gloria der *Missa solemnis*. Mochte auch am Anfang das Wort gewesen sein, am Ende ertönte seine vom religiösen Inhalt ästhetisch emanzipierte Apotheose.

Vergleichbares galt für die Oratorien. Was Mendelssohn um 1829 in der Bachschen Passion entdeckte, waren ihre musikdramatischen Möglichkeiten, die er in seinem eigenen Oratorienschaffen selbst zu ergründen begann. Und seine *Reformationssymphonie* konnte diese Dramatik losgelöst vom Wort entfalten und sich mit zitathaften Anklängen an den Reformationschoral (»Ein feste Burg …«) begnügen. Da war es nur folgerichtig, daß sich Wagner in *Parsifal* der musikalischen Motivik der *Reformationssymphonie* frei bediente und in seiner Idee eines »Bühnenweihfestspiels« auch die Dramatik der Bachschen Passionen gesamtkünstlerisch aufhob.

Eine Frage beschäftigte Wagner dabei, gerade im Hinblick auf das Hören Bachscher Musik im Zeitalter umfassender Säkularisation, besonders nachhaltig: »Was können diese tönenden Offenbarungen aus der erlösenden Traum-Welt reinster Erkenntnis einem heutigen Konzert-Publikum sagen?« Bezeichnend ist die für Wagner so zentrale Aussage: Traum und Erkenntnis sind identisch und Quelle der Erlösung, sofern sie musikalisch vermittelt sind. Doch damit kann nur die Welt Tristans und Parsifals gemeint sein, nicht Bachs Intention, nicht sein lutherisches Ringen um einen »gnädigen Gott«, das Wagner nicht mehr kannte.

Dennoch haben Wagners Aussagen zu Bach beispielhaften Wert für die musikalische und literarische Auseinandersetzung der Moderne mit dessen Werk. Bachs Musik, so Wagner, verhalte sich wie Sanskrit zu den anderen Sprachen. Cosimas Tagebücher belegen, daß der späte Wagner glaubte, das rein Elementarische in Bachs Musik vernehmen zu können, eine Art Urmusik. Es hat sogar den Anschein, als wollte Wagner der zunehmend vergröbernden Sinnlichkeit seines ausgehenden 19. Jahrhunderts die formvollendete Geistigkeit der Musik Bachs gegenüberstellen. Es steht zu vermuten, daß Wagner diese Kontrastierung im Auge hatte, als er davon sprach, der Welt noch einen *Tannhäuser* zu schulden. Bachsche Formstrenge gegen überbordende Klang-Bacchanale – eine reizvolle musikalische Dialektik, die auch *Parsifal*, jener prekäre Gratwandel zwischen sublimer Kunst und peinlichem Kitsch, nicht einlösen konnte.

Bachs Werk als musikalisches Sanskrit der Moderne – Schönberg bewahrheitete Wagners These ebenso wie Hindemith und Kagel oder Frank Martin in seinen Oratorien *In terra pax* (1949), geradezu das moderne Gegenstück zu Bachs Friedenskantate, und *Golgatha* (1947). Erst unsere Zeit hat Bachs Rhythmik als Urbewegung des modernen Tanzes entdeckt, John Neumeier etwa in seiner Choreographie von Bachs *Magnificat*.

Und die Schriftsteller? Wie haben sie Bach gehört? Wie kommen er und seine Musik bei ihnen zu Wort?

Literarisch gesehen, zählt »Bach« zu den allegorisch-symbolischen Stoffen. Das Rampenlicht der Bühne oder die Strahler in den Filmstudios erhellen Bachs Leben und Werk nicht wirklich. Sie verblenden beides nur. Als literarischer Stoff ist Bach von solcher Dichte, aber auch Ferne, ja, mythischer Entrücktheit, daß er von selbst parabelhaft wirkt.

Die Schriftsteller – und unter ihnen insbesondere die Lyriker –, die sich mit Bach beschäftigt haben, neigten folglich dazu, etwas *durch* Bach auszusagen, auf ihn anzuspielen, ausgenommen natürlich die süßlich verklärenden Bach-Literaten vom Schlage Brachvogels, deren Texte später Vorlagen für Goebbelssche »Kulturfilme« abgaben.

Bach ist bislang die literarische Demontage erspart geblieben. Die Dekonstruktion seines Werkes gelingt nicht einmal dann, wenn man diese Musik gelegentlich zu Werbezwecken einsetzt. Auch wenn es sich bei dem Produkt um den erlesensten Cognac handelt, wirkt es schal und kümmerlich im Vergleich zu jener Musik, die das Produkt umspielt. Man vergißt den Werbegegenstand sogar, er scheint aufgelöst in diesen Klängen aus einer anderen Welt ...

Bach in der Literatur. Thomas Mann hatte viel gewagt, als er in den *Buddenbrooks* versuchte, Bach in sein ironisches Spielen mit der selbstgefälligen hansischen Patrizierwelt mit einzubeziehen: »›O Bach! Sebastian Bach, verehrteste Frau!‹ rief Herr Edmund Pfühl, Organist von Sankt Marien, der in großer Bewegung den Salon durchschritt, während Gerda lächelnd, den Kopf in die Hand gestützt, am Flügel saß, und Hanno, lauschend in einem Sessel, eins seiner Knie mit beiden Händen umspannte.«

Über diesen Bach darf gelächelt werden, genauer: über Art und Wesen seines getreuesten Verehrers. Doch dieser Organist, ein Schwärmer nur, kein Könner, vermag für Bach im Hause Buddenbrooks nichts zu tun. Er preist Bachs Musik als das klingende Sinnbild reiner Moralität und hält sie Richard Wagners fragwürdigen Klangexperimenten entgegen, auch wenn er sich selbst der Magie der »gefährlichen Musikwelt« des *Tristan* nicht ganz entziehen kann. Gerda sagt ihm das auf den Kopf zu: »Glauben Sie mir, Pfühl, diese Musik (Wagners) ist Ihrem innersten Wesen weniger fremd, als Sie annehmen!«

Thomas Mann läßt seinen Edmund Pfühl natürlich auf verlorenem Posten stehen, wenn dieser nach außen hin dafür plädiert, Bach als etwas völlig Zeitenthobenes zu verstehen. Indirekt muß Pfühl nämlich einräumen, daß Bachs Kunst entscheidend zu jener Entwicklung beigetragen hat, die zu Wagners Experimenten mit der Chromatik führen sollte. Hatten nicht bereits Bachs chromatische Fugen erkennen lassen, in welche Richtung diese Entwicklung gehen würde?

Es fällt auf, daß der frühe Thomas Mann dieser Frage, die sich, wie gesehen, auch der späte Wagner gestellt hatte, eine so zentrale Stelle in seinem Roman eingeräumt hat. Dieses Streitgespräch über das wohl wichtigste musikästhetische Thema der Jahrhundertwende, die Bedeutung der Chromatik, deutet darauf hin, daß Thomas Mann bereits hier eine Problematik entdeckt hatte, die dann zu einem Hauptaspekt in seinem Roman *Doktor Faustus* wurde: Jede Kunst verfügt offenbar über stilistische und inhaltliche Eigenheiten, die dazu geeignet sind, ihren ursprünglichen Charakter grundsätzlich zu verändern. Anders gesagt: Jedes bedeutende Kunstwerk ist auch sein eigenes Trojanisches Pferd. Mithin liegt die Tragik des (modernen) Künstlers gerade darin, daß er in seinem Schaffen, des Reizes willen, Elemente kultiviert, wie beispielsweise das Chromatische, die sich später verselbständigen und den Geist seines Werkes gefährden können.

Im Kontext der *Ästhetischen Theorie* Adornos liest sich diese Problematik, wieder auf Bach bezogen, wie folgt: »Bach ist nicht bloß der Vollender, sondern mehr noch vielleicht der Vernichter der Orgelkunst; der vielberufene alte Orgelklang wird, selbst in seinen Orgelwerken, derart vom Bachschen Reichtum der Konstruktion und Dynamik dementiert, daß die Königin der Instrumente als Magd dahinter zurückbleibt ...«

Kann es sein, daß Bach selbst dies geahnt hatte, womöglich schon 1706, in seinem ersten Krisenjahr, als er zu Dietrich Buxtehude nach Lübeck gepilgert war, dem bis dahin bedeutendsten Organisten und Orgelkomponisten in den deutschen Landen? Hatte diese Begegnung in Bach nicht Kräfte freigesetzt, die den Konsistorialräten zu Hause im thüringischen Arnstadt höllische Schrecken einjagten, als sie ihren jungen Organisten in St. Bonifatii wieder hörten?

Hans Franck hatte diesen Augenblick zum Mittelpunkt einer 1953 veröffentlichten Novelle gemacht, dafür aber den anachronistischen Stil Mörikes gewählt und so eine Gelegenheit versäumt, diesen Krisenpunkt mit zeitgemäßen erzählerischen Mitteln auszuleuchten. Hier hätte man inneren Monolog und eine mehrfach gebrochene Erzählperspektive erwartet, um diesen buchstäblich unerhörten Moment und seine (schaffens-)psychologischen Folgen zu schildern. Statt dessen begnügte sich Franck mit Stimmungsbildern und Anekdoten. Seine *Pilgerfahrt nach Lübeck* fiel daher der Vergessenheit anheim – ebenso wie seine ähnlich strukturierten Bach-Novellen *Cantata* und *Wilhelm Friedemann Bach*. Sie verdeutlichten hinreichend das Hauptproblem beim novellistischen Umgang mit Bach: Die Ehrfurchtshaltung verhindert die Anverwandlung und fördert eine (heute) kitschig wirkende Re-Sakralisierung Bachs.

III

Anders die Lyriker, die das Poetisch-Symbolische beschäftigt, die Impression, die Kristallisierung einer Empfindung. Der Lyriker betreibt Reduktion; er ist der Minimalist unter den Schriftstellern. Da ergibt sich schon aus der mehr oder weniger vorgegebenen Form eine reizvolle, wenn auch unvermeidlich anmaßende Spannung: Im Bach-Gedicht sieht sich die überwältigende Gesamtheit seines Werkes ausschnitthaft in wenigen Zeilen reflektiert, besser: »impressioniert«.

In besonderem Maße traf dies für Johannes Bobrowski zu. Sein Gedicht *J. S. Bach* bedient sich einer Sprache, die in erster Linie dem Schnörkellosen, Nicht-Barocken in Bachs Kunst gerecht zu werden versucht:

J. S. Bach

Unbequemer Mann,
Stadtpfeifergemüt, mit Degen
wie mit Neigung zum Sentiment
(praktikabel, versteht sich),
einer Kinderfreude

an plätschernden Wassern, stetig
wirkendem Gang der Flüsse;
so sind der kahle Jordan
und der von Himmeln trächtige
Euphrat ihm freundlich.

Daß er die Meerbucht sah –
einen dort, der herging
hinter Feuern unsichtbar,
der die Planeten rief
mit einer alten Qual, –

manchmal
im blitzenden Köthener Spiel,
im Bürgerprunk
der Leipziger Jahre
taucht das herauf. Zum Ende

hat er des Pfingstgeists Sausen
nicht mehr gehört mit Trompete
oder Posaune (auf 16 Fuß).

Flöten gehn ihm voraus,
als er müdegeschrieben
tritt vor sein altertümliches Haus,
den fliegenden Wind
spürt, die Erde
nicht mehr erkennt.

Bach, der souveräne Künstler im Bürgerrock – er, so das
Gedicht, überblickte auch dann noch, als er bereits erblindet
war. Er ruhte in sich, als neue tonkünstlerische Moden in
Europa hof- und salonfähig wurden. Er verstand sich aufs
Beharren, in der *Kunst der Fuge* zum Beispiel, aber so varia-
tionsreich, daß sein Beharren auf dem Ethos des Kontrapunkts wie eine beständige Verwandlung erschien.

Bobrowski spricht in seinem Bach-Gedicht von einem
Künstler, der wissend war *und* kindlich, der sich in seiner
Welt durchaus zurechtfand, aber in der Kunst seine Ahnun-
gen sprechen ließ. Wen sah sein Bach an der »Meerbucht«?
Wer rief die Planeten? Ein Prophet oder Bachs Ebenbild, am
Rande der Welt, die Sphärenmusik als letzte metakünstleri-
sche Instanz anrufend?

Eigentümlich wirkt die Schlußstrophe, die den einzigen
Reim des Gedichts aufweist, der sich eher zufällig ergeben
haben dürfte: voraus – Haus. Was besagt sie? Daß Bach
nichts mehr zu erkennen brauchte, blind sein *durfte*, weil er
selbst in seinem Werk zu letzten musikalischen Erkenntnis-
sen vorgedrungen war? Oder meint diese Strophe etwas
ganz anderes? War Bachs Musik schließlich den »Winden«,

dem »Draußen« ausgesetzt? Mußte sie sich selbst zwangs-
läufig verlieren, indem sie sich auszubreiten begann – über
die »Erde«? Und bestünde somit in der Selbstauflösung dieser Musik, im Verwehtwerden durch den Wind, im fragmentarischen Hören dieser oder jener Teile des Bachschen
Werkes ihre eigentliche Fruchtbarkeit?

Andere Akzente setzte Albrecht Goes: *Bach* als Anrufung.
Thema seines Gedichts ist Bach als sein eigenes musikalisches Thema:

B-A-C-H

Ist ein Oktobertag im offnen Land
mit frischem Rostbraun und verhangnem Golde,
gepflügt der Acker, Atem der Erquickung –
o große Erde vor dem größren Himmel!

Und anders noch: ein Mann ist, reif im Jahr,
bestellt zum Weg der Sorge und der Liebe
durchs Totenhaus der Welt, und ach! durch alles
Geflecht des Lebens, arg und unentwirrt.

Er aber wagt sein Herz dem Gott entgegen,
dem Gang der Sonnen und dem Strand der Sterne:
Aufblüht Gesetz. Er schaut. Er horcht. Er schweigt.
Er schreibt. Und unterschreibt: b-a-c-h.

So ist uns dieses, Freunde, anvertraut
wie Tag und Leben ringsum. Und wie
ein heilig Lied, als von dem Grund der Welten,
Jubel und Wahrheit, Mahnung ganz und Trost.

Mit der Exposition der Namens-Notierung B-A-C-H unter-streicht Goes die *thematische* Einheit von Person und Werk des Thomaskantors; ihr wollen die vier vierzeiligen Stro-phen dieses Gedichts entsprechen mit ihren Motiven *Natur, menschliche Welt, künstlerischer Schöpfungsakt* sowie des-sen *Sinn* und *Auftrag*.

Ohne Ironie und Entfremdungseffekte kommt Goes auf den Menschen und Künstler Bach zu sprechen, der es kraft seiner Kunst vermag, das *Größere* zu orten und den »Gang der Sonnen und den Stand der Sterne« auszumachen. Der Kunstakt entsteht, so Goes' Bach-Gedicht, aus der Vereini-gung von sinnlicher Wahrnehmung und innerer Empfin-dung, wie aus dem Drang, sich selbst-bekennend entäußern zu wollen (»Und unterschreibt: b-a-c-h«).

B-A-C-H als Auftrag, den Wert des Kontrapunktischen zu ermessen. Sein richtungsweisender Gedanke ist die prinzi-pielle *Gleichwertigkeit* der Stimmen im musikalischen Satz-gefüge. *Punctum contra punctum*, das bedeutet: keine Note führt an solchen Stellen. Die Töne sind gleichberechtigt. Je-des *punctum* prinzipiell gleich zu behandeln und seinen Variationsspielraum zu erproben, jeden Ton in sein Recht zu setzen, ihn zu sich selbst kommen zu lassen, das war Bachs in die Musik transponierte Humanität. Auch das Umgekehrte gilt: Seine künstlerische Vervollkommnung der Welt des Kontrapunkts, sein Lernen von anderen wirkt auf unser humanes Selbstverständnis. Lange bevor Revolutionäre die Menschenrechte erklärten und mit ihnen das Prinzip der Gleichheit vor dem Gesetz, hatte Bach die »Tonrechte« in seiner Musik verwirklicht.

Das Verinnern dieses kompositionsästhetischen Prinzips hieße, »Kontrapunkte« zu den eigenen Empfindungen und Gedanken ausfindig zu machen und anzuerkennen, um sich auf diese Weise selbst zu stabilisieren. Denn das ist der Kontrapunkt in erster Linie: ein musikalischer Stabilisator.

Die Emanzipation des Tons begann mit dem Kontrapunkt, indem er sich – musikalisch – mit einem gleichwertigen Gegenüber auseinandersetzen mußte. Auch zeitgenössische Komponisten wie Gerald Bennett räumen ein, daß klangliche Freiheiten satztechnische Strenge voraussetzen.

Das musikalische Thema b-a-c-h ging Bach voraus, keine Flöten, wie Bobrowski meinte (Goes hörte hier genauer), das Kontrapunktische durchdrang ihn; die Gleichzeitigkeit verschiedener Klangwelten folgte ihm nach. Bach – ein Synthetiker *und* Prismatiker der Musik, ein Generator *und* Katalysator von Tönen und Klängen, ein ganzheitlicher Analytiker *und* Gläubiger; letzteres war er im wahrsten Doppelsinne des Wortes: ein tief religiöser Mensch, der unbewußt die Künstler nach ihm zu seinen Schuldnern werden ließ.

Noch Debussy sah sich ganz in der Rolle von Bachs Schuldner; auch er betonte den Zusammenhang von Freiheit und musikalischem Gesetz: »Keiner proklamierte die Freiheit und Phantasie in Satzkunst und Form kühner als Bach – einer der großen Gesetzgeber der Musik.« Bach habe gezeigt, so Debussy, daß die Musik aus Klängen und Rhythmen besteht – in Form von sich ständig umstrukturierenden Beziehungsgeflechten.

IV

Was man über Musik auch sagt, ins Wort fallen kann man ihr nicht, am wenigsten der Musik Bachs. Oskar Loerkes langjährige poetische Beschäftigung mit Bach unterstreicht diese These. Obgleich als Ganzes Fragment geblieben, zählt sie zu den geschlossensten literarischen Anverwandlungen der Welt Bachs. Loerke brach mit der Vorstellung, Bach habe aus einem Gefühl der Erhabenheit heraus komponiert. »Ur-Musik« konnte Bachs Kunst nur deswegen sein, so Loerke, weil sie vom »Ur-Leid« wußte und kündete.

»Bach meint die Klage«, schrieb Loerke im ersten seiner Essays über den Thomaskantor, »und die erhört niemand, wenngleich sie in jedem hausen kann.« Und die Trilogie der Bach-Gedichte in Loerkes *Pansmusik* hebt mit den Versen an: »Leid aus Gottes Herzen / Sammelt sich um das Gehäus der Orgel her.«

Loerke vernahm in der Musik Bachs ein Leiden, das – als Passion – christlich geprägt war, aber als Wesensteil der allgemein menschlichen Erfahrung jenseits der konfessionellen Religionen stand. Es schien Loerke sogar, als hätten sich die Religionen und die Künste um dieses »Stück geschliffenes Ur-Leid« (Rilke) gebildet, gewissermaßen als jeweils andere Fassungen dieses Leid-Stücks.

Das Leiden ist Elementarerfahrung. Das Hören auch. Und Bachs Hören, seine »Weltanhörung« sagte Loerke, war gleichsam die Entsprechung zur Welt*anschauung*.

Überhaupt: Wie hören wir? Etwa Bachs zweite französische Suite in c-moll? Stimmt sie uns melancholisch oder macht sie Mut? Übertönt sie Zweifel oder spricht aus ihr ein Echo des Stoischen? Die Analyse unseres Hörens präludiert jener unserer Psyche. Die Art, in der wir auf bestimmte Musik antworten, sagt mehr über unsere innere Verfassung als flüchtig erstellte Psychogramme. Bachs Musik erprobt wie kaum eine andere unser Hören. Die Bewährungsprobe, die sie unserem Hören auferlegt, klingt deswegen so unerbittlich, weil Bach seine schier unerschöpfliche Vielfalt in der Formensprache und die pulsierende Lebhaftigkeit und Dramatik seines Ausdrucks als strenge Variationssätze zu komponieren verstand. Dadurch spricht er uns auf verschiedenen Ebenen gleichzeitig an und prüft unsere Fähigkeit, sozusagen mehrstimmig zu empfinden und die Vielheit in der Einheit zu hören.

Bach kannte, wie Loerke zutreffend formulierte, das »Sehnen bis zur Verzweiflung und Zerknirschung«, die er, gut lutherisch, als Gnade auffaßte, und sah das »Sterben als einen Durchgang zum heilen Ursprung«. Noch ausdrücklicher als Ernst Bloch glaubte Loerke in Bachs Musik ein utopisches Weltgebäude zu erkennen. In seiner Abhandlung über Bachs *Wandlungen eines Gedankens* spricht er sogar von einer »Verfassung« dieses Kunst-Staates, in dem (musikalisch) beseelte Formen walteten. Diese Idee hielt Loerke auch den Totalitarismen seiner Zeit entgegen, wie er ohnehin eine Erscheinung wie Johann Sebastian Bach als Beweis schöpferischer Bewährung des Menschlichen aufrief. Die Tatsache, daß ein Bach einmal gelebt habe, empfand Loerke gerade in dunkelster Zeit als Trost.

Prosa ist erschriebene Selbstbehauptung; Lyrik dagegen spricht immer auch von ihrer eigenen Verflüchtigung; ihre Feingliedrigkeit macht sie anfällig und anfechtbar; aber gleichzeitig gewährt sie jedem Wort seinen eigenen Bereich; Hans-Georg Gadamer nannte ihn zutreffend »Resonanzraum«. Auch Bachs Musik achtete diese Aura der Worte und Töne. Loerke konnte diese Aura zur Wirkung bringen, etwa in seinem Gedicht *Widmung*, mit dem Untertitel: »Zu den kleinen Tanzstücken J. S. Bachs«:

> Sieh das Reis
> In der Vase:
> Es ist weiß

Vom greisen Mond,
Es ist leis
Mit Tau beschlagen,
Mit Kugeln aus Glase
Behangen:
Groß daran aufgegangen
Ist Mond bei Mond,
Die alle reisend in den Weltraum ragen,
Alle brausend und bewohnt
Von Wesen aus Sagen –

Doch nur ein Reis,
Betaut, in der Vase

Im Unterschied zu den beiden anderen Bach-Gedichten Loerkes (*J. S. Bach spielt Orgel bei Nacht* und *Nach einer Orgelmusik von J. S. Bach*) bemüht sich dieses Gedicht, etwas von der Schlichtheit und Leichtigkeit der Tanz-Suiten Bachs einzufangen. Doch Loerke gelang mit diesem Gedicht mehr: er verband dessen poetisch-musikalische Stimmung mit einer wichtigen ästhetischen Aussage: Indem der Künstler ein Etwas (hier: ein Reis) aus einem bestimmten Lebenszusammenhang nimmt (das Reis vom Baum seiner Herkunft) und es in einen anderen überführt, es ausschmückt und der Phantasie preisgibt, begeht er eine »Ursünde«, die aber für jede künstlerische Neuschöpfung unabdingbar ist.

In Loerkes Gedicht tritt der Künstler selbst jedoch nicht in Erscheinung; im Mittelpunkt steht das verselbständigte Etwas. Das lyrische Ich verleugnet sich zugunsten des Entäußerten. Damit beschreibt Loerke auch Bachs Haltung seiner Kunst gegenüber, die keinen Subjektivismus aufkommen ließ. (Auch das b-a-c-h in der *Kunst der Fuge* wirkt durch den kontrapunktischen Kontext gewissermaßen objektiviert.)

Das Gedicht *Widmung* spiegelt darüber hinaus Bachs charakteristische Schaffensweise: aus jeweils eng umgrenzten Themen (dem »Reis«) entstanden musikalische Phantasiegebilde von kosmischen Ausmaßen (»Weltraum«) – im sich stets erweiternden Rahmen der kontrapunktischen Technik oder der in den »Tanzweisen« vorherrschenden melodisch-rhythmischen Vielfalt. Das Kernthema jedoch, die ursprüngliche ästhetische Erfahrung, bleibt bestehen (»ein Reis, / Betaut in der Vase«). Das Betaut-Sein des Reises meint, daß es von der Natur gleichsam geweiht ist. Vielfältige Bedeutungen haben sich um das Thema angelagert, spiegelnd, funkelnd – wie Tautropfen eben. Dieses Gedicht ist ein Musterbeispiel für den allegorisch-symbolischen Umgang mit Bach, der in der poetischen Bach-Literatur allzu vereinzelt geblieben ist.

V

»Als ich in der Kirche Saint-Séverin die Kunst der Fuge auf der Orgel hörte, sagte ich mir immer wieder: Das ist die *Widerlegung* all meiner Verfluchungen«, notierte E. M. Cioran. Er, der radikale Skeptiker, behauptete sogar, daß ohne Bach die Theologie ihres Gegenstandes beraubt, die Schöpfung fiktiv und das Nichts endgültig wären. Mehr noch: Wenn es »jemanden gibt, der Bach alles verdankt, dann ist es Gott.« Anders gesagt: In dieser profanen Zeit *ist* Bach zum Inhalt des Glaubens geworden. Es dürfte ganz und gar in Ciorans Sinne gewesen sein, daß Mauritio Kagel in seiner Chor-Komposition zum Bach-Jahr (1985) den Namen *Christus* in den Choral-Texten durch *Bach* ersetzte. »Blas-

phemie« als Mittel der Bach-Verehrung, das bezeichnet
fraglos den Höhepunkt der Bach-Rezeption im Zeitalter der
Profanität.

Daß Gott die Musik Bachs »brauche«, betont auch der
kroatische Lyriker Slavko Mihalić in seinem Gedicht *Hommage à J. S. Bach*, einer der eindrucksvollsten poetischen
Reflexionen zu Bach, die in den letzten Jahren erschienen
sind. Mihalić spricht in seinem Gedicht von der »stillen
Ordnung der Welt«, dem geregelten Tageslauf im Hause
Bach und den Bach wichtig gewesenen Dingen des Alltags,
die den Hintergrund bildeten zu seinem unermeßlichen,
durch keine Superlative auch nur annähernd zu beschreibenden Werk; dann fährt dieses Gedicht fort, wobei es den
biographischen Ton verändert:

spürend in sich die Rah des Gleichgewichts,
die mit gleichem Auge zu wägen vermag
Wesentliches und Nebensächliches,
mit Schmerz ertragend die heftige Hellsichtigkeit, die
                                       selbst dem verstand
keine Verirrung verzeiht, überverliebt
in jede Form des Seins,
und sei es Halm, und sei es Kathedrale,
traurig, als trüge er jeden Toten-
schrein, und selig wie einer,
der nichts als gebiert,

nagend in den jähen Leeren,
mit der Maus zugleich im verborgenen Eck,
an Brot und Käse und mancher Nuß,

schrieb Johann Sebastian Bach
seine Präludien, Tokkaten und Fugen
und andere Kompositionen, die gebraucht würden
von Gott und den Menschen und einer Zeit
außerhalb aller Zeiten.

(übersetzt von Klaus Detlev Olaf)

Gewiß, diese Verse klingen pathetischer als jene Bobrowskis. Und ihre Rhetorik geht weit über das hinaus, was sich Loerke gestattet hatte, auch wenn das Leidensmotiv bei Loerke und bei Mihalić ähnlich exponiert wird. Und gemessen am ethischen Ton der Schlußstrophe in Goes' Bach-Gedicht wirkt Mihalićs Finale gewagt. Aber alle zitierten Gedichte teilen den verwandten Ansatz, das In-sich-Ruhende Bachs, sein »Gleichgewicht« in den Mittelpunkt zu stellen. Sie nennen Bach nicht »übergeschlechtlich«, wie seinerzeit Yvan Goll in seiner *Fuge von Bach*, sondern siedeln ihn durchaus in dieser Welt an. Der Bach ihrer Lyrik verfügt über eine Fruchtbarkeit, die buchstäblich alles umzusetzen in der Lage ist, die Höhen und Tiefen der menschlichen Existenz wie die Erheblichkeiten und Unerheblichkeiten des Alltags.

Lars Gustafsson spricht in seinem Bach-Gedicht von der »Stille der Welt vor Bach«, die der Komponist des *Wohltemperirten Klaviers* ebenfalls als »Material« zu nutzen verstanden hatte. Bach, so Gustafsson, habe den Widerhall der »großen leeren Räume« temperiert; und siehe, er erwies sich als Klangfülle.

Kosmische Weite und äußerste Präzision im Detail, erhabene Ruhe und tiefe Aufgewühltheit (Beginn der *Johannes-Passion*), Gleichgewicht und Aufbrausen (im häuslichen Kreis und im dramatischen Chorsatz), das sind Gegensätze, die Bach in Leben und Werk in Fugen integrierte. Ihr Faszinosum besteht darin, daß er das Ausmitteln dieser Gegensätze vorführte, zum Hörerlebnis werden ließ. Bachs Ruhe kannte kein Ausruhen. Sie war hart erarbeitet, auch wenn die Kaffee-Kantate lächeln ließ, zwischendurch. Die läuternde Strenge dieses Arbeitens kann dem Gehör nicht schmeicheln; sie muß es »anstrengen«. Mag sein, daß wir gelegentlich der Ironie bedürfen, um uns diese Strenge etwas aufzulockern, wie Döblin, als er das *Weihnachtsoratorium* in der Potsdamer Garnisonkirche hörte (»Das gemalte Bild des Heilands ragte ungeheuer hinten an der Wand. Neben uns die holzgeschnitzten Logen des Kaisers, des Hofstaats ... Die Loge war leer. Das furchtbare Gesicht des Krieges war im Raum ... Soldaten, Offiziere saßen in Pelzen herum; schwarzgekleidete Frauen mit Kindern, Wasser tropfte von den nassen Schirmen auf die Fliesen, oben sang man von den himmlischen Ereignissen ...«).

Mag auch sein, daß wir angesichts des überwältigenden Gleichgewichts in Bachs Musik aus der Fassung geraten, extrem werden und in dieser Musik die tönenden Relikte des Religiösen hören, süchtig werden nach dieser Strenge in einer Zeit, in der nur noch nachlässige Beliebigkeit zu zählen scheint. Doch ist es nicht so, daß Bach, wieder und wieder, »belauscht sein will«, wie Zelter an Goethe schrieb, um dieser Musik, um unserer selbst willen. Ist es nicht ein Trost, sich von solchen Tönen erschüttern lassen zu können? Ist es nicht eine wertvolle Aufgabe, in dieser Erschütterung ein neues Wort zu suchen, ein eigenes kleines »Reis« – betaut von diesen Tönen?

Mozarts Zeit-Horizont und das
»Mozartische« heute

I

Uhren besaß Mozart zeitweise in Fülle. Ihre Mechanik konnte ihn ebenso interessieren wie ihr Wert: » – weil wir just von uhren reden«, schreibt er im Dezember 1778 auf der Rückreise von Paris an seinen in Salzburg ungeduldig wartenden Vater, »so will ich ihnen sagen daß ich mir eine uhr mitbringe – eine wahre *Parisierin*; – sie wissen was an meiner steinerl uhr war? wie schlecht die steinerl waren, wie Plump und ungeschickt die facon – «. Seine alte Uhr, klagte er, »gieng einen tag eine stunde auch 2 zu frühe, den andern tag so viel zu spät.«

Wollte er dem Vater eine »zeit-technische« Erklärung dafür geben, daß er so säumig geworden war auf dieser Reise? Hatten sich die Launen des Chronometers auf ihn übertragen?

Mozarts Zeit-Sinn hatte sich in jungen Jahren durch die wiederholte Erfahrung gebildet, daß es auf Geschwindigkeit ankam beim Reisen, Lernen und Komponieren sowie auf Flexibilität, damit man den Wünschen der adeligen Herrschaften *jederzeit* entsprechen konnte.

Zum Zeitplan der Mozarts gehörte sein Verworfen-Werden, zur Pünktlichkeit das Warten-Müssen. Schon die ersten Briefe des jungen Mozart berichten darüber. Die Zeit empfand er dabei als vagen Ordnungsrahmen, in dem sich aber ein teils kurzweiliges, teils mühsames Durcheinander abspielen konnte.

Auch dieses uhrenbedingte Zeitdurcheinander, das der

nach dem Tod der Mutter erstmals allein reisende Mozart wortreich schildert, läßt mehrere Deutungen zu: Mozart kostete das Spiel mit der Zeit aus, mit dem Zu-Spät, dem Zu-Früh und der Pünktlichkeit in Gestalt einer neuen Uhr, die ihn zeit-sicher machen sollte.

Oder hatte er in dieser verbrauchten »steinerl-uhr« ein Symbol für das erkannt, was nunmehr hinter ihm lag?

In einem vier Jahre später aus Wien an die Schwester gerichteten Brief zeigt sich, daß die als rasch wechselnd sich herausstellenden und so gar nicht, wie er gehofft hatte, »verläßlichen« Zeitverhältnisse in der Arbeitsweise des jetzt freier schaffenden Komponisten ihre Entsprechung fanden.

Dem Brief legt er eine neue Komposition bei, die Fantasie und Fuge in C-Dur, und erläutert: »– das Praeludio gehört vorher, dann folgt die fuge darauf. – die ursache aber war, weil ich die fuge schon gemacht hatte, und sie, unterdessen daß ich das Praeludium ausdachte, abgeschrieben.«

Das Nacheinander erfährt Mozart jetzt als ein Nebeneinander oder Übereinander, gar als ein »Ineinander« (Albrecht Goes), in jedem Fall aber als etwas Gleichzeitiges, unbedingt Gegenwärtiges. Nur um die Form zu wahren, ordnet er und spürt doch, daß in jedem Finale bereits ein Präludium keimt.

Für Mozart zählte die Gegenwart, die sich musikalisch hervorbringen ließ. Aber diese komponierte Gegenwart erschöpfte sich nicht im Augenblickshaften. Denn Musik bot ihm die Möglichkeit zur schöpferischen Wiederholung, zur Zeitgestaltung in der Zeit, zur *Arbeit* mit dem staunenswerten Augenblick. Wiederholungen von Arien oder ganzen Partien bei den Aufführungen seiner Opern vermerkte Mozart stets mit besonderer Befriedigung, so als bestätigte ein vom Publikum gefordertes *da capo* das Prinzip der Dauer im Vergehen-Müssen.

In seinen Briefen gebrauchte Mozart sogar Wiederholungszeichen der musikalischen Notation zur Interpunktion.

Die Gegenwart erlebte Mozart offenbar als Spielraum, den er sich nicht selbst einengen wollte durch Erinnerungen und Vorgriffe aufs Künftige. Und wenn er sich einmal Zukunftsplänen hingab, dann fielen sie eher unbestimmt aus. Nur in einem Punkt war er sich sicher: Er wollte an einem Ort sein, wo er Opern schreiben konnte. *Zukunft* bedeutete für ihn kaum mehr als ein Wort für geeignete Schaffensmöglichkeiten.

Vermutlich wäre Mozart nichts seltsamer vorgekommen als das programmatische Entwerfen eines »Kunstwerks der Zukunft«. Und es überrascht nicht, dessen Konstrukteur, Richard Wagner, sich immer dann despektierlich über Mozart äußern zu hören, wenn er seine eigenen gesamtkünstlerischen Zukunftsentwürfe verteidigte. Dann konnte er, wie in seinem Brief-Essay von 1860, Mozart sogar »banale Phrasenbildung« vorwerfen und eine Musik, »welche zwischen dem Vortrage anziehender Melodien auch anziehendes Geräusch für die Konversation« biete. »Mir«, so Wagner weiter, »ist es wenigstens bei den so stabil wiederkehrenden und lärmend sich breitmachenden Halbschlüssen der Mozartschen Symphonie, als hörte ich das Geräusch des Servierens und Deservierens einer fürstlichen Tafel in Musik gesetzt.« Ähnlich hatten in der ersten Hälfte des 19. Jahrhunderts die junghegelianischen Ästhetiker Adolf Bernhard Marx in Berlin und Franz Brendel in Dresden geurteilt. Mozart, so der gemeinsame Nenner dieses Verdikts, habe die kontrastierende Kraft gefehlt, ein tieferer Sinn fürs

Mythische, für Ur-Musik; deswegen habe er auch nicht über eine solche Zukunftsmächtigkeit verfügt wie etwa Beethoven.

Mozarts Gegenwartmusik, seine musikalische Durchdringung der Gegenwart, mehr noch: Die völlige Musikalisierung seines eigenen Alltags kam in der Tat ohne ästhetische Zukunftsentwürfe aus. Musikalisch ließ sich auf die Zukunft nur mittelbar anspielen, beispielsweise durch die Stimmen, die Tamino verheißen: »Bald, Jüngling, oder nie!«

Wir mögen diese Unbedingtheit, mit der Mozart in seiner musikalisierten Gegenwart lebte und wirkte, für etwas Zukunftsträchtiges oder gar Utopieverdächtiges halten. Ihm selbst schien sie selbstverständlich, will sagen: er verständigte sich mit sich selbst und der Zeit musikalisch.

Nicht anders ging er mit der Erinnerung um. Auch sie war für ihn ein hauptsächlich musikalischer Vorgang, eine ›damals gehörte Melodie‹ oder ein Selbstzitat.

Wann aber nach 1778 kommt Mozart noch einmal auf die verstorbene Mutter, wann nach 1787 auf den verstorbenen Vater in seinen Briefen zu sprechen? Alles habe seine Zeit, tröstete sich der Stoiker Mozart, die Trauer und das Komponieren.

Die Schwester hört von ihm nach dem Tod des Vaters: »Da ich dermalen unmöglich Wienn verlassen kann /: welches ich mehr thäte um das Vergnügen zu haben dich zu umarmen :/ und die Verlassenschaft unseres Seeligen Vatters betreffend es kaum der Mühe werth seyn würde …«; mit anderen Worten: Nur das Dasein lohnt, die Gegenwart. Ihre Schlüsselworte lauten: *Vergnügen, Nähe, Umarmen.* Auf die ›Verlassenschaft‹ schien ihm dagegen kein Verlaß.

Carpe tempus. Von klein auf war der komponierende

Mozart daran gewöhnt, sich die Zeit in seiner Kunst vorzunehmen, sie zu taktieren, in Noten- und Pausenwerte zu zerlegen. Kraft seiner Kunst konnte er glauben, über die Zeit zu verfügen. Mozarts ausgeprägtes »Jetztbewußtsein« (Husserl), das ohne Sehnsuchtsmotiv auskam und ohne Gedanken über das Nachwirken seiner Kunst, bedeutete jedoch keineswegs, daß er Veränderungen und Entwicklungen, auch seine eigenen, nicht wahrgenommen hätte. Was er dazugelernt hatte, die Verbesserung des ›Clavirspiells‹ etwa, vermeldete er pflichtschuldig oder setzte es souverän in seiner Kunst um. Er war ein Phänomen des produktiven Lernens. Virtuoser spielen zu können besagte für ihn, diese Kunst sogleich kompositorisch zu nutzen, wie etwa im Januar 1777, als er das Es-Dur-Klavierkonzert komponiert, in seinen Kadenzen mit dem Zeitüblichen scherzt und sich in ihnen freizuspielen beginnt.

Das sollte mehr und mehr zu Mozarts Zeit-Erfahrung gehören: daß er sich eine Kunstgegenwart schuf *gegen* die Zeit, gegen das Modische, gegen das, was man von ihm erwartete und *gleichzeitig* an Auftragsarbeiten komponierte, um seinen schieren Lebensunterhalt zu sichern. Haydn zum Beispiel schrieb keine Streichquintette, weil dies niemand von ihm verlangte. Mozarts g-moll-Quintett (KV 516) dagegen brauchte keinen Auftraggeber, und doch versicherte er Constanze, daß er »in jedem falle das sichere zu Spielen« liebe, das vor dem Zeit-Horizont noch Verständliche, also auch Einträgliche.

Immerhin konnte Mozart mit einundzwanzig Jahren von sich behaupten, daß er seine »gesinnungen und gedancken« durch Töne auszudrücken wisse. Wohlgemerkt: Das, worüber er nachgedacht hatte, keine bloß »naiven« Melodien, sondern Musik gewordene Reflexion; *Gesinnungen* und *Gedanken*, die einer musikalisch zu konstituierenden Wirklichkeit galten, unabhängig davon, was sie im einzelnen genährt hatte.

Musikalisch läßt sich bekanntlich nichts ›sagen‹, was über diese Unmittelbarkeit der Klanggegenwart hinausgeht. Folglich bestand die Zukunft für Mozart allenfalls aus Ahnungen, später verstärkt aus düsteren Gedanken.

Die ins Ewige ob aus Liebe oder Religion gesteigerte Gegenwart blieb den Grußformeln Mozarts vorbehalten: der »ewig gehorsamste Sohn« und der »ewig treueste Gatte«. Im eigenen Stammbuch jedoch drückt er, am Todestag seines Arztes Barisani, seine Hoffnung auf eine transzendierte Gegenwart aus: »Uns wird es *nimmer* wohl werden – bis wir so glücklich sind ihn in einer beßern Welt – wieder – und auf *nimmer scheiden* – zu sehen.«

Und doch, sein Gegenwartsbewußtsein war so umfassend, daß er auch den Tod, wie er in seinem letzten Brief an den Vater erklärte, in seine *Lebenswirklichkeit* aufzunehmen vermochte. Diese von Mozart bedachte Gegenwart des Todes machte seinen Zeit-Horizont zu einer bewußt erlebten Grenzerfahrung und zu einem bewußt begangenen Gratwandel, der ihn von der c-moll-Fantasie, über Paminas g-moll-Arie zum *Requiem* führte, aber auch zu jenem jähen Tonart- und Stimmungswechsel, etwa im Schlußsatz seines g-moll-Quintetts.

Der gemäße Umgang mit der Zeit gehört für Pamina und Tamino zu ihren Prüfungen, das richtige Erkennen, wann es Zeit ist, wann und warum die Stunde schlägt. Und Mozart schreibt an Constanze am 7. Juli 1791: » – wenn diese Stunde meine Sache zu Ende ist, so bin ich schon die andere Stunde nicht mehr hier.« Die Doppeldeutigkeit dieser Mitteilung entsprach dem Wechselbad von unterschiedlichsten

Stimmungen und Empfindungen, die aus allen seinen letzten Briefen sprechen.

II

Wenige Monate zuvor hatte Mozart wieder das Zeit-Ding *Uhr* beschäftigt. Im Spätherbst des Jahres 1790 komponierte er, »ennuirt«, wie er zugab, ein dumpfes Adagio in f-moll, und zwar für eine Uhrenorgelwalze. Graf Deym hatte sie für sein Kuriositätenkabinett bei Mozart in Auftrag gegeben. (Jahre später sollte sich auch Mozarts Totenmaske in Deyms Sammlung finden.)

Ein bizarres Musikstück, dem Mozart im März 1791 sogar noch ein weiteres dieser Art folgen ließ, nur in Umkehrung der musikalischen Satzverhältnisse: In der ersten Komposition (KV 594) umschließt ein in der Wiederholung unwesentlich verändertes Adagio in schwerfälligem f-moll ein betont lebhaftes, zweiteiliges Allegro; in der zweiten, satztechnisch weitaus komplexeren Arbeit (KV 608) sieht sich ein Andante von einem wiederkehrenden Allegro-Teil umfangen.

Lieferte nicht die Struktur dieser Gelegenheitskomposition für eine Uhr einen wenn auch nur indirekten Hinweis auf Mozarts (damaliges) Zeitbewußtsein? Zu auffällig nämlich ist, daß sich in beiden Stücken, in den Wiederholungen ihrer Teile und der spiegelbildlichen Anordnung ihrer Stimmungen, das Empfinden zu artikulieren scheint, die Zeit-Mitte, die Gegenwart, der jeweilige Mittelteil der Komposition, sei, so verschieden er sich auch »inhaltlich« darstellen mag, stets in sich wiederholenden Erfahrungen, in Gleichzeitigkeiten eingebettet, aufgehoben.

Das dritte dieser Stücke (KV 616) entspricht dann als einziges dem, was man von einer Spieluhrenmelodie erwartet: Etwas Zaubrisches, elfenhaft Tänzerisches erklingt in dieser Komposition, womit man gemeinhin das vermeintlich »Mozartische« verbindet, mit dem spielerischen Umgang mit Form und Zeit in souveräner Heiterkeit.

Mozarts Zeit-Horizont ergab sich aus der Fülle der musikalischen Zeitformen und ihrer überlegenen Handhabung. Anläßlich des hundertsten Todestages von Mozart sprach der Schweizer Schriftsteller Carl Spitteler von der Faszination, die von Mozarts Tempi ausgehe, von der Anmut seiner Schnelligkeit. Spitteler meinte: »Die Mozartschen Kompositionen gehören zu den feurigsten der ganzen Musikgeschichte durch die beispiellose Stetigkeit des Tempos, welche Hindernisse überhaupt nicht aufkommen läßt, sondern dieselben vorwegschmilzt, – durch die Plötzlichkeit und Fertigkeit, mit welcher Kontrast- oder Ergänzungserfindungen auftreten, – durch die jähen Generalvergrößerungen oder -verkleinerungen der Motive und das kühne Pausensystem; … endlich durch den fabelhaften Sturm der Durchführung, welche in kürzestem Zeitflug eine wahre Unsumme von Kombinationen ersten Ranges an uns vorbeiführt.«

Mozart zeigte in seinen Kompositionen beides: das »Wegschmelzen« von Hindernissen *und* ihr Umspielen, ob durch bezwingende Schnelligkeit oder durch sich chromatisierend steigernde Sequenzen wie im Andante seiner späteren F-Dur-Sonate. Diese Komposition liefert auch ein Beispiel für Mozarts Art der musikalischen Vergegenwärtigung.

Sie wurde, wie so manche seiner Kompositionen, aus der Not geboren, Schulden mit Musik zu begleichen. Mozart griff auf sein eineinhalb Jahre zuvor komponiertes Rondo in F-Dur zurück, stellte ihm ein neu geschriebenes Allegro und Andante (KV 533) voran und formte das Rondo zum Schlußsatz der Sonate um.

Die Zeit drängte; dafür fiel diese Komposition um so ausführlicher aus. Ohnehin: Was immer Mozart »hals über kopf« geschrieben hatte, so auch die *Linzer Sinfonie* oder *La Clemenza di Tito*, hat sich im nachhinein geradezu als ein Kontrapunkt zur Schnellebigkeit erwiesen.

Die von ihm nicht nur beklagte, sondern auch gezielt in seinen Briefen als argumentersparende Ausrede eingesetzte »Eyle«, die Zeitraffung, sie zwang ihn in der Musik zu äußerster Konzentration, die »Eyle« wiederum in Dauer zu verwandeln vermochte.

Das ist auch der Sinn von Spittelers Bemerkung gewesen, die auf eine Analyse unseres Staunens über Mozarts Kunst zielte. Er deutete an, wodurch Mozart seine Hörer in Staunen zu versetzen wußte: durch die Ermöglichung einer musikalischen Zeiterfahrung, in der Geschwindigkeit sich als Beständigkeit vermittelt.

Die Fülle von Mozarts Formen oder, wie Spitteler sagte, »wahre Unsumme von Kombinationen«, scheint der eigentlichen Aufführungszeit, der rein musikalischen Zeit also, zu spotten; denn ihre Komplexität, so meint man zu hören, bräuchte eine viel längere Zeit, um alles das, was in ihr angelegt ist, zu entfalten. Und doch erweist sich das in der Partitur Notierte als eben gerade soviel, wie nötig ist, um diese unvergleichliche »akustische Täuschung« zu bewirken und dennoch die Themen nach ihrer eigenen musikalischen Logik in einer geschwindgenauen Durchführung auszuschöpfen: eilends hervorgebrachte Dauer, in der noch der Auftakt nachhallt, die Kunst der musikalischen Pausen, auch wenn die Lebensumstände drängten, komponierendes Innehalten auf den Reisen und, nicht zuletzt, in Gegenwart anderer allein sein können, diese Erfahrung gleichzeitiger Lebens- und Schaffenszustände bildete den Kern von Mozarts Zeitempfinden.

Aus dem Nebeneinander des Komponierens an verschiedenen Stücken, des Unterrichtens und häuslicher Verrichtungen sowie gesellschaftlicher Verpflichtungen konnte jedoch leicht ein Durcheinander werden; daß Mozart dann aber auch dieses Durcheinander wieder spielerisch zu bewältigen verstand, vermeldet er noch in einem seiner letzten Briefe, nicht ohne Ausdruck von Genugtuung, Selbstparodie und Zweckoptimismus. Als Chaos dagegen erfuhr er seine Lebenswirklichkeit offenbar nie; das Chaotische hätte, anders als das gelegentliche Durcheinander, seine Spiellaunen nicht beflügelt, sondern verdorben.

Mozarts Sinn für die magische Kraft, die vom Gegenwärtigen ausgehen kann, mochte sich auch durch seine frühe Begegnung mit Franz Anton Mesmer und dessen Magnetismus verstärkt haben. Noch in der *Cosi* sollte er auf sie zu sprechen kommen. Doch auch hier war er – mit des Librettisten Hilfe – um eine ironische Pointe nicht verlegen: Ein Scharlatan versucht sich in dieser Oper daran, die von der Magie der Liebe Gebannten ausgerechnet durch die Anwendung mesmerischer Magie zu kurieren!

Was bleibt, ist geläuterte Gesinnung; ihr Inhalt besteht in der – heiteren – Entwirrung bizarrer Konfusionen. Doch läßt sich hieraus beim besten Willen kein wirklicher Zukunftsentwurf ableiten; dafür ist die *Cosi* insgesamt zu verspielt, ins Spielen, Täuschen und trügerische Durchschauen verliebt. Auch die Milde des *Titus* ist utopischen Ansprüchen nicht gewachsen; sie wirkt zu selbstgefällig. Allenfalls die *Zauberflöte* mit ihrem Bekenntnis zu einer ästhetischen Lebensform, die sich am Ideal einer *überprüfbaren* Humanität orientiert, sie scheint utopiefähig, betont gegenwartsüberschreitend und zeitenthoben zu sein. Und doch kokettiert das Aufklärerische in der *Zauberflöte* mit dem Zaubrischen und Wunderlichen. Sarastro produziert gewissermaßen den Schein der Aufklärung. Die Verwandlungen in der Oper vermischen Weihe und Weisheit, verbinden Gegenwärtiges mit Entrücktem – ganz im Zeichen der Selbst-Sakralisierung Sarastros. Entscheidend aber bleibt die musikalische Realisierung dieser Vorgänge, das *Hic et Nunc* der Vertonung, der die Dauer inspirierende Augenblick.

Sicher schweben auf ihren Melodien die drei Knaben in der *Zauberflöte* und verkünden zaubrische Aufklärung. Ob Mozart seinerseits in der Montgolfiere François Blanchards, dessen Flugversuche er im Juli 1791 beobachtet hatte, etwas in die Zukunft Weisendes gesehen hatte, steht zumindest zu bezweifeln.

Unnötig, hier nochmals im einzelnen rekapitulieren zu wollen, was Mozart von seiner Zeit wahrgenommen hat. Wichtig zu bedenken bleibt aber, daß er das Gehörte und Gelernte, das Erlesene und Erfahrene sogleich zu filtern verstand, um zu prüfen, ob es sich musikalisch eigne.

Die kompositorische Anverwandlung seiner Lebenswelt, Empfindungen und Gedanken, die unbedingte Anwendung der, wie er sagte, »Ton-wissenschaft und Ton-sezkunst« machte keinen prinzipiellen Unterschied zwischen der Vertonung eines Gedichts aus einem Trivialroman (gemeint ist Mozarts Lied *An die Hoffnung*) und der Beschäftigung mit einem politisch brisanten Stoff wie dem *Figaro*.

Indes die Tatsache, daß sich Mozart auch mit Trivialromanen auf seiner unablässigen Stoffsuche abgab, machte ihn weder als Mensch noch als Komponist trivial; ebensowenig ließ ihn seine Komposition des revolutionär geladenen *Figaro*-Stoffes zum Revolutionär werden.

Das Erhabene, »Geschwinde«, Gewagte, das Verspielte, das in vielen seiner Briefe in Kindereien eines Erwachsenen ausarten konnte, selbst das Religiöse, es waren Register, die er zu ziehen verstand; sie gehörten zum musikalisch allumfassenden Repertoire eines Künstlers, der sich von so unterschiedlichen Stimmungen und Impulsen bestimmt wußte und sich gerade deshalb dem stoischen Denken, kontrapunktisch sozusagen, im symbolträchtigen Gewand der Freimaurerei zuwandte. Wünschenswert deutlich benennen die Drei Knaben den Inhalt der sich mit diesem Denken verbindenden Hoffnung: Ruhe solle in die Menschen einkehren, Besonnenheit. Nicht irgendwann freilich, sondern »bald«.

Zeit bedeutete für Mozart Wirbel. In seinen Briefen bot er, oft auf einer Seite zusammengedrängt, alle nur möglichen Zeit-Wörter auf, nicht selten betont unsinnig aneinandergereiht, einschließlich der häufigen Gedankenstriche, die er wie Pausenzeichen einsetzte.

Das *Bis dato* steht neben dem *Noch nie*, das *Doch* neben dem *Doch nicht*, die Behauptung neben ihrer Einschränkung.

Dem entsprach sein Sinn für das, was der Zeitgeschmack verlangte, und für das, was ihm widersprach: Die Vogelfänger-Arie und der Gesang der Geharnischten konnten eben nur bei Mozart in *einem* Werk vorkommen.

Zu vertraut Klingendem schuf er immer auch den entfremdenden Kontrapunkt.

Mozarts Kompositionen widerlegen die These, daß das sinnlich klar Erfaßbare stets das unmittelbar Verständliche sei. Denn wer spricht schon von wirklichem *Verstehen* im

Falle der c-moll-Fuge für zwei Klaviere (KV 426) oder der c-moll-Fantasie (KV 475)? Zählt nicht vielmehr das, was sie in uns zu bewirken vermögen?

Wie dem auch sei, Mozart verstand sich wie keiner darauf, selbst die Überforderung seiner Hörer als einzigartiges musikalisches Erlebnis zu gestalten. Mozart ließ die Musik zu sich selbst kommen, wobei das Ineinander-Übergehen von Spiel und Reflexion Teil dieses musikalischen Selbstbezuges gewesen war. Entsprechend konnte es ihm auch gelingen, daß sich die aus dem Entstehungszusammenhang einer Komposition begründete Funktionalität, beispielsweise seiner Divertimenti oder anderer aus bestimmten Anlässen geschriebener Stücke, in der Musik selbst wieder entfunktionalisierte. Mozart komponierte somit stets die Aufhebung des Zwecks mit.

Wie sich das auf den Hörer übertragen kann, hat Paul Valéry in seinem platonischen Totengespräch über *Eupalinos* seinen Sokrates andeuten lassen: »Die Symphonie selbst ließ mich den Sinn des Hörens vergessen. Sie verwandelte sich so rasch und so vollkommen in belebte Wahrheiten, in Abenteuer des Weltalls oder in abstrakte Zusammenhänge, daß ich das sinnliche Mittel, den Ton, überhaupt nicht mehr wahrnahm.«

Läge darin auch der Sinn der präzise komponierten Flüchtigkeiten in einem Allegretto Mozarts? Die Aufhebung der Zeit in der Zeit, das Selbstvergessen als musikalischen Akt darzustellen, gleichzeitig aber den Eindruck zu erwecken, als bilde diese der natürlichen Zeit abgerungene musikalische Zeit einen Gegensatz zu ihr?

Festzuhalten bleibt, daß Mozart, eben weil er über alle musikalischen Zeitformen souverän verfügte, alles, was er nur wollte, in Musik verwandeln konnte.

Was wir unsererseits mit dieser mozartischen musikalischen Zeit anfangen, hängt von den vielfältigen Ausprägungen des in sich notwendig widersprüchlichen Zeitgeistes ab. Er reicht derzeit von der optischen Umsetzung der Musik Mozarts in Laser-Bilder am Nachthimmel bis zum dogmatischen Ruf »Zurück zu einer authentischen Mozart-Interpretation«; er erstreckt sich von einem auf dem Synthesizer gemischten Mozart bis zu modischen Uhren mit einem mozartischen Schattenriß als Zifferblatt. Aus Mozarts spielerischem Umgang mit der Zeit ist ein Zeitgeist geworden, der Mozart spielerisch handhaben möchte.

Wir können uns aber auch an Adornos Versuch erinnern, die »Neue Sachlichkeit« in Mozart aufzufinden; von Mozart-Interpretationen fordert er nämlich, sie sollten sich konstruktiver Durchsichtigkeit befleißigen, um die Strenge dieser Kompositionen freizulegen.

Demgegenüber hatte fünfzig Jahre zuvor Nietzsche darauf hingewiesen, daß nicht alle Musik Mozarts vom Steinernen Gast komponiert worden sei. Für Nietzsche verkörperte Mozart bekanntlich die Synthese aus Südlichkeit und Ernst, aus Leichtigkeit und Anstrengung, schlechthin als Gegenbild zum Mythos-Komponisten Wagner.

Nietzsche betonte zudem den transnationalen Geist Mozarts (»der zum Glück kein Deutscher war«) wie nach ihm auch Alfred Einstein in seiner 1942 abgeschlossenen Biographie und Werkdeutung, die Mozarts ästhetischen Humanismus und sein Weltbürgertum wie ein Fanal gegen die Barbarei des Totalitarismus hielt. Auch hier ist jedoch Vorsicht geboten. Sehr spezifische Voraussetzungen hatten Mozarts eigentümliches Europäertum geprägt. In seiner Kindheit beständigem Ortswechsel ausgesetzt, mußte Mozart Orte und Länder für austauschbar gehalten haben.

Ubi musica ibi patria. Fühlte er sich als Solist im Konzert der Orte? Dem Vater versichert er 1778, daß er der »gantzen teütschen Nation Ehre machen« wolle, ob in Paris, in Holland, in der Schweiz oder Italien. Vier Jahre später schreibt er aus Wien: »– will mich Teütschland, mein geliebtes vatterland, worauf ich /: wie sie wissen /: Stolz bin, nicht aufnehmen, so muß in gottes Nammen frankreich oder England wieder um einen geschickten Teütschen Mehr reich werden; – und das zur Schande der teutschen Nation.«

Das hindert Mozart jedoch nicht daran, sich selbst zuweilen als einen »Erzengländer« zu bezeichnen und im Jahr des zitierten Briefes, in der *Entführung*, mit seinem Blondchen die Vorzüge einer »zur Freiheit geborenen« Engländerin zu preisen, die sich ihres Wertes bewußt ist, auch wenn sie nur als Kammermädchen fungiert.

Die Anglophilie seiner Zeit einerseits und das Bejahen einer nationalen Identität andererseits zählte ebenso zu Mozarts Selbstverständnis wie die in ihm bis zuletzt wirkende Auseinandersetzung zwischen italienischer und deutscher Oper. Auf seine *Zauberflöte* als eine »teutsche oper« war er fraglos stolz gewesen. Als »sonderbar« vermerkt er, daß ihr italienisches Gegenstück, *La Clemenza di Tito*, zur gleichen Zeit ebenfalls mit »außerordentlichem beifall« bedacht worden war, zu einer Zeit, als er ohnehin nur noch den »stillen Beifall« gelten lassen wollte.

Oder haben wir es auch hier mit Rollenspielen zu tun? Einmal eine *opera seria* komponieren, dann wieder eine frühromantische Zauberoper in aufklärerischer Absicht.

Abermals galt: Erlaubt ist, was die Musik fordert und fördert. Das blieb Mozarts verbindliche »Gesinnung« und der ästhetische Imperativ seines Lebens.

Die aus dieser Bewußtseinsmischung hervorgegangenen

Werke lassen sich nicht einfach als Belege für eine eindeutige Aussage vereinnahmen. Sie zeugen dagegen von Mozarts genau komponierten Vieldeutigkeiten. In der *Zauberflöte* etwa konnte kein noch so deutschtümelnder Mozartianer je glaubwürdige Anhaltspunkte dafür finden, daß Mozart mit diesem Werk wirklich die Schaffung einer deutschen Nationaloper im Sinn gehabt hätte.

Je häufiger man Mozart spielt, je ungehemmter man ihn abspielt, je subtiler seine Musik produziert wird, in einer Zeit, in der die Mittel der technischen Reproduktion mehr zählen als ihr Gegenstand, je unanfechtbarer sich die *g-moll-Sinfonie* und die *Kleine Nachtmusik* als erhabene *Evergreens* sogar in der musikalischen *pop art* etabliert haben, je deutlicher ist auch geworden, wie unwiederholbar Mozarts Kunstleistung gewesen ist.

Mozart spielen heißt jedoch auch, einen Verlust beklagen; bedeutet, über sich selbst hinausgehoben zu werden und gleichzeitig peinlich berührt zu sein, weil uns Fragmentariern und Versatzstückjongleuren seine Fähigkeit, Balance und Zusammenhänge im Vielfältigsten zu stiften, verwehrt ist. – Jedoch: Was sollen hier Klagen? Unsere (künstlerischen) Aufgaben stellt eine andere Zeit. Sie ergeben sich aus der Art, wie wir mit dem Abstand zu Mozart umgehen.

Wir können diese Distanz nutzen zur fortschreitenden Emanzipation der Klangfolgen oder dazu, bloßen Geräuschen ihr Eigenleben zuzugestehen und dieses kompositionstechnisch fruchtbar zu machen. Es mag gleichfalls um die Umsetzung dessen gehen, was eine Melodie Mozarts in uns auslöst, was seine Kunst der Verwandlung *und* des Umschlags in uns freisetzt und neue kompositorische, bild- oder sprachkünstlerische Formen in und durch uns hervorbringt. Das setzt voraus, daß wir uns immer wieder einlassen auf das Mozartische und auf das, was uns von ihm trennt, eben auch jene von Adorno vor düsterstem Erlebnishintergrund diagnostizierte und noch keineswegs überwundene Negativität unserer Daseinsbedingungen.

Das Mozartische, das ist die »Arbeit der Melodie«, nicht das postmodern Pläsierliche; das ist das Spiel und das zeitweilige Aufdecken der Spielregeln.

Im Grunde aber erleben wir das Mozartische heute als eine Grenzerfahrung, als eine Erinnerung an das, was einem Künstler an tonaler Formung einmal möglich gewesen war. Sein Spielen, wir deuten es im Rückblick unwillkürlich auf der Grundlage jener avantgardistischen, abstrakten Spielformen, die erstmals im Ballett *Jeux* nach Debussys Musik sich (durch Nijinsky) verwirklicht sahen und die bei Beckett im Leerlauf endeten. Auch Mozart war ein Endspieler seiner Epoche gewesen; er hatte an ihren Grenzen komponiert. Doch er schöpfte gerade das bis zur Neige aus, was sie umschlossen hielten. Nur überschritt, überspielte er diese Grenzen nie ganz, anders als nach ihm Beethoven.

Auch das meine ich mit dem Wort Grenz-Erfahrung, die Mozarts Musik ermöglicht: Sie brachte noch die Grenzwerte des Epochengemäßen zum Erklingen, hütete sich aber vor selbstherrlichen Grenzverschiebungen.

Mozarts Wagnis, seine Kunst-Leistung bestand auch darin, Grenzen des »gebundenen« Ausdrucks zu achten und sie gleichzeitig porös zu machen.

Mozart brachte *seine* Zeit in *sein* Spiel. Ob wir nun das Mozartische in unserer Zeit verspielen, zerreden, entstellen? Durch Kitsch und serielle Reproduktion, durch hemmungslose Kommerzialisierung?

Puristen mögen dies bejahen. Andere dagegen dürften behaupten, daß der Umgang mit dem Mozartischen als

Spiel ohne Grenzen dessen ungebrochene Lebendigkeit be-
stätige.

Es scheint an der Zeit, den Grenzbereich, den das Mozartische markiert, den Abstand zu ihm wieder sichtbarer und
dadurch fruchtbarer zu machen, es uns, seine Andersartigkeit achtend, differenzierter anzueignen und die Mozartische Kunst nicht als »music for all seasons« einfach nur zu
konsumieren.

Das Mozartische wäre somit eine Herausforderung, den
Abstand, die Spannung zwischen der ihm zugrundeliegen-
den Zeit-Erfahrung und der unseren auszuhalten und zu
ermessen, was dieser Abstand für uns bedeutet.

Was hören wir im Abstand zum Mozartischen? Noch
immer die musikalische Verwirklichung der klassenlosen
Gesellschaft, wie Georgi Tschitscherin um 1917 meinte?
Oder weiterhin das, mit Robert Schumann gesprochen,
»Unbegreifliche im Gewand des Faßlichen«? Oder gar die
Melodie einer selbst im Gegensätzlichen der Verhältnisse,
im Widersprüchlichen, Konträren der Meinungen wirksa-
men Gelöstheit?

Was wir hören, kann sich auch weiterhin nur aus dem
Bemühen um eine zeit-bewußte Interpretation eben dieser
Melodie aus Anstrengung und Gelöstheit ergeben, dabei
schmerzlich wissend, daß auch das Mozartische und seine
musikalische Humanität das Inferno des 20. Jahrhunderts
nicht verhindern konnten.

Wie aber wäre es bestellt um die uns bleibend aufgetra-
gene Überwindung dieses Infernos, wenn wir nicht auch auf
das Mozartische in Gestalt einer immer möglichen, vor dem
jeweiligen Zeit-Horizont zu versuchenden Neudeutung zu-
rückgreifen könnten?

Kleist im »Schall seiner anarchischen Musik«

Bevor Kleist sich wirklich als Dichter verstehen konnte, befaßten ihn mathematische und physikalische Studien. Seinen Weg zur Kunst nahm er über das Klarinettenspiel, wobei er behauptete, daß sich derjenige, der die Musik wirklich verstehe, sein eigenes Instrument bauen würde. Bis zuletzt interessierte ihn die technische Seite der Instrumentenlehre; so gab er in den *Berliner Abendblättern* einem Bericht *Über eine wesentliche Verbesserung der Klaviatur der Tasteninstrumente* durch den mit ihm befreundeten Mathematiker Christian Friedrich Krause breiten Raum.

In einem ersten Rückblick auf seinen Werdegang schrieb er im Juli 1801 an Adolphine von Werdeck mit entsprechender musikalischer Metaphorik: »Mir war's, als ob ich vorher ein totes Instrument gewesen wäre, und nun, plötzlich mit dem Sinn des Gehörs beschenkt, entzückt würde über die eignen Harmonien.« Kleist bezog sich auf ein Erlebnis bei Mainz, als er die Natur »tönen« gehört habe. Eine »ganze vollständige Sinfonie« habe er vernommen, eine »Melodie und alle begleitenden Akkorde, von der zärtlichen Flöte bis zu dem rauschenden Kontra-Violon.« Im dichterischen Werk Kleists finden diese musikalisch geprägten Anfänge nur in der Erzählung *Die Heilige Cäcilie oder Die Gewalt der Musik* eine nennenswerte Fortsetzung. Dagegen kommt er im Sommer seines letzten Lebensjahres in einem Brief noch einmal ausführlich auf die Bedeutung der Musik zu sprechen. Seiner Cousine Marie von Kleist gegenüber entwirft er einen Plan, der das Aussetzen seines dichterischen Schaffens zugunsten »einiger Wissenschaften« und eingehenden Musik-Studiums vorsieht. Was folgt, legt in gewisser Weise den Kern seiner Kunst-Auffassung frei:

»Ich fühle, daß mancherlei Verstimmungen in meinem Gemüt sein mögen, die sich in dem Drang der widerwärtigen Verhältnisse, in denen ich lebe, immer noch mehr verstimmen, und die ein recht heitrer Genuß des Lebens, wenn er mir einmal zuteil würde, vielleicht ganz leicht harmonisch auflösen würde. In diesem Fall würde ich die Kunst vielleicht auf ein Jahr oder länger ganz ruhen lassen, und mich, außer einigen Wissenschaften, in denen ich noch etwas nachzuholen habe, mit nichts als der Musik beschäftigen. Denn ich betrachte diese Kunst als die Wurzel, oder vielmehr, um mich schulgerecht auszudrücken, als die algebraische Formel aller übrigen, und so wie wir schon einen Dichter haben – mit dem ich mich übrigens auf keine Weise zu vergleichen wage – der alle seine Gedanken über die Kunst, die er übt, auf Farben bezogen hat, so habe ich, von meiner frühesten Jugend an, alles Allgemeine, was ich über die Dichtkunst gedacht habe, auf Töne bezogen. Ich glaube, daß im Generalbaß die wichtigsten Aufschlüsse über die Dichtkunst erhalten sind.«

Ein in vielerlei Hinsicht bemerkenswerter Brief. Seinen psychischen Zustand nennt er »verstimmt« wie ein Instrument, das nur noch zu Dissonantem fähig sei. Dies schließt jedoch ein, daß man die Seele wieder neu *stimmen* und die Dissonanzen auflösen könne, wenn nur wirkliche Lebensfreude aufkäme. Etwas Genuß als Stimmgabel; endlich einmal »aufsingen« können, wenn man den Kammerton gefunden hat. Und dann? Kein Dichten mehr, einstweilen jedenfalls, etwas Wissenschaft, ansonsten nur Musik, die er bemerkenswerterweise jenseits von Kunst und Wissenschaft ansiedelt.

Auf diese Bedingung aber kommt es an: Er glaubt, sich erst ins Reine, Stimmige bringen zu müssen, um frei zu sein für den Umgang mit Musik. Musik an sich vermag ihn nicht zu befreien.

Darauf seine Hauptthese: Musik sei die Wurzel aller Künste, die Grundlage des ästhetischen Daseins, aber in Form einer *algebraischen Formel*; kein seichter, halb mythischer Urgrund, sondern etwas scheinbar Verläßliches, von dem sich künstlerische Ausdruckswerte ableiten ließen.

Der Generalbaß als *basso continuo* der Kunst, als ästhetische Weltformel und gemeinsamer Nenner der »Stimmungen«; vor allem aber als Mittel der Versachlichung und nüchternes Zentrum des bacchantischen Taumels, der Ekstase. Kleist geht davon aus, in der Tonlehre – sie reicht für ihn von der Sphärenmusik der Pythagoräer bis zu Haydn – ein Äquivalent zur *Farbenlehre* Goethes finden zu können. Bemerkenswert daran ist, daß er noch 1811 nach einem Grund der Dichtung außerhalb ihrer selbst sucht, nach einer ästhetisch-szientistischen Grundlage für sein Schaffen. Noch erstaunlicher, daß er sich immerhin in der Zeit Beethovens noch explizit auf den damals bereits überwundenen Generalbaß als ästhetisches Maß bezieht. Verräterisch ist freilich sein Hinweis auf die »algebraische Formel«, nach der er weiterhin in der Kunst sucht. Hierin mag der Grund für den Verweis auf den Generalbaß zu suchen sein, wurde er doch in einer Art Ziffernschrift, formelgleich, notiert.

Kleist hatte behauptet, daß Goethe seine *Farbenlehre* entwickelte, um sich dadurch über Fragen der Kunst klarzuwerden. Er, Kleist, wiederum wollte im Generalbaß Einsichten über das Dichten gewinnen. Weil er die Musik als eine gleichermaßen mathematische wie sinnliche Kunst verstand, konnte er ihr eine Objektivität zuschreiben, die er für seine Dichtung erst noch zu erreichen hoffte.

Kants Wort vom »Mathematisch-Erhabenen«, das im ersten Teil der *Kritik der Urteilskraft* fällt, drängt sich hier auf. Der Unterschied freilich liegt auch auf der Hand: Kant verstand das »Mathematisch-Erhabene« als eine Größe jenseits aller Maßstäbe, wogegen es Kleist gerade darauf ankommt, die ›algebraische‹ Substanz des Musikalischen auch als dichterische Qualität fruchtbar zu machen.

Was nun könnte Kleist mit einer Lesart des Dichterischen verbunden haben, die sich am Generalbaß orientierte? Vermutlich eine Sprache, die weniger ausspricht und mehr aus Zeichen besteht, deren Sinn es, lesend oder sprechend, zu entwickeln gilt. Dem Leser, Sprecher oder Darsteller weist Kleist die Rolle eines Continuo-Spielers zu, der musizierend anhand der Generalbaß-Ziffern die Begleitung improvisiert. Damit steht der Generalbaß keineswegs nur für musikalisches Beiwerk, sondern für ein Paradox, nämlich für kalkulierte Improvisationskunst. Durch den Generalbaß gewinnt ein Musikstück Resonanz, man könnte auch sagen, akkordbedingte Tiefenschärfe. Und eben danach suchte Kleist, nach einer, mit Hölderlin gesprochen, »poetischen Verfahrungsweise«, die es ihm nach einer Phase geradezu ekstatischen Schaffens, nach der *Penthesilea* und der *Hermannsschlacht*, erlauben würde, etwas zu sagen, ohne zu sprechen, deutungsbedürftige Zeichen zu geben, ohne sie selbst bis ins letzte ausgestalten zu müssen. Mit seinem Schauspiel *Prinz Friedrich von Homburg* kommt er dann diesem musikalisch-poetischen Ideal ein entscheidendes Stück näher. Denn mehr als seine übrigen Dramen lebt dieses Stück von szenischen Anweisungen. Der zweite Auftritt des ersten Aktes etwa besteht nur aus einer Regieanweisung, aus Zeichen also, deren tiefere Bedeutung vom Darsteller improvisierend umzusetzen ist.

Kann es Zufall sein, daß gerade dieses ästhetische Spezifikum von Kleists Schauspiel vielleicht erst in seiner modernen Bearbeitung durch Ingeborg Bachmann und Hans Werner Henze zu voller Entfaltung kommen konnte? Bachmann nannte diesen Tasso unter preußischblauem Nachthimmel einen »modernen Protagonisten, schicksallos [...], mit sich allein in einer zerbrechlichen Welt«, wobei Henze den strengen Formalismus seiner Musik betonte, die Kleist »kontrapunktisch« habe »ausleuchten« wollen.

II

»Deine Briefe haben mir das Herz zerspalten ...« (Brief an Marie vom 10. November 1811) – das war die eine Erfahrung Kleists; die chromatische Erhöhung oder Erniedrigung in einem Akkord, die zu einer genau bezifferbaren Leittonspannung führt, das war ihm die andere klärende Erkenntnis. (Er konnte nicht wissen, daß auch Goethe sich mit möglichen Analogien zwischen dem Farben- und Tonartenkreis beschäftigte und damit, seine Erforschung des »psychologischen Sehens« auf den Bereich des Akustischen zu übertragen.)

Musik als sinnliche Mathematik; der Generalbaß als das ästhetisch Disziplinierende. Kleist setzte dies besonders in seinen Dramen um. Diese Dramen mit ihren *fortissimi* und Pausen, punktierten, *staccato* zu sprechenden Perioden gleichen Sprachpartituren, deren Regieanweisungen gleichsam mit in Worten aufgelösten Generalbaßziffern ausgestattet sind, nach denen sich die Schauspieler richten sollen, um den entsprechenden Emotions-Akkord zu treffen. Seine in dieser Hinsicht wohl musikalischsten Partituren, *Amphitryon* und *Penthesilea*, zeigen, daß Kleist die Musik als eine »Sprache in ihrer äußersten Gestalt« (Günter Blöcker) verstand, als eine Ausdrucksform am Rande des diskursiven Sprechens, als psychologische Kraft, der korybanthischen Entgrenzung, aber eben auch der Disziplinierung, um die seine Penthesilea ihre Mitstreiterinnen bittet: »Musik, ihr Fraun, Musik! Ich bin nicht ruhig. / Laßt den Gesang erschallen! Macht mich still.«

Oder stellt sich diese Bezähmung durch Musik als Selbsttäuschung heraus, als tönendes Trugbild vermeintlicher Zucht, die (nicht nur) Penthesilea erst richtig in Wallung versetzt? Verliert der Kleistische Orpheus, der die wilden Tiere durch seinen Gesang bezähmt, etwa die Selbstbeherrschung?

In zwei Briefen aus den Jahren 1800 und 1801 schildert Kleist, wie er bei einem Spaziergang am Rhein ein »schmelzendes Adagio« gehört habe, »mit allem Zauber der Musik, mit allen melodischen Wendungen und der ganzen begleitenden Harmonie«. Mehr noch: Seine ausgeprägte auditive Begabung läßt ihn »dieses Konzert ..., ohne Kapelle, wiederholen«, sooft er dies nur wolle. Nun folgt jedoch der entscheidende, selten (auch bei Blöcker nicht) zitierte Zusatz: »... – aber sobald ein *Gedanke* daran sich regt, gleich ist alles fort, wie weggezaubert durch das magische: disparois!, Melodie, Harmonie, Klang, kurz die ganze Sphärenmusik.«

Hier findet sich bereits das entscheidende Motiv aus dem *Marionettentheater* vorgebildet: Die bewußte Wiederholung eines Kunstakts kann nicht gelingen. Das Absichtsvolle zerstört den Impuls, die Inspiration; demnach muß auch das bewußte Einsetzen von Musik zum Scheitern verurteilt sein.

Kleists Denken stieß sich, wie bekannt, am Zweifel daran wund, je etwas *richtig* erkennen zu können. Was er zur Musik sagte, instrumentierte gleichsam diesen Zweifel; denn in ihrem Fall schien zu gelten, was Kleist zwar nicht mehr eigens ausgesprochen, aber impliziert hatte, daß die mit Bewußtsein eingesetzte Musik zu keiner wirklichen seelischen Läuterung beitragen könne, sondern eher die inneren Mißtöne, das Verstimmtsein, verstärken müsse.

Und doch läßt Kleist nicht von dem Versuch ab, das Musikalische zu objektivieren. In seinen *Berliner Abendblättern* etwa finden sich keine Konzertberichte, dafür aber, wie bereits gesehen, die freudige Mitteilung, daß ein gewisser Krause in Dresden die Klaviatur der Tasteninstrumente wesentlich verbessert habe. Musik als handhabbares, verdinglichtes Faktum einerseits, andererseits, vor allem in seinen Erzählungen, als eine über uns hereinbrechende Gewalt, die Menschen zum Äußersten treiben und eine lebenslange »Verstimmung« des Gemütszustandes verursachen kann – wie die Klosterstürmer (in der *Heiligen Cäcilie*) beweisen, die, vom magischen Klang gebannt, für den Rest ihres Lebens zu mitternächtlichem Singen verdammt werden, aus dem ein Schreien wird, das jedoch niemand, kein Gott und keine Cäcilie, zu erhören bereit ist.

III

»... und die Nachtigall flötete im Wipfel ihr wollüstiges Lied«, berichtet der Erzähler in Kleists Novelle *Das Erdbeben in Chili* – gewissermaßen ein Präludium zum »wollüstigsten« aller Tode. Nach dem Chaos des Erdbebens scheint es, daß die »musikalische Pracht«, welche die Orgel im Dominikanerdom zu St. Jago entfaltet, eine neue Ordnung stiften könne. In Wirklichkeit jedoch leitet sie die neuerliche Verfolgung Jerominos und Josephs ein und versetzt den Chorherrn Prediger in Rage, mit der er, ein religiöser Eiferer, zur Lynchjustiz aufruft, um die »Sittenverderber« zu vernichten. Die Musik als des Schrecklichen Anfang.

Nein, mit nüchternen Generalbaßziffern hat diese Musik nichts gemein; nichts ließe sich dadurch erklären, daß man ihre Struktur erklärte. Zwar können wir genau beschreiben, wie, sagen wir, *alterierte Intervalle* entstehen, was einen *gregorianischen Choral* ausmacht und worin der Unterschied besteht zwischen einer *authentischen* und *plagalen Kadenz*; wir vermögen sogar zu sagen, daß letztere härter, unbedingter und unversöhnlicher klingt als ihr *authentisches* Gegenüber. Aber was diese Klangfiguren in uns auslösen und wie sie, je nach unserer »Gestimmtheit«, in uns wirken, darüber fehlen uns allgemeine Begriffe.

Dieser Wirkung jedoch nahm sich Kleist in seiner Musiklegende *Die Heilige Cäcilie* an, eine novellistische Variation über die Frage *Quod significat musica?*. Der Erzähler beantwortet sie vielsagend kryptisch mit dem Hinweis auf ihre »weibliche Geschlechtsart« und ihren entsprechend »geheimnisvollen« Charakter.

Zunächst jedoch erfahren wir, daß die Musik, die in der Klosterkirche der Heiligen Cäcilie zur Aufführung kommt, von den Nonnen mit *Präzision, Verstand* und *Empfindung* interpretiert wird, schlechterdings ideal also, wie man eben mit dem Ausdruck sphärisch-sinnlicher Algebra umgeht.

Wir hören aber auch, daß die beste Interpretin des Klosters, Schwester Antonia, »in gänzlich bewußtlosem Zustande danieder liege«; und wir ahnen: weil sie der Wirkung ihrer eigenen Musik erlegen sein könnte. Kleists Legende will es, daß Antonia dennoch – wohl als Verkörperung der Heiligen Cäcilie selber – die »uralte, italienische Messe« auf der Orgel spielt, am Fronleichnamstag – trotz der anrückenden Bilderstürmer, die das Kloster zu verwüsten drohen. Das *Gloria in excelsis* verzaubert die Rädelsführer, das sie fortan, in einem Irrenhaus lebend, in gespenstischer Verzükkung um Mitternacht aufs entsetzlichste intonieren und zwanghaft in eine Art Wolfsgeheul verzerren.

Der Erzähler spricht vom »Schrecken der Tonkunst« und ihrem »fürchterlichen Geist« und »zaubrischen Zeichen«. Daher kann auch der Hinweis auf das »Musikding«, die Partitur, nichts zur Versachlichung beitragen; denn niemand ist fähig, sie zu analysieren. Sie bleibt ein Zauberbuch.

Worauf wollte Kleist hinaus? Hatte der Expressionist Alfred Wolfenstein recht, wenn er Kleists »Kunst des Aufruhrs« im »Schall seiner anarchischen Musik« hörte?

Musik bedeutete für Kleist das Ertönen des Zweideutigen *und* Unbedingten, des Erhabenen *und* Untergrabenden. Musik als schmerzende Wurzel der Kunst – sie war Kleist ebenso vertraut wie der Schein ihrer mathematischen Fixierung. In seinen Novellen vermittelte er diese Ambivalenz der Musik; in seinen letzten Lebensmonaten jedoch wollte er etwas Verankerndes in ihr hören, ein tönendes *perpetuum mobile*. Eine in jeder Tonart dissonante Selbsttäuschung, eine List der musikalischen Vernunft.

Im Schatten der Einsamkeit

Ein Wort zu Beethovens Tagebüchern

»Schuhbürsten zum Abputzen, wenn Jemand kommt«; la-
konische Notizen über Profanes stehen in Beethovens Tagebuch neben pathetischen Stoßgebeten: »Meinen erhaben-
sten Gedanken leihe Hoheit, führe ihnen Wahrheiten zu, die
es ewig bleiben!« Unmittelbar danach findet sich eine detail-
lierte Angabe über die Größe des Orchesters, das Ende
Februar 1814 seine siebente und achte Symphonie aufgeführt hatte. Und darauf der Eintrag: »Bestimmung der
Aerzte über mein Leben – – – ist keine Rettung mehr – – – so
muß ich – – –.« Das Tagebuch des leibhaftigen Dämons in
der Musik, was stellt es dar? Ein Beicht- oder Haushaltsregi-
ster, ein *scherzo lamentoso* in Worten oder ein Brevier des
Widerstands gegen das Schicksal?

Als Beethoven im Frühjahr 1814 die Umarbeitung des »Fidelio« in Angriff nimmt, beschließt er: »Beim Quartier den
alten Ofen wegräumen auf den Boden tragen.« Doch wozu
führt diese Anwandlung von Häuslichkeit? »Nicht mein jet-
ziges Alltagsleben fortsetzen, die Kunst fordert auch dieses
Opfer.« Keine Kompromisse mehr, es sei denn, sie kommen
dem Werk zugute. Beethoven verordnet sich folgende Medi-
zin: »In der Zerstreuung ruhn, um desto kräftiger in der
Kunst zu wirken.« Zuweilen spricht er von »Ergebenheit ins
Schicksal« oder vom Kampf gegen das Unvermeidliche, von
Opfern und »großen Handlungen«. Den ertaubenden Ton-
dichter beschäftigt die Verbesserung von »Ohrenmaschi-
nen«; und nicht minder der Eingang von zwei Dutzend
Flaschen Wein aus den Kellern der Gräfin Erdödy.

Beethoven, das enthüllt nicht nur sein zwischen 1812 und 1818 geführtes Tagebuch, lebte beständig im Ausnahmezustand. Seine Wahrheit in allen Dingen der Kunst, des Herzens und des Alltags lag im Extremen. Im Tagebuch, mehr noch als in seinen Briefen und Konversationsheften, gab er das Ausmaß seiner inneren Zerrissenheit und Widersprüchlichkeit preis. Einmal drängt es ihn, sein Leiden aus sich herauszuschreien; und schon korrigiert er sich wieder und verlangt von sich und seiner Umgebung Einübung ins Schweigen.

Der unbehaust wirkende Komponist sehnt sich nach einem wirklichen Heim, allein die »schrecklichen Umstände« seines Lebens hindern ihn daran, sein »Gefühl für Häuslichkeit« in die Praxis umzusetzen. Mit einem Zauberwort versuchte er seine Seelennöte zu bannen: Das Streben nach dem *Erhabenen* bedeutete ihm zeitweise geradezu Selbsterlösung. Versprach doch das Erhabene, im Sinne Schillers, die geistigen und emotionalen Gegensätze aufzuheben. Aber verlangte es Beethoven wirklich danach, eine höhere Warte zu beziehen, um von dort aus sein Leben souveräner meistern zu können? Oder hatte sein Verständnis von Erhabenheit etwas mit jener »höchsten Ekstase des Bewußtseins der Schrankenlosigkeit« gemein, von der Richard Wagner in seinem Versuch über Beethoven (1870) redete?

Erhabenheit hielt Beethoven, soweit sich dies seinen schriftlichen Äußerungen entnehmen läßt, keineswegs für einen dionysischen Zustand; er glaubte offenbar, daß sich der Mensch durch das Erhabene von leidenschaftlichen Ekstasen befreien und somit veredeln könne. Nach Auskunft des Tagebuchs strebte Beethoven dieses »edle Empfinden« an, um dadurch der vollen Bedeutung des Menschseins würdig zu werden.

Beethoven befand, daß der Mensch nur in dieser »erhabenen Stimmung« die Nähe des »Geistes der Geister« zu spüren in der Lage sei, der »dem Aufruhr befiehlt, ... zur schönen Ordnung zu werden«.

Zusammenhängende Eintragungen finden sich in Beethovens Tagebuch nur dann, wenn er stoische Lebensregeln aneinanderreiht oder Maximen, aber gewöhnlich ohne Reflexionen: »Selig ist, der alle Leidenschaften unterdrückt hat und dann mit seiner Thatkraft alle Angelegenheiten des Lebens unbesorgt um den Erfolg verrichtet!« Entsprechend bezeichnet er den »Gebrauch der Vernunft« als eine »köstliche Kunst«.

Den Sinn dieser Verhaltensregeln begründete Beethoven wie folgt: »Wie der Staat eine Constitution haben muß, so der einzelne Mensch für sich selber eine!« Soweit der Platoniker und Stoiker Beethoven.

Im Tagebuch stellt er sich aber auch als Bewunderer der indischen Kultur und Religion vor. Daß den »künftigen Braminen« ein fünfjähriges Stillschweigen auferlegt sei, fasziniert ihn ebenso wie die indische Ragatonleiter und nicht minder die sinnliche Spiritualität des Buddhismus.

Aus vielen derartigen Eintragungen spricht deutlich Beethovens Bemühung um einen erweiterten Bewußtseinshorizont; seine autodidaktischen Anstrengungen bedingten denn auch seine weltumspannende Humanität, ja, sein geradezu ins Kosmische ausgreifendes, ausgesprochen ästhetisches Ordnungsdenken (»in der Verfassung der Welt [sei] Ordnung in Schönheit [ein] Wetterleuchten«).

Verschwiegen sei jedoch nicht, daß er sein Bekenntnis zu all-liebender Menschlichkeit (durch die Kunst) leichter durchzuhalten vermochte als praktizierte Nächstenliebe, etwa zu seinen Haushälterinnen und Dienern in Wien.

Nach allen zugänglichen Zeugnissen zu urteilen hatte Beethovens Liebe etwas schlechthin Erdrückendes. Es scheint, daß er durch sein ungestümes Liebeswerben und seine liebende Übersorge für seinen Neffen Karl seiner oft genug durchbrechenden Selbstverachtung Herr werden wollte. Im Tagebuch notiert er: »Sinnlicher Genuß ohne Vereinigung der Seelen ist und bleibt viehisch, nach selben hat man keine Spur einer edlen Empfindung vielmehr Reue ...«

Die Anspielung läßt an Deutlichkeit nichts zu wünschen übrig. Keinem seiner wirklichen Freunde blieben Beethovens Neurosen verborgen; ein Freund vermeldete, daß er »in Streit mit seinem Schöpfer und der Natur« liege. Die wenigsten dagegen brachten Verständnis für die »geheime Ursache« seiner »wunderlichen Erscheinung« auf, wie Beethoven in seinem »Heiligenstädter Testament« (1802) beklagte, nämlich jenes ihn zutiefst beunruhigende Gefühl völliger Vereinsamung; auch im Tagebuch nennt er das »Alleinleben« ein »Gift ... bey Gehörlosem Zustande«.

Dennoch: Beethoven konnte scherzen. An Johann Nepomuk Hummel schrieb er 1799: »Herzens-Nazerl! ... wir beide wollen Dich rüffeln, knüffeln und schütteln, daß Du Deine Freude dran haben sollst. Dich küßt Dein Beethoven, auch Mehlschöberl genannt.« Er liebte Wortspiele, wenn er es darin auch nicht zu mozartischer Virtuosität brachte. Dann wieder erschien er den Menschen wortkarg und verschlossen. In allem aber muß er vollkommen unkonventionell gewirkt haben, wie er selbst nur zu genau wußte. Der Bremer Musikdirektor Wilhelm Christian Müller überliefert die folgende Aussage Beethovens: »Mir entfällt manchmal ein herzliches, freies Wort; dafür hält man mich für toll.«

So sehr sich Beethoven auch unverstanden fühlte, seine Musik hielten die Zeitgenossen keineswegs für unverständlich. Gewiß, der Septimenakkord der *Ersten Sinfonie* hatte sie verblüfft und nicht minder die folgenden symphonischen Gewaltausbrüche und kunstvollen Längen seiner langsamen Sätze wie die frappierende Kürze seiner *Bagatellen* oder der Chorsatz im Finale der *Neunten.* Aber seine »Botschaft« wurde durchaus vernommen. Der Künstler als ein im Chaos lebender Messias war durch Beethovens Beispiel zu einem gefragten Vertreter des befreiend Genialischen geworden. Die bürgerliche Gesellschaft (Wiens) schätzte, alles in allem, ihren exzentrischen Gegenpol.

Und Beethoven selbst? Er gestand Bettina Brentano in einem Brief, daß er sich in der Gesellschaft vorkomme wie ein »Fisch auf dem Sand, der sich wälzt und wälzt und nicht fort« kann. Und dennoch hatte Beethoven auch ein Gespür für das, was man Publikumsgeschmack nennt oder musikalische Moden. Im Tagebuch vermerkt er, daß man »schöner (also gefälliger) schreibt, sobald man für das Publikum schreibt« (man denke nur an seine *Schlachtensinfonie* op. 91!).

Aber zurück in die tieferen Schichten des Tagebuchs. Nur wenige Datumsangaben strukturieren sein Sprachmaterial; denn »Zeit findet durchaus bey Gott nicht statt«. Und wer sich durch seine Kunst so bewußt wie Beethoven dem Göttlichen auf Erden genähert hatte, der war es sich durchaus schuldig, von der Zeit, soweit nur irgend möglich, abzusehen.

Was zeichnet nun dieses Sprachmaterial aus? Zunächst einmal das Sentenzhafte vieler Notate Beethovens, das Sprichwörtliche und Allgemeinverbindliche. Es ist, als wollte sich Beethoven geistig an etwas festhalten, um es gleichzeitig jedoch wieder loszulassen. Zahlreiche Worte und Satzfetzen stehen in keinem grammatisch gesicherten

Sinnzusammenhang; vielmehr scheinen sie die Schwelle zur Sinn- und Sprachauflösung zu markieren.

Ein Hinweis von Ignaz Moscheles auf Beethovens Kompositionsweise hilft hier weiter. In seinem Bericht über seinen Besuch bei Beethoven im Jahre 1821 erwähnt Moscheles wie jeder andere, der den Komponisten des »Fidelio« aufgesucht hatte, die außergewöhnlich große Unordnung in Beethovens Wohnung. Aber er entdeckt in ihr ein Lebens- und Schaffensprinzip. »Ich fand«, schreibt Moscheles, »auf einem soeben beschriebenen Notenblatte die verschiedenartigsten Ideen ohne allen Zusammenhang hingeworfen, die heterogensten Einzelheiten nebeneinandergestellt, wie sie ihm eben in den Sinn gekommen sein mochten.« Nicht anders verhielt es sich mit seinen Eintragungen ins Tagebuch.

Das Tagebuch nutzte er als eine Art Experimentierfeld in Sachen Sprache. Alltagsweisheiten stehen Exzerpte aus Homer, Plutarch und Schillers »Wilhelm Tell« gegenüber, durchsetzt von Gedankenfragmenten (»Ertragung – Ergebung – Ergebung so gewinnen wir noch beym höchsten Elend und machen uns würdig, daß Gott unsere Fehler – – – –«).

Allenthalben handelt es sich um Versuche, seine eigene sprachliche Ausdrucksfähigkeit zu schulen und zu variieren, oder sollen wir sagen: auf die Höhe seiner musikalischen Eloquenz zu bringen?

Beethovens Skepsis gegenüber seinem eigenen wortsprachlichen Vermögen ist bekannt. In seinem Brief an die »Unsterbliche Geliebte« klagt er: »Die Brust ist voll, Dir viel zu sagen – ach! – es gibt Momente, wo ich finde, daß die Sprache noch gar nichts ist.« Und in einer fragmentarischen Aufzeichnung heißt es: »...warum gibt es keine Sprache, die das ausdrücken kann, was noch weit über Achtung – weit

über alles ist – was wir noch nennen können – o wer kann sie
aussprechen, und nicht fühlen, daß, soviel er auch über sie
sprechen möchte – ... – nur in Tönen – ach ich bin nicht zu
stolz, wenn ich glaube, die Töne wären mir williger als die
Worte.«

Und dennoch war Beethovens Sprachgefühl, sein Gespür
für rhythmische Strukturen der Sprache, für metrische und
prosodische Fragen, kurz für das Innere des Sprachbaus,
mehr als ausgeprägt. Auch das belegt das Tagebuch vielfältig. Zweifel kommen ihm an der musikalischen Geeignet-
heit der »deutschen Poesie«. Entsprechend befaßt er sich
verstärkt mit dem Melos der Sprache Homers, um dann
doch wieder die Beschäftigung mit der »heimischen Dichtkunst« aufzunehmen, etwa mit Adolf Müllners Tragödie
»Die Schuld« (1816); die zum Teil längeren Auszüge aus diesem Trauerspiel, die Beethoven in seinem Tagebuch angefer-
tigt hatte, weisen allesamt darauf hin, daß ihn besonders
jene Textstellen beeindruckten, in denen Sprache und Musik, ob symbolisch oder lautmalerisch, in Einklang stehen.
Vom »Verklingen in das bessre Leben« ist darin ebenso die
Rede wie vom »Lebensinstrument«, der orphischen Harfe.
Aber, so Müllner in seinem Trauerspiel, »der Riß gespannter
Saiten / Wie der Klang, der sanft verhallet / Ist ein *Schall* /
Der den Fall / Eines Menschen kann bedeuten«. Beethoven
hatte das Wort »Schall« eigens durch Unterstreichen her-
vorgehoben, als wollte er damit andeuten, daß das (Ver-
)Klingen ein Wesensmerkmal des Lebens sei.

Gleichzeitig stellte er sich – laut Tagebuch – die Frage, wie
im Griechischen das »Eleison« betont werde, was belegt,
daß er sich vermutlich Mitte 1814 mit dem Gedanken trug,
eine Messe zu komponieren. Aber nicht der darin auszu-
drückende Glaubensinhalt kümmerte ihn, sondern die Er-

forschung »aller Kirchenchoräle« und der »Prosodie aller christkatholischen Psalmen und Gesänge«.

Beethoven kam es stets auf die musikalische Verwendung der Worte an. Somit nahm er sie vorrangig im Kontext von Versen auf. Ihr metrisches Umfeld schien ihm sinniger als ihr Bedeutungszusammenhang. Wichtig war ihm der Umstand, wie ein Tagebucheintrag belegt, daß ein *Sänger* den Griechen ihre Freiheit nach den persischen Kriegen *singend* verkündete, wie Beethoven dem Plutarch entnahm.

»Kein Komponist hat je sein Rohmaterial zu dem Grad an Reinheit verfeinert wie Beethoven«, urteilte Yehudi Menuhin über das kompositorische Verfahren Beethovens. Das trifft auch für sein wortsprachliches Material zu, sofern er es musikalisch bearbeiten konnte. Vor allem gilt dies für seine (zum Teil mehrfachen) Vertonungen einiger Gedichte Herders, besonders für den Kanon »Das Schweigen«, dessen *poco sostenuto* oder mäßige Verhaltenheit geradezu eine Aura des Schweigens erzeugt.

Beethoven beschwor wiederholt die (sittliche) Kraft des Schweigens, die er aber dem Verschweigen absprach. Sein rückhaltloser Wahrheitswille sagte ihm, wie er im Tagebuch festhielt, daß das »Vergangene doch das Gegenwärtige hervorgebracht« habe; folglich galt ihm das Verschweigen der Vergangenheit als Mangel und Schwäche.

Aber er wußte um die Würde des Geheimnisses, die nur schweigend zu wahren sei, vor allem von einem Menschen, der sich »in Schatten ewiger Einsamkeit« gehüllt sah. Oft hat er in seiner Musik dieses Schweigen mitkomponiert. Man höre einmal genau auf die »stillen Stellen« im dritten Satz seines Trios opus 97, die das *andante cantabile* wirkungsvoll strukturieren, um zu verstehen, was dieses musikalische Schweigen vermitteln kann: nicht weniger als den

Eindruck, daß hier drei Instrumentalstimmen dem Hörer den Wert solcher geheimnisumwitterter Einsamkeit nahebringen wollten.

»Oper und alles seyn lassen, nur für deine Weise schreiben – und dann eine Kutte, wo du das unglückliche Leben beschließest«, vermerkt Beethoven im Dezember 1814 in seinem Tagebuch. Dennoch will er nach außen wirken. Zum fünften Jahrestag der Völkerschlacht bei Leipzig beabsichtigt er, ein »Nationallied« zu komponieren, um es »alle Jahr« aufführen zu lassen. Sein Selbstbewußtsein schlägt ins Missionarische um. Sein Wunsch, ein musikalisches Epos zu schaffen, entspricht durchaus seinem Bestreben, den »Kleinigkeiten des gesellschaftlichen Lebens« eine andere Sinndimension entgegenzuhalten. Dieses entscheidende Charakteristikum seiner Kunst, eine mit *Bedeutung* versehene Musik zu schaffen, dieser bis dahin ungekannte Anspruch eines Künstlers bleibt festzuhalten. Er läßt sich nicht dadurch abschwächen, daß man darauf hinweist, wie pockennarbig, kleinwüchsig und gedrungen, schlicht häßlich und syphilitisch dieses zum Alkoholismus neigende Kraftgenie gewesen sei. Ob wir ihn uns nun als Titan, Satyr oder als prometheischen Künstler vorstellen, der dem Schicksal in den Rachen griff, oder ob wir in ihm einen Neurotiker sehen, der keiner Frau länger als sieben Monate die Treue halten konnte, das alles sagt nur insofern etwas über seine Kunst aus, als er gerade *aufgrund* seiner inneren Widersprüche und *wegen* seiner ihn in radikale Isolation treibende Taubheit so und nicht anders komponierte. Er hielt seine Musik für einen schwer errungenen Ausdruck des Widerstands gegen sich selbst.

Kunst konnte für Beethoven nicht gleichbedeutend mit Selbstverwirklichung sein; ebensowenig befreite sie ihn von seinen seelischen Nöten. Es blieb bekanntlich unserer Zeit vorbehalten, den schöpferischen Prozeß als ein Abreagieren von Neurosen zu deuten. Ein Kunstwerk von Bedeutung kann schwerlich das Ergebnis exorzistischer Übungen sein. Sein Charakter beruht vielmehr auf dem Niveau der Selbst-überwindung, zu der ein Künstler fähig ist. Das war Beethovens »ästhetische Wahrheit«; und so liest sich auch das Kondensat seiner Tagebuchaufzeichnungen.

Seine Kunst lebt von jener Spannung zwischen der Bejahung des Geschicks und dem Sich-Aufbäumen gegen das, was er das Schicksal nannte, zwischen tonaler Harmonie und ihrer Auflösung, gerade im Spätwerk.

Gewiß, wir haben heutzutage unsere Zweifel, wenn wir mit einem Künstlerethos wie jenem Beethovens konfrontiert werden, das sich mit nichts weniger als dem Kosmischen verbrüdert. Wir wissen nicht mehr recht wohin mit diesem Pathos, das aus seinem Tagebuch spricht. Und wenn sich ein Komponist heute ganz bewußt diesen Anspruch zu eigen zu machen versucht, ich denke zum Beispiel an Karlheinz Stockhausen, dann fällt es uns postmodern verwaisten Kindern der Zweiten Aufklärung Frankfurter Prägung ausgesprochen schwer, ihn ernst zu nehmen.

Kunst als *happening* läßt sich gerne ertragen; auch der Künstler als clownesker Spielleiter findet Gefallen. Und wer es versteht, Beethovens Musik mit der Urgewalt des Rock zu fusionieren und ihr elektronisch etwas *soul* einzuflößen, der darf etwas auf sich halten.

Aber der Kunst opfern? Lieber in der *Neunten* schwelgen, ohne nach der Anstrengung zu fragen, die ihr zugrunde liegt, ohne die angstvolle Geschwindigkeit, ja, Panik zu hören, die Beethoven durch seine Metronomangaben der *Eroica* verlieh.

Empfinden wir zu seicht, um Beethoven noch gerecht zu werden? Oder fürchten wir uns insgeheim vor dem Mißbrauch, der mit jeder Art Pathos getrieben werden kann (und im Falle Beethovens nicht nur in braunen Jahren getrieben wurde)? Wird uns unheimlich vor der elementaren Begeisterung und abgrundtiefen Verzweiflung, die aus seinen Briefen und den Tagebuchaufzeichungen spricht?

Beethoven wußte, Zacharias Werner zitierend, von der »räthselhaften Kühnheit« des Menschen und von der Gefahr, ins Nichts zu sinken. Er verstand sich auf das Geheimnisvolle und den Sinn des Schweigens und jenen der kritischen Vernunft: »Die Schwachheiten der Natur sind durch die Natur selbst gegeben, und die Herrscherin Vernunft soll sie durch ihre Stärke zu leiten und zu vermindern suchen.«

Sein Tagebuch zeigt, daß Beethoven zwischen Heinrich Schütz und Robert Schumann zu den wohl literarischsten Komponisten gehörte und gleichzeitig zu den philosophischsten (nur Richard Wagner sollte ihn darin übertreffen). Diese sporadischen Aufzeichnungen mochten Beethoven Anker im Strom der Zeit gewesen sein, Selbstvergewisserungen oder einfach nur Spuren auf dem Weg zu einer »Freystatt in der Weisheit«, einem Ölberg der (musikalischen) Erkenntnis.

Über Schubert

I

In einer Zeit, da fast jedes Spiel den Namen ›Simulation‹ trägt, wächst die Sehnsucht nach Authentizität. Doch was kann tatsächlich noch als ›authentisch‹ oder ›genuin‹ gelten? Vielleicht zerbrochenes Glas auf einem Stück venezianischen Holzes in einem Londoner Museum, ein endlos nachklingender Ton in der Abgeschlossenheit eines Tonstudios oder etwa eine Sprache ohne grammatische Struktur, einzelne Wörter, die wahllos aus ihrem Zusammenhang gerissen wurden? Die sogenannte ›Wahrheit der Kunst‹ wird entweder bemüht, um die Zerstückelung der Welt mit all ihren häßlichen Nebenwirkungen darzustellen, oder aber als Mittel benutzt, um der Roheit der Welt zu widerstehen. Im Sinne des letzteren ist Kunst Beschwörung einer Andersartigkeit, Balsam für die verwundete Seele sowie ein sowohl geistiges als auch sinnliches Heilmittel.

Nietzsche glaubte, Kunst existiere, um die »Schrecken des Daseins« zu verbergen. Seiner Meinung nach lädt Kunst dazu ein, sich einer Täuschung hinzugeben. Und dies ist so lange annehmbar, so Nietzsche, wie wir uns bewußt sind, der Kunst diese Funktion zugesprochen zu haben.

Doch klassische Proportionen, das Erhabene und Vorstellungen ewiger Schönheit wurden bereits kurz nach 1800 in Frage gestellt. Die ersten Anzeichen der Moderne, die sich nicht mehr mit einer Schönmalerei der Abgründe des Lebens zufriedengeben wollte, lassen sich in den Werken Goyas, Büchners, Heines und auch Schuberts aufspüren. Es ist von symbolischer Bedeutung, daß Heine seit 1828, dem Todesjahr Schuberts, aufgrund zunehmender Desillusionierung beharrlich vom ›Ende der Kunstperiode‹ sprach. Dieser Hegelsche Begriff zeigte die überragende Bedeutung sozialer und politischer Fragen. Die Profanierung der Kunst wurde etwas Alltägliches.

Man hat häufig darauf hingewiesen, daß die Unterscheidung von leichter Volkskultur und ehrgeizigerer gehobener Kultur zuerst in Schuberts Wien Gestalt annahm, das nach 1815 gemeinsam mit St. Petersburg – weniger ausgeprägt Berlin – zur Hauptstadt der antidemokratischen Restauration in Europa avancierte. In Wien stellte der unbeschwerte und unpolitische Rossini den ernsthaften und umstrittenen Beethoven in den Schatten. Spontini war beliebt; ebenso die mitreißenden Virtuosen, deren Aufführungen zum Schauspiel wurden, die am Ende einen enormen finanziellen Gewinn abwarfen. (Man hat ausgerechnet, daß Paganini z. B. an jedem Abend, an dem er während des Frühjahrs 1828 in Wien auftrat, ungefähr zehnmal so viel verdiente wie Schubert in seinem einzigen öffentlichen Konzert vom März desselben Jahres.)

Außerhalb der Hauptstadt, auf den Gütern der österreichisch-ungarischen Aristokratie, sah die Situation nicht wirklich anders aus. Der künstlerische und im besonderen der musikalische Geschmack war, gemessen an der klassischen Stilhöhe, im Niedergang begriffen – selbst bei den Esterházys, Haydns ehemaligen Mäzenen. Im Sommer 1818 war Schubert auf eines ihrer Güter nach Zeléz eingeladen und dort zusammen mit dem Arzt, dem Tierarzt und dem Oberförster in einem Verwaltungsgebäude untergebracht worden. In einem Brief aus Zeléz bemerkt der einundzwanzigjährige Komponist der f-moll-Klaviersonate (D. 625): »Für das Wahre der Kunst fühlt hier keine Seele, höchstens dann und wann (wenn ich nicht irre) die Gräfin. Ich bin also allein mit meiner Geliebten, und muß sie in mein Zimmer, in mein Klavier, in meine Brust verbergen. Obwohl mich dies öfters traurig macht, so hebt es mich auf der anderen Seite desto mehr.«

Diese Passage zeigt, wie Schubert die Welt und sich selbst wahrnahm – ein Muster, das sich bis zu seinem Tode nicht verändern sollte: »Das Wahre der Kunst« war der Maßstab, den er anlegte; der Musik oder besser der reinen Freude am musikalischen Ausdruck galt seine Liebe, doch der Gesellschaft konnte er sich nicht zugehörig fühlen. Überdies waren es Gefühle von Traurigkeit und Begeisterung, die er auch weiterhin gleichzeitig empfand. Schubert, der einsame Komponist trotz seines Freundeskreises, der melancholische Schöpfer von Duos für unerreichbare Gräfinnen – in dieser Darstellung steckt genausoviel versuchte Selbststilisierung wie Wahrheit.

Zugegebenermaßen mag Schubert in manchem übertrieben haben; die Esterházys, die beiden Gräfinnen Marie und Karoline eingeschlossen, waren weniger gebildet, als er seine Freunde glauben macht. In Wirklichkeit stand Schubert von Anbeginn seiner Karriere aristokratischem Mäzenatentum und der damit einhergehenden Abhängigkeit skeptisch gegenüber. Es ist nur konsequent, daß er das ›Gefolge‹ des Grafen detaillierter beschreibt als den Mäzen selbst.

Zwei Ereignisse umrahmten Schuberts künstlerische Karriere: im Juni 1816 war er einer von Salieris Schülern, die an den Festlichkeiten zum fünfzigjährigen Jubiläum des Komponisten als Leiter des Hoforchesters teilnahmen. Etwa elf Jahr später, im März 1827, war Schubert einer der Fackelträger bei Beethovens Beerdigung. Können wir vermuten, wie er sich gefühlt haben mag, als er Grillparzers Begräbnisrede hörte, welche Sätze wie die folgenden enthielt, die ebensoviel über Schuberts Situation aussagen, wie sie Beethovens Leben zusammenfassen: »Er [Beethoven] floh die Welt, weil er in dem ganzen Bereich seines liebenden Gemütes keine Waffe fand, sich ihr zu widersetzen. Er entzog sich den Menschen, nachdem er ihnen alles gegeben und nichts dafür empfangen hatte. Er blieb einsam, weil er kein zweites Ich fand.« In künstlerischer Hinsicht war die Vertonung von Goethes Gedicht *Erlkönig* im Jahr 1815 der Moment, in dem Schubert die Welt Salieris verließ, jedoch nur um zehn Jahre später in einen Zustand noch größerer Beklommenheit zu fallen. Im zweiten Satz des G-Dur-Streichquartetts (D. 887) beispielsweise stehen die Tuttiakkorde im Tremolo, die insgesamt dreimal wiederholt werden, mit ihren scharfen Dissonanzen im Kontrast zur Zartheit des Anfangsthemas. Diese 1826 komponierte Passage klingt wie ein Vorbote jener düsteren und ›gefrorenen‹ Formen musikalischen Ausdrucks, die Schubert während der zwei letzten Jahre seines Lebens entwickeln sollte.

Aber wie immer in Schuberts Musik ist es das Ineinandergreifen atmosphärischer Schattierungen, das dieses Quartett charakterisiert. Das *Allegro vivace* aus dem Scherzo enthält heitere, aber schnelle, wenn nicht gar atemlose Sequenzen und traumähnliche Reminiszenzen an frühere Themen.

Schubert läßt sich weder auf den Komponisten der erschreckend nüchternen *Winterreise* noch auf den Verfasser fröhlicher Weinlieder oder unschuldiger Ländler-Träumereien reduzieren. *Der Leiermann* war nicht sein letztes Wort, auch nicht *Der Hirt auf dem Felsen* für Sopran, Klarinette und Klavier. Vielleicht ist es gerechtfertigt, das *Adagio* aus dem Streichquintett C-Dur (D. 956) als eine Art musikalisches Testament zu bezeichnen. Hier wird – in E-Dur – die erhabene Ruhe, die fast schon an Selbsthypnose grenzt und bei der man an das zuvor komponierte Notturno (D. 879) denkt, durch einen beunruhigenden Mittelteil kritisch hinterfragt, der gleichsam das alptraumhafte Szenario des *Doppelgängers* verkörpert. Dieser Satz könnte auch als eine Synthese aus den langsamen Sätzen von Schuberts letzten drei Klaviersonaten gehört werden. Was immer es ›sein‹ oder ›bedeuten‹ mag, es läßt sich am besten mit Schuberts oben zitierten Worten von dem »Wahren« seiner Kunst beschreiben.

II

Dieses ›Wahre‹ jedoch wurde durch Kontraste oder Dichotomien des Ausdrucks bedingt. Diese Dichotomien sind nichts anderes als Reflexionen über die Frage, ob man nach Beethoven überhaupt noch komponieren könne. Was Schubert auch immer zu erreichen hoffte, was er auch schrieb, es stand immer im Schatten Beethovens und wurde nicht zuletzt von ihm selbst gemessen an dessen prometheischer Kunst, vielleicht mit der einen Ausnahme seiner Lieder. In der Welt der Lieder war Schubert sein eigener Meister. Doch das reichte ihm nicht. Wonach er sich wirklich sehnte, war die Schöpfung eines Werkes, das sich mit Beethovens *Neunter Symphonie* messen lassen konnte. Diese wurde zuerst im Mai 1824 aufgeführt, zu einer Zeit, da Schubert bereits die meisten seiner eigenen Symphonien geschrieben hatte.

Indem er weitere Quartette, Oktette und andere Instrumentalwerke schrieb, versuchte Schubert diesem großen Ziel seines Lebens näherzukommen: »den Weg zur großen Sinfonie bahnen«, wie er es in einem Brief an seinen Freund, den Maler Leopold Kupelwieser, Ende März 1824 formulierte.

Die Ironie bestand darin, dass Schubert zu dieser Zeit bereits zwei symphonische Sätze in h-moll (Oktober 1822) vollendet hatte, zwei Sätze, die sich grundlegend von allem unterschieden, was Beethoven jemals komponiert hatte. Verglichen mit den Normen der Zeit blieb dieses Werk allerdings ›unvollendet‹. Selbst bei der ersten Aufführung im Jahr 1865 war der musikalische Geschmack noch so stark von der klassischen Tradition geprägt, daß man das Finale aus Schuberts *Dritter Symphonie* in D-Dur spielte, um die *Unvollendete* abzurunden. Rückblickend hingegen erscheint die *Unvollendete* als Schuberts vollendetstes symphonisches Werk, ein Werk von überwältigender Reife. Dieser Eindruck wurde übrigens bestätigt, als der erste Satz für die Musik zu einer Verfilmung von Fontanes letztem Roman, dem *Stechlin*, Ende der siebziger Jahre herangezogen wurde. Die Szene, in der sich Fontanes betagter Protagonist, melancholisch resigniert, zu Natur und Mensch äußert, wird durch das unterlegte *Allegro moderato* aus Schuberts erstem Satz musikalisch geradezu ideal orchestriert. Doch vor allem war es Fontanes Beschreibung der bedrohten, wenn nicht bereits verlorenen Idylle und das innere Drama dieser gefährdeten Pastorale um den geheimisvollen Stechliner See, die ihre entsprechende Resonanz in Schuberts einzigartiger Eröffnung der *Unvollendeten* fand.

Die Einleitungspassage der Kontrabässe in dieser Symphonie mündet in das formgebende Intervall einer Quinte, die wie eine offene ›Frage‹ wirkt, gestellt jedoch ohne die Möglichkeit, sie je zu beantworten. Was sich im Anschluß daran entwickelt, ist eine offensichtliche Dichotomie zwischen einer kreisenden, fast meditativen Melodie und bewegten rhythmischen Strukturen. Beide Sätze enden in einem allmählich dahinsterbenden Echo, das ein Gefühl endgültigen Abschieds hervorruft.

In seiner Besprechung der ersten Aufführung von Schuberts *Achter Symphonie* im Jahr 1865 schrieb der Wiener Kritiker Eduard Hanslick, der Komponist habe sich unfähig gefühlt, sich von seinem »eigenen süßen Gesang« zu lösen, und er habe das Ende des *Adagios* »weit, ja allzu weit« hinausgezögert. Diese Bemerkung allerdings scheint eher auf Schuberts ›große‹ Symphonie in C-Dur zuzutreffen; der letzte Satz dieser Symphonie leidet deutlich an seinen allzu »himmlischen Längen« (Schumann) und Wiederholungen, vom Ende ganz zu schweigen: eine eher konventionelle Kadenz, die das Ohr nur oberflächlich befriedigt. Hier verschmähte Schubert offensichtlich das kontrapunktische Handwerkszeug, um seine Themen miteinander zu verweben, wie dies Mozart, etwa in dem letzten Satz seiner ›Jupiter‹-Symphonie, getan hatte.

War somit Schuberts Ehrgeiz, sich seinen Weg zur großen Symphonie zu bahnen, seinerseits nichts als ein Akt der Selbsttäuschung? Ist es wirklich unlauter zu behaupten, daß vieles von dem, was auf diesem Weg entstand, viel höher anzusiedeln ist – selbst an Beethoven gemessen – als das eigentliche Ende dieses ›Weges‹, die *Neunte Symphonie*?

Was Schubert nach Beethovens Tod während der letzten achtzehn Monate seines Lebens erreichte, läßt sich nicht mit den üblichen Begriffen fassen. Wenn man die ›Große Symphonie‹ im Zusammenhang betrachtet und hört, scheint es fast, als sei dieses Werk nichts anderes als ein weiterer Schritt auf dem eingeschlagenen Weg der Vorbereitung – aber in welche Richtung? Vielleicht hin zur Versöhnung zwischen den groß angelegten und immer umfangreicher werdenden

Symphonien und der Intimität und äußersten Konzentration musikalischer ›Innigkeit‹. Schubert hatte, so scheint es, besonders in seinen Liederzyklen und späten Quartetten, in seinem Streichquintett und den letzten drei Klaviersonaten auf diese ›Versöhnung‹ hingearbeitet. Dem späten Schubert erschien es ganz natürlich, zur gleichen Zeit Lieder mit Themen wie *Widerspruch* und *Wiegenlied* zu schreiben, als wenn er sich selbst hätte beweisen wollen, daß er die Unvereinbarkeit von Themen und Motiven in seine Kompositionen integrieren könne.

III

Mit Beethoven hatte die Mobilisierung musikalischer Kräfte, die die Französische Revolution begleitet hatten, ihren ersten Höhepunkt erreicht. Beethoven repräsentierte in Werken wie der *Dritten Symphonie*, der *Coriolan*-Ouvertüre, der *Missa Solemnis* und der *Neunten Symphonie*, einer erfolgreichen ›musikalischen Revolte‹, ein Äquivalent zur politischen Volkserhebung im Sinne der Französischen Revolution. Die *Neunte Symphonie* vergegenwärtigte mit Schillers Worten, daß ein Freundeskreis nicht genug sei. Nicht weniger als ›Millionen‹ sollten ›umschlungen‹ werden. In der Nachfolge Beethovens setzte sich diese Tendenz bei Komponisten wie Berlioz und noch Mahler *(Symphonie der Tausend)* fort. Lautstärke wurde ein neues Kennzeichen orchestraler Musik. Goethe spürte deutlich diese unerhörte Entwicklung sowie das potentiell revolutionäre Moment des Rhythmus. In seiner Beschreibung der Belagerung von Mainz (1793) spielt er wiederholt auf den psychologischen Effekt der *Marseillaise* als eines revolutionären ›Te Deums‹ an, fügte allerdings hinzu, daß immer auch etwas Trauriges und eine Vorahnung in diesem Stück mitschwinge, selbst wenn es sehr kühn gespielt werde. Vieles von Beethoven sollte er als unerträglichen Lärm zurückweisen.

Ungeachtet seines eher konventionellen musikalischen Geschmacks besteht kein Zweifel, daß Goethe eine neue Funktion der Musik erkannt hatte: sie war auf dem Weg, ein Mittel politischer Propaganda zu werden. Die Orchester-bühne verwandelte sich in Tschaikowskys *Ouvertüre 1812* in ein Schlachtfeld oder in Sibelius' symphonischer Dichtung *Finlandia* in ein Forum nationalistischer Emotionen. Und es waren Liszts *Préludes*, die in der deutschen *Wochenschau* die Nachrichten über das mörderische Nachspiel der menschlichen Zivilisation instrumentierten. Von der *Götterdämmerung* bis hin zu Schostakowitschs *Zweiter Symphonie* erreichten die Dezibel akustischer Agitation einen beunruhigenden Pegel.

Bei Schubert bestand eine solche Gefahr nicht. Seine emotionale Rebellion wurde auf den Kammerton heruntergeschraubt. Seine *Trois Marches Militaires* aus dem Jahr 1818 beispielsweise sind im Vergleich sanfte Kompositionen für Klavierduo, seine *Schlachtgesänge* nach Texten von Körner und Klopstock wurden, nicht ohne den Ausdruck sanfter Intimität, erst geschrieben, als alle Schlachten gegen Napoleon bereits geschlagen waren. Schuberts Musik gab sich nicht heroischen oder ausufernden Träumen hin. Ihre Größe ist begrenzt auf die wunderbare Entfaltung eines ›moment musical‹; ihre Visionen erhellen das innere Ich.

Die Bewahrung dieses ›inneren Ich‹ stand von Anfang an auf dem Spiel. Da war der Lärm in den beengten Wohnverhältnissen seiner Eltern, in denen er ohne Privatsphäre aufwuchs. Da war das Treiben und die Geschäftigkeit in der kaiserlichen Hauptstadt mit ihrem Staub und ihrer Geräuschkulisse. Die Stadt mit ihrem begrenzten Raum war Schuberts Welt, von der er nur gelegentlich durch geliebte Landpartien entkommen konnte. Und nur ein einziges Mal begegnen wir einem expliziten Bezug auf die Stadt, und zwar in einem Teil dessen, was als *Schwanengesang* bekannt wurde. Heines Gedicht *Die Stadt* gab Schubert die Möglichkeit, sich einer Welt zuzuwenden, die er bestens kannte. Aber diese Stadt erscheint romantisch überhöht, in Wolken und Zwielicht gehüllt, seltsam abgelegen, unheimlich leise und nur von außen betrachtet. Die Klavierbegleitung mit ihren ergreifenden Tremoli tut ihr Äußerstes, um eine entschieden ›unwirkliche‹ Stimmung zu schaffen.

Ein Aspekt des ›Wahren‹ seiner Kunst war allerdings, daß die Zerbrechlichkeit der Melodien zur großen Stärke seiner Musik wurde. In einer Schubert-Melodie ist man sich immer bewußt, daß sie aus individuellen ›moments musicaux‹ besteht. Schuberts Töne stehen allein da und sind doch gleichzeitig miteinander verbunden, klingende Elemente lichter Dichte und kurze Darstellungen schattiger Helligkeit. Die Harmonik seiner Musik ist allerdings häufig trügerisch.

In Schuberts Musik stellt sich Ausdehnung, wenn überhaupt, als Wiederholung, in Form kleiner Variationen und Modulationen dar. Vielleicht war Schuberts Verlangen, ›die große Symphonie‹ zu schreiben, mehr Ausdruck seines Wunsches, eine unendliche Melodie zu komponieren, eine Art Musik, die eher ›offen‹ als ›unvollendet‹ bleiben sollte. Die Fülle seiner fragmentarischen Kompositionen gleicht in dieser Hinsicht Pflastersteinen auf seinem Weg zur perfekten Unvollendetheit. Die Knappheit in Schuberts innigsten musikalischen Phrasen war tatsächlich wesentlich und symptomatisch für sein Schönheitsverständnis.

Schuberts Rebellion war melancholischer Natur und eng

verbunden mit seiner ungestillten Sehnsucht nach *schön'-re*[n] *Welten*, wie er es in seinem Gedicht *Gebet* vom Mai des Jahres 1823 formulierte. In einer Welt der Zensur und der Unterdrückung sehnte sich dieser Komponist nach einer utopischen *Sonnenstadt*, die er in einem Gedicht eines Freundes fand, das den Namen *Heliopolis* trägt. Doch die politische Realität im Biedermeier-Österreich war eine andere. In dem Grafen Sedlnitzky hatte Metternich einen rücksichtslosen Verfechter des österreichischen Polizeistaates gefunden, der direkten Einfluß auf Schubert und seinen Freundeskreis haben sollte. Schubert und sein Freund Bruchmann waren anwesend, als im Jahr 1820 die Polizei die Wohnung ihres radikalsten Vertrauten, des Tiroler Dichters Johann Senn, durchsuchte. Die Polizei behielt Senn ein ganzes Jahr in Haft, bevor er zurück nach Tirol gebracht wurde.

Der intellektuelle Zirkel um Schubert, vor allem Schriftsteller und Maler, hingegen erstaunlich wenig Musiker und Komponisten, diskutierte zeitgenössische Politik und Philosophie, im besonderen Fichte und Hegel, aber auch Schelling. Ungeachtet polizeilicher Anweisungen fuhr der oben erwähnte Franz von Bruchmann sogar nach Erlangen, um Schelling zu hören, ein Schritt, der es ihm später unmöglich machen sollte, als österreichischer Beamter eingestellt zu werden; denn Schellings Philosophie, die zu dem Zeitpunkt eher moderat war, wurde als ›radikal‹ eingestuft, weil sie die Natur und eben nicht die Politik der Restauration als oberste Gewalt darstellte. Schelling war in seinen philosophischen Untersuchungen zur Bedeutung der Freiheit zu dem Schluß gekommen, daß jeder Form von Aufklärung eine Phase der Dunkelheit vorausgehe; und mit einem typisch romantischen Unterton fügte er hinzu, daß solch eine Dunkelheit immer um uns sein und in uns bleiben werde. Es war für Metternichs Zensoren nicht allzu schwer, diese ›Dunkelheit‹ als Bezug auf das dunkle Zeitalter der Restauration zu identifizieren.

Spinozas Pantheismus und die Nachwirkungen des potentiell subversiven prometheischen Denkens des jungen Goethe grassierten zu dieser Zeit unter radikalen Intellektuellen in Wien. Die aggressive Intervention staatlicher Behörden im Jahr 1820 und deren eklatante Mißachtung der Grundrechte zur Entfaltung der Persönlichkeit muß Schubert in einem Zustand des Entsetzens zurückgelassen haben. Dies verstärkte deutlich die melancholische Seite seiner Natur, vergleichbar mit der Art, in welcher die Gefangennahme Leigh Hunts nach dem Peterloo-Aufstand von 1818 dessen engen Freund John Keats zutiefst aus dem Gleichgewicht gebracht und dessen melancholische Veranlagung noch verstärkt hatte.

In einem Gedicht vom September 1824, als er wiederum in Zeléz weilte, spricht Schubert von der Energie des Volkes, die verschwendet worden sei: eine offensichtliche Anspielung auf das eintönige Leben in Metternichs post-napoleonischem System. Nur Kunst, so glaubte Schubert, könne dem ernsten Schmerz und dem Elend entgegenwirken, die das machtlose Volk spüre. Für den zunehmend desillusionierten Schubert wandelte sich Schellings Vorstellung der ›Dunkelheit‹ gleichsam in eine stofflose Substanz seiner Melancholie.

Diese wenigen Beispiele zeigen bereits, daß es unmöglich ist, ernsthaft das kitschüberladene Bild eines apolitischen Schubert aufrechtzuerhalten, der in völligem Vergessen seiner Zeit geschrieben habe. Tatsächlich verlor dieser Komponist auf seiner Suche nach einer besseren Welt nie die politische Dimension aus den Augen. Soziale Isolation und Entbehrung waren die Themen der *Winterreise*, seines größten und bedrückendsten Liederzyklus. Aber dieser begierige Leser beließ es nicht bei Wilhelm Müllers Gedichten eines gequälten und ausgestoßenen Wanderers. Schuberts Geist reiste weiter. Während der letzten Wochen seines Lebens las er die Korrekturfahnen der *Winterreise* und James Fenimore Cooper, der ihm den Horizont eines neuen Kontinents und eine neue Perspektive eröffnete. Es ist ein bewegender Gedanke, sich Schubert, den Wanderer in Musik und Gedanken, vorzustellen, wie er Coopers letzten Mohikaner trifft und ihn auf seinem Weg in die ewigen Jagdgründe begleitet.

IV

Schuberts letzte Lieder und Liederzyklen zeigen ein Endspiel in der Romantik an; der Leiermann spielt die Rolle ihres Totengräbers. Die *Winterreise* ist ein Liederzyklus voller Fragen, unendlich mehr als Schuberts *Schwanengesang*. Aber wer stellt diese Fragen? Wer erzählt das Lied des Leiermanns? Es ist ein Beobachter, der sich zuerst über diesen alten Mann wundert, der hin und her wankt barfuß auf dem Eise. Schließlich aber erkennt und bestätigt dieser Beobachter eine Wahlverwandtschaft mit diesem alten Mann: ›Willst zu meinen Liedern deine Leier drehn?‹ Eine letzte, doch unbeantwortbare Frage, eingeleitet durch: ›Wunderlicher Alter, soll ich mit dir gehn?‹ Doch wohin? Der Vorschlag lautet: in einen Zustand der Bewegungslosigkeit. Das sich wiederholende Leierspiel ist wie ein immer ruhiger werdendes Vorspiel zu diesem Zustand.

Aber was passiert in diesem Lied? Nicht weniger als eine unerhörte Begebenheit, nämlich die Entromantisierung der Romantik. Schubert hatte eine Musik äußerster Kälte komponiert, bar jeder Illusion oder Hoffnung. Hier gibt es keine erlösende Harmonie, sondern nur eine unerbittliche Reduktion musikalischen Ausdrucks. Minimalistische Musik nimmt hier ihren Anfang. Schuberts Leiermann steht für tiefe Zweifel an dem Fortschrittsprinzip. Die Bewegungen dieser schattenhaften Figur, ein naher Verwandter von Schuberts *Doppelgänger*, könnte man als vage Imitationen eines minimalistischen Tanzes betrachten. ›Er wankt hin und her‹, als ob er sich erinnerte, was ausdrucksvolle Bewegung sei.

Ein gut Teil Schubertscher Tanzmusik ist oft nur ein paar Modulationen vom ›Danse macabre‹ entfernt. Besonders deutlich tritt dies in seinem *Menuett* (D. 600) zutage, das an eine Art introvertierten Tanz denken läßt, oder besser gesagt, an einen Tanz, der sich dem wahren Ausdruck widersetzt. Es ist ein sich zurücknehmender Tanz, ein Tanz im Zuge des Abschieds von der Bewegung, mehr eine Prozession als ein Menuett, ein Tanz der Entdeckung der Langsamkeit. Schuberts Tänze, komponiert von einem Künstler, der selbst eines eleganten Tanzschrittes nicht fähig war, klingen, als ob die Musik jedes sozialen Kontextes entbehrte. Die erforderliche Choreographie ist auf ein Minimum beschränkt; denn wir sehen Tänze für die Musik selbst auf einer immer leeren Bühne. Hier tanzt die Musik mit der Musik – nicht mit dionysischen Intentionen, sondern einzig, um die Heilige Cäcilia zu ehren. Andererseits spiegelt Schuberts Tanzmusik wie auch der häufige Gebrauch von Tanzrhythmen in seinen anderen Kompositionen den Wunsch nach sozialer Zugehörigkeit und künstlerischer Gemeinschaft wider. Aber gegen Ende seines Lebens, wahrscheinlich nach 1825, wurde ihm klar, daß sich all seine musikalischen Anstrengungen zusammen mit den Fähigkeiten seiner tanzenden, schreibenden und malenden Freunde nicht zu einer ästhetischen Bewegung als solcher zusammenfügen ließen. Zwischen ihm und ›den anderen‹ war es, wie aus seinen letzten Briefen hervorgeht, zu einer tiefen Entfremdung gekommen. Man ist versucht, an Theodor Storms berühmte Zeile: »Ich möchte schlafen, aber du mußt tanzen« zu denken, die übrigens von Thomas Manns jungem Protagonisten Tonio Kröger bei seiner ersten Tanzstunde zitiert wird. Der Erzähler kommentiert an dieser Stelle: Kröger empfand es als »demütigenden Widersinn, der darin lag, tanzen zu müssen, während man liebte …«. In Schuberts Fall müßte man diesen Satz wie folgt lesen: er fühlte sich gequält durch die demütigende Lage, daß er verliebt sein mußte in seine Kunst, die ihren Teil zu seinem Gefühl wachsender Vereinsamung beitrug.

Trotzdem bleibt die Frage nach dem ›inneren Charakter‹ dieser Kunst bestehen. Man könnte ihn am besten mit einer Analogie zu dem beschreiben, was Gerard Manley Hopkins *inscape* und *instress* eines Wortes, einer poetischen Zeile oder eines ganzen Gedichts nannte. Hopkins meinte damit die rhythmische Qualität bestimmter Wörter, ihre ›inneren Bilder‹, und Konnotationen, die sie auslösen. Übertragen auf die Musik wird das *inscape* sozusagen der *insound* einer musikalischen Phrase, und der *instress* dieser Musik verwandelt sich in den *inbeat* dieser Rhythmen. Schuberts bekanntester *insound* und *instress* ist die Vorstellung von etwas Fließendem, von Strömen und Wasser. Nehmen wir sein Lied *Aufenthalt* nach Ludwig Rellstabs Gedicht und Teil seiner posthum veröffentlichten Sammlung *Schwanengesang*. Es enthält eine immer wiederkehrende Dichotomie zwischen Vorstellungen des Bleibens und des Eilens. Und schließlich wird deutlich, daß unabhängig von der Bewegung, ob ›rauschende Ströme‹, ›reitende Wogen‹ oder ›aufgewühlte Baumkronen‹, das immer Gleichbleibende jene Qual ist, die Heine in seinem Gedicht *Der Atlas* als ›die ganze Welt der Schmerzen‹ bezeichnete.

Schuberts ›Bohemia‹ war auch auf seiner Weltkarte der Leiden ein »wüstes Land nahe dem Meer« wie in Shakespeares *Ein Wintermärchen*. Das Meer taucht in Schuberts Kompositionen sowohl in seinen Liedern (von Gedichten wie *Meeres Stille* nach Goethe [1815] bis hin zu *Am Meer* nach Heine [1828]) als auch manchmal in seinen Instrumentalwerken auf, und zwar in Form grenzenloser melodischer Ausweitung. Darauf bezog sich der junge Adorno in seinem Essay aus dem Jahr 1928 über Schubert, als er von der inneren Landschaft des Komponisten sprach. In dieser Landschaft wird der einzige Orientierungssinn durch ein überwältigendes Gefühl von Einsamkeit und Verlust hervorgerufen. Dieses Gefühl ist in dem Lied *Der Wegweiser* in der *Winterreise* symbolisiert. Am Wegweiser angekommen, bemerkt der Wanderer, daß er einen Punkt erreicht hat, von dem er nicht mehr zurückkehren kann. Er sieht einen Wegweiser, der ihm keinen Ausweg anzeigt. Statt dessen führt er ihn auf eine Straße, ›die noch keiner ging zurück‹.

Wie später in seinem *Atlas-Lied* gibt es auch in der letzten und entscheidenden Strophe des Liedes *Der Wegweiser* keine Frage. Sie findet sich mit dem Unvermeidlichen ab. Die Suche wurde zugunsten von Feststellungen aufgegeben, wie schmerzhaft diese auch sein mögen.

In der Musik sollte der komponierte Tonartenwechsel eine Veränderung der Stimmung und Atmosphäre anzeigen, aber es besteht keine Hoffnung mehr auf arabeske Ausdrucksformen. Die Lieder wenden sich allmählich in Anti-

Gedichte, die lediglich verschiedene Daseinsformen festzuhalten scheinen.

Aber dies ist sicherlich nicht die ganze Wahrheit über die letzte Phase von Schuberts künstlerischer Entwicklung. Gerade die letzten Monate seines Lebens wurden von einem erneuten Wissensdurst und der Sehnsucht nach Erweiterung seines musikalischen Horizontes bestimmt. Schubert, der in all seinen lateinischen Messen den Satz ›et in unam sanctam catholicam et apostolicam ecclesiam‹ ausließ, fühlte sich im Frühjahr des Jahres 1828 in der Lage, den Psalm 92 in seiner hebräischen Originalfassung für Bariton und Chor (D. 953) zu komponieren: ›Das ist ein köstlich Ding [...] des Morgens deine Gnade und des Nachts deine Wahrheit verkündigen auf dem Psalter mit zehn Saiten, mit Spielen auf der Harfe.‹ Dieses Werk wurde dann noch im gleichen Jahr in der Synagoge in Wien uraufgeführt.

Bemerkenswerter war Schuberts Einsicht, noch einmal studieren zu müssen, um über das bereits Erreichte hinauszugehen. Zusammen mit seinem Freund Josef Lanz hatte Schubert im November 1828 begonnen, bei Simon Sechter Kontrapunkt zu studieren. Sechter erinnert sich: »Kurze Zeit vor seiner letzten Erkrankung kam er mit Herrn Josef Lanz, seinem ergebenen Freund, zu mir, um den Kontrapunkt und die Fuge zu studieren, weil, wie er sich ausdrückte, er einsah, daß er hierin Nachhilfe brauche. Wir hatten nur eine einzige Lektion gehabt, als das nächste Mal Herr Lanz allein erschien, um mir zu melden, daß Franz Schubert schwer erkrankt sei.« Darüber hinaus begann Schubert musiktheoretische Schriften wie z. B. Joseph Drechslers »Harmonie und Generalbaß-Lehre« zu lesen sowie imitatorische Techniken im Kontrapunkt zu üben. (Es wirkt wie Ironie, daß die einzige Komposition, die Schubert während seines Lebens gewidmet wurde, Ambros Rieders Präludien und Fugen sind, die genau diese kompositorische Technik verlangten, die Schubert als seine Hauptschwäche festgestellt hatte.)

Schuberts symphonisches Fragment vom Herbst des Jahres 1828 (D. 936 A) vermittelt einen Eindruck dessen, was aus diesen Studien hätte werden können. Das *Andante* dieser geplanten Symphonie war das Ergebnis von Schuberts Experimenten mit drei Noten im einfachen Kontrapunkt. Man könnte dahingehend argumentieren, daß die Melodie des Andante von diesen kontrastierenden Strukturen ausgelöst werde. Das zeigt, daß Schubert Interesse daran gehabt haben mußte, den Kontrapunkt zu transfigurieren, um den Umfang seines melodischen Ausdrucks noch zu erweitern.

Von hebräischen Psalmen über den Kontrapunkt hin zu Fenimore Cooper war Schubert selbst im Sterben noch bereit, zu lernen und zu hinterfragen, was er erreicht hatte. Die letzte Reise, zu der Schubert in der Lage war, war eine Pilgerreise mit seinem Bruder und zwei Freunden zu Haydns Grab in Eisenstadt; und die letzte Aufführung eines Musikwerkes, die er erlebte, war nicht die eines seiner eigenen Werke, sondern Beethovens Streichquartett op. 131, das das Karl-Holz-Quartett an Schuberts Bett fünf Tage vor seinem Tod spielte. Die Schatten des klassischen Erbes hatten ihn wieder eingeholt. Mozarts *Requiem* wurde in Erinnerung an Schubert sechs Tage nach seiner Beerdigung aufgeführt. Die Mehrzahl seiner eigenen Kompositionen aber begann in Vergessenheit zu geraten, zumindest für die erste Zeit. Schubert selbst wurde zum Kitsch-Symbol des Wiener Biedermeier, der Komponist fröhlicher Lieder und Walzer, die in der problemfreien Zone des *Drei-Mäderl-Hauses* aufgeführt wurden. ›Schubert‹ wurde zum Synonym für klavier-

begleiteten *Weltschmerz* und allmählich mit einer zucker-
süßen Patina überzogen. All dies führte zu immer häufige-
rem Gebrauch des Possessivpronomens im Zusammenhang
mit dem Komponisten. Aus irgendeinem Grund klang *unser*
Schubert annehmbarer als *unser* Beethoven. Dieser plumpe,
bebrillte Geselle, schüchtern und errötend, ungeschickt in
gesellschaftlichen Umgangsformen und unbeholfen besonders in der Gegenwart von Frauen, war ein ideales Objekt
gönnerhaften, spießbürgerlichen Mitleids. Schubert war in
die Schublade des Komponisten himmlischer Melodien ge-
steckt worden, die das Bedürfnis nach Harmonie in einer
Welt der wachsenden gesellschaftlichen Widersprüche be-
friedigte. Nur einige wenige waren bereit, durch die vorder-
gründige Seligkeit dieser musikalischen Schöpfungen hin-
durchzuhören.

V

Dichtung inspirierte diesen ›Ton-Dichter‹; er verstand selbst
die feinsten Nuancen innerhalb der Dramatik eines Gedichtes, eines Verses und selbst eines einzelnen Wortes.
Nietzsches Meinung von Schubert, er sei ein nicht reflektie-
render – oder mit Schillers Worten ein ›naiver‹ – Komponist,
ist daher höchst fragwürdig. Den wenigen erhaltenen ver-
balen Äußerungen Schuberts nach zu urteilen, war intellektuelle Reflexion ein wesentliches Element seiner künstlerischen Entwicklung. Solche Reflexion nahm entweder die
Form versichernder Aphorismen (»Leichter Sinn, leichtes
Herz. *Zu* leichter Sinn bringt meistens ein *zu* schweres
Herz«) oder verstörter Fragen an (»Wozu gab uns Gott Mit-
empfindung?«).

In einer Hinsicht allerdings hatte Schubert Schwierigkeiten, seinen Fähigkeiten als Komponist mit kritischer Distanz zu begegnen. Denn es war nicht nur die ›Große Symphonie‹, die er schreiben wollte; die große Oper stellte ein weiteres ehrgeiziges Ziel in seinem Leben dar. Der vierzehnjährige Schubert hatte bereits ein Singspiel mit dem Namen *Der Spiegelritter* ins Auge gefaßt, um am Ende seines Lebens feststellen zu müssen, daß er in Hinblick auf die Oper ein Don Quixote geworden war, tapfer nach Phantomen jagend und ringend um das Unerreichbare.

Man tut Schubert keinen Gefallen, wenn man versucht, Enthusiasmus für seine Opern zu erzeugen, ausgenommen natürlich seine Bühnenmusik *Rosamunde* (D. 797). Jüngste Produktionen von *Die Zauberharfe* (D. 644), *Alfonso und Estrella* (D. 732), *Fierabras* (D. 796) und *Der Graf von Gleichen* (D. 918), von dem österreichischen Komponisten Richard Dünser vollendet, haben dieses Problem deutlich gemacht. Schuberts Opernversuche waren verblüffend konventionell. Er scheint größere Pläne in bezug auf seine letzte Oper *Der Graf von Gleichen* gehegt zu haben. Wie Schubert seinem Freund und Librettisten Eduard von Bauernfeld erzählte, hatte er vor, die Oper mit völlig neuen Harmonien und Rhythmen zu versehen. Das hätte allerdings einen faszinierenden Kontrast zu der gesamten Aufmachung des Stükkes bedeutet, welches Mozarts *Zaide* und *Seralio* mehr verdankt als dem Geist der ›Neuen Oper‹ im Stile etwa Carl Maria von Webers.

Angesichts des offensichtlichen Mangels an eigener Substanz und Originalität ist unsere Zeit davon besessen, jedes angeblich zu Unrecht vergessene künstlerische Relikt der Vergangenheit retten und wiederbeleben und jedes zweitrangige Kunstwerk zu einem Meisterwerk erheben zu müssen, ganz zu schweigen von dem Heer von Pseudokünstlern, deren Kunst darin besteht, Opern, Symphonien und Theaterstücke zu ›vollenden‹. Man erwähne ihnen gegenüber nur irgendein Fragment, und sie werden es abrunden und vervollständigen. Ihr Schutzheiliger ist Franz Xaver Süßmayr, der erste beachtenswerte Komponist, der sich einen Namen durch die Vollendung eines Fragments machte: Mozarts *Requiem*. Kein flüchtiger Entwurf, keine Skizze ist sicher in den Händen der Zunft vollendender Künstler. Schubert jedoch hat ihnen in Sachen Fragment mehr anzubieten, als sie beim besten Willen verdauen können. Hier hat Nietzsche recht, wenn er sagt, daß Schubert einen ganzen Schatz unkonsumierter musikalischer Erfindungen zurückgelassen habe. Andere, so fügte er mit charakteristischer Voraussicht hinzu, werden Größe erreichen, indem sie diese Musik konsumieren.

Um es klar auszudrücken: Ich bin gegen die Vollendung von Fragmenten um der Vollendung willen. Es gibt natürlich Fragmente, die danach schreien, hinsichtlich der kompositorischen Anlage und des (musikalischen) Materials, das der Komponist hinterließ, ›vollendet‹ zu werden. Mahlers ›Zehnte‹ ist ein eindeutiges Beispiel. Und trotzdem gibt es andere Fragmente, deren Wesen gerade das Fragmentarische ist und deren Vollendung das Werk entweder zur Farce macht (wie beispielsweise im Fall von Beethovens ›Zehnter‹) oder aber nicht berücksichtigt, daß der Komponist die gesamte Komposition überarbeitet haben könnte (wie Schubert dies in Verbindung mit *Der Graf von Gleichen* nahelegte).

Die Verteidiger von Schuberts Opernarbeiten zitieren sogar Franz Liszt und seinen Aufsatz über *Alfons und Estrella* (geschrieben nach der Uraufführung 1854 in Weimar) und behaupten, Liszt habe das schlechte Libretto für Schuberts

Mißerfolg verantwortlich gemacht. Aber genau dies hat Liszt in seinem Essay nicht gesagt. Statt dessen verweist er auf Schuberts mangelnde Bühnenerfahrung und sein fehlendes Verständnis für das Bühnendrama; darüber hinaus spürte er, daß Schuberts Orchestrierung kaum mehr als eine für Orchester arrangierte Klavierbegleitung war. Dieser Aussage folgt ein entscheidender Satz zu den Fähigkeiten des Komponisten (»Der in kleinerem Rahmen so große Schubert büßt in weiterem Raum so viel von seiner natürlichen Größe ein.«). Dieses Urteil wurde etwa vierzehn Jahre nach Schumanns Lob von Schuberts Orchesterkompositionen, besonders der großen C-Dur-Symphonie, veröffentlicht, übrigens in derselben Zeitschrift, Schumanns *Neuer Zeitschrift für Musik*, in der angekündigt wurde, daß die Zeit für eine differenziertere Betrachtungsweise des romantischen Erbes gekommen sei. Selbst die Grazer Styriarte-Aufführung 1997 der ›vollendeten‹ Oper *Der Graf von Gleichen* vermag Liszts fundamentale Kritik nicht umzustoßen.

Ich könnte mir eher vorstellen, daß Schubert Musik für Shakespeares Stück *Der Sturm* geschrieben habe, in der Ariel von Geschöpfen weiß, die Musik sogar riechen können. *Das* wäre dann Musik für ein poetisches Drama, in dem alle Visionen in sanfte Melodien eingebettet wären und Prospero sein Buch in »ernst getragener Musik« versenkte. Denn Schubert brauchte poetische Texte, die das Potential hatten, sich zusammen mit seiner Art der Entfaltung des musikalischen Materials auszuweiten.

Immer wieder suchte Schubert nach bis dahin unentdeckten Ausdrucksformen. Dieser Hang war bereits während seiner frühen Karriere als Komponist vorherrschend. In *Lazarus* (D. 167), seinem großangelegten Fragment, fälschlich als seine zweite Messe beschrieben, erreichte Schubert eine

Mischung aus Kantate und Oratorium, etwas, das Richard Strauss später als »musikalisches Gespräch« bezeichnen sollte. Es ist eine Komposition über ein ständiges Hin- und Hergleiten zwischen Leben und Tod und – was den Aufführungsort betrifft – zwischen Kirche und Konzertsaal. Die Musik dient der Entwicklung innerer Monologe und dem Ausdruck eines gedämpften Dramas, das die lyrischen Theaterstücke des Fin de siècle vorwegzunehmen scheint.

Aber vielleicht ist Schuberts wahre ›Bühne‹ von einer ganz anderen Art und besser bedient mit Experimenten wie der Bühnenproduktion der *Winterreise* von 1997, die man in der Komischen Oper von Paris, dem Lyric Theatre Hammersmith und in Berlin erleben konnte. Die Aufführung, die Hans Peter Cloos leitete, fand inmitten einer Installation von Christian Boltanski statt, der Filmmaterial, das er während einer Zugfahrt zwischen Wien und Prag aufgenommen hatte, benutzte. In der Komischen Oper wurde die Heizung während der Aufführung der *Winterreise* ausgestellt, was die Zuhörer zwang, in ihre Mäntel gemummt zuzuhören und zuzusehen. Diese Aufführung eines Werkes poetischer Reflexion und Melancholie bescherte den Zuhörern in einer Zeit, da die totale Kommunikation oder, besser gesagt, die Medien uns zu Untertanen ihres quasi totalitären Regimes machen, eine äußerst ernüchternde Gegenerfahrung von Vereinsamung und dem Versagen menschlicher Verständigung. Man fühlte sich an Becketts Werk *Krapp's Last Tape* erinnert, im wesentlichen ein Monolog auf das Ende der Kommunikation zu einer Zeit der Reproduktion von Leere.

VI

Der junge Adorno las Schuberts Aufzeichnungen, doch offensichtlich nicht dessen Anweisungen für die Ausübenden als Zeichen der letzten Versöhnung zwischen emotionalen und vielleicht sogar gesellschaftlichen Extremen. Er vernahm in Schuberts Musik eine Vorahnung dessen, wie der Mensch eines Tages sein könnte. Im nachhinein vermögen wir in Schubert ›un Debussy avant la lettre‹ zu sehen, einen Helden der Intimität, dies als eine Hommage an den großen Komponisten und den ›prince de la bohème‹, wie es *Le Figaro litteraire* im Februar 1997 ausdrückte.

Und trotzdem sollten wir nicht einer vermessenen Vertrautheit mit Schubert erliegen, die für so viele Texte über den Komponisten von *Der Tod und das Mädchen* verantwortlich ist. Wir können ihn als einen fremden Wanderer deuten, nicht aber als unseren Weggefährten. Schubert war ein Wanderer im musikalischen Raum, den er für sich selbst schuf. Alfred Brendel behauptete, daß Schubert »viel musikalischen Raum gebraucht habe, um sich frei bewegen zu können« und um auf diese Weise die Grenzen der klassischen Form zu überschreiten Aber zur gleichen Zeit war Schubert der Meister des frühen Minimalismus und verdichteter Impromptus.

In Schuberts Musik spürt man die unheimliche Allgegenwart des Flüchtigen. Es ist zugleich an- und abwesend. Dieses Gefühl wurde kongenial in einem der schönsten Gedichte über Schubert von dem angesehenen schwedischen Dichter Tomas Tranströmer ausgedrückt und in seiner Sammlung *Sanningsbarriären*, Barrieren der Wahrheit, aus dem Jahr 1978 veröffentlicht. Sein Gedicht *Schubertiana* spiegelt den Blickwinkel eines Besuchers wider, der sich im

Großstadtgewirr New Yorks verirrt hat und sich durch die Annahme beruhigt, daß es irgendwo in diesem Meer der Zivilisation jemanden geben müsse, der ein Stück von Schubert spiele oder höre; und dieser Person werde Schuberts Musik wirklicher sein als irgend etwas anderes.

Tranströmer bezieht sich auf Schubert als den Komponisten, der »Signale eines ganzen Lebens« in wenigen Intervallen für Streicher einzufangen wußte. Diese Musik, so legt das Gedicht nahe, schafft die Gesetze der Schwerkraft ab und weckt ursprüngliche Gefühle. Darüber hinaus läßt sie ihre Zuhörer und natürlich auch ihre Ausführenden erfahren, daß sie sich auf etwas anderes als gewöhnliche Erfahrungen verlassen können. Das Gedicht endet mit einem Hinweis auf die Art, wie man Schuberts Klavierduo, die f-Moll-Fantasie (D. 940) spielen soll: »Die Hände scheinen klingende Gewichte hin- und herzuschieben, so / als bewegten wir die Gegengewichte / und versuchten dadurch, das unheimliche Gegengewicht des großen Waagebalkens zu verschieben: Freude und Leid wiegen genau gleich.«

Schuberts Anliegen war die Rettung der poetischen Dimension in der Musik, der Kultur als solcher in einer zunehmend profanen Welt. Schumann sollte dieses Anliegen weitertragen, indem er einige seiner schönsten Kompositionen mit dem Zusatz ›einfach und zart‹ versah. Brahms erzeugte in seinem Klavierquartett op. 60 im Anfangsteil des zweiten Satzes eine geradezu schubertianische Stimmung. Um es deutlicher zu formulieren, er zitiert Schubert nicht, aber er schafft eine zitatähnliche Sequenz, eine musikalische Imitation, als wenn Brahms einen unersetzlichen Verlust hätte beschwören wollen. Und ein Jahrhundert später fügt Luciano Berio in seinem Stück *Rendering* eine musikalische Collage von auseinandergerissenen Schubert-Zitaten zusammen, die sich gegenseitig zu unterminieren scheinen. Tranströmer allerdings, der kosmopolitische Dichter am Ende des zwanzigsten Jahrhunderts, fragt, wie wir Schuberts Anliegen lebendig halten können; und das bedeutet, wie wir die Authentizität der Phantasie bewahren können, die heute mit den Bildern der Virtualität wettstreiten muß.

Doch was bedeutet es, Schuberts Anliegen lebendig zu halten? Das meint nicht nur die fortwährende Aufführung seiner Musik, sondern auch, daß diese Musik das zündende Moment für Aufführungen bleibt. Gustav Klimts berühmtes Bild *Schubert am Klavier* (1897/99), Mahlers Instrumentierung von *Der Tod und das Mädchen* für Streichorchester, Berios *Rendering*, aber auch Fritz Lehners außerordentlicher Film *Notturno* (1989) und in diesem Zusammenhang auch Tranströmers Gedicht haben alle auf ihre Art wieder diese ›unanswered question‹ gestellt. Denn nichts könnte vollkommener sein als die Herausforderung, die immer wieder aus Schuberts fragmentarischem Vermächtnis erwächst.

Gebrochene Romantik

Zu vier literarischen Chopin-Bildern
im 20. Jahrhundert

Aus Leipzig schrieb der junge Komponist, Adrian Leverkühn, im Jahre 1905 – so wollte es Thomas Mann in seinem
Roman *Doktor Faustus* – an den künftigen Erzähler seiner
Lebensgeschichte: »Spiele viel Chopin und lese über ihn. Ich
liebe das Engelhafte seiner Gestalt, das an Shelley erinnert,
das eigentümlich und sehr geheimnisvoll Verschleierte, Un-
zulassende, Sichentziehende, Abenteuerlose seines Daseins,
das Nicht-Wissen-Wollen, das Ablehnen stofflicher Erfahrung, die sublime Inzucht seiner phantastisch delikaten und
verführerischen Kunst.«

Chopin, der Ephebe, eher Nymphiker als Orphiker,
schwebend; seine Wesenszüge gleichen auffallend jenen des
anderen berühmten Polen im Werk Thomas Manns: Tad-
zios in *Der Tod in Venedig*.

Aber derjenige, der hier Chopin charakterisiert und sich
und andere auffordert, viel Chopin zu spielen und über ihn
zu lesen, schickt sich an, die letzten Möglichkeiten der Kunst
auszuloten. Und indem er sich mit Chopin, *dem* romantischen Künstler schlechthin, befaßt, fragt er auch nach den
Möglichkeiten der Romantik in der Moderne, die Leverkühn als ein System ästhetischer Kalkulationen zu verstehen
beginnt. Wo jedoch bleibt das Gefühl? Es löst sich auf in
Abstraktionen.

»Das Ablehnen stofflicher Erfahrung« im Werk Chopins
führt zur *musica assoluta*, die sich selbst genügt. Musikalisch, das meint Leverkühn, stieg Chopin in keine Wolfs-

schluchten; er imitierte nicht das Rauschen eines Wasser-
falls, und auch vom Wort ließ er sich nur bedingt anregen:
kaum ein anderer romantischer Komponist schrieb weniger Lieder als Chopin. Dafür bewies er ein unendliches
Vergnügen am Formenspiel. Es brauchte keine näheren literarischen Beschreibungen; die schlichte Angabe der Form,
mit der er umging, genügte: Berceuse, Etüde, Fantasie, Ma-
zurka, Nocturne.

Jede Form, die er wählte, setzte er aufs Spiel; jede nur
denkbare Variation rang er ihr ab, bis er sie und er sich an ihr
erschöpft hatte. Als er ahnte, daß sein Leben zu Ende gehe,
wußte er, daß er alles gegeben hatte, was ihm zu geben
vergönnt war – ganz anders als Schubert, der noch wenige
Wochen vor seinem Tod das für ihn Neue entdeckte: die
Welt Bachs, den Kontrapunkt; jetzt wollte er noch einmal
von vorne anfangen, gestand Schubert einem Freund. Nein,
Chopin empfand eher, daß er nur noch Formhülsen vor sich
hätte, wenn er noch einmal beginnen müßte. Auch Thomas
Manns »deutscher Tonsetzer«, Adrian Leverkühn, sollte
mit diesem Bewußtsein sterben.

Bekanntlich befaßte sich Thomas Mann mit der Niederschrift seines großen Romans in der ersten Hälfte der vierzi-
ger Jahre. Sein sechzehntes Kapitel mit Leverkühns Chopin-
Brief schrieb er, wie das Tagebuch ausweist, um den 20. Mai
1944; Tage zuvor hatte er Arthur Rubinstein Chopin spielen gehört, desgleichen las er Adolf Weissmanns Chopin-
Biographie (1912 erschienen), eine Studie, die am romantischen Chopin-Bild schon zu retuschieren begonnen hatte.

Ungefähr zur selben Zeit arbeitet Gottfried Benn, in
Landsberg an der Warthe als Militärarzt eingesetzt, an
einem Gedicht, das er *Chopin* betitelt. Nahezu zeitgleich
erscheint in der Zeitschrift *Leningrad* ein Aufsatz über

Chopin von Boris Pasternak und wenige Jahre später André Gides *Notes sur Chopin*, geschrieben zwischen 1892 und 1931. Drei Texte, die für drei verschieden gestellte Fragen stehen, die einem einzigen Anliegen gelten: Haben wir das Romantische unwiederbringlich verloren? Wie läßt sich dieser »blaue Klang«, so der Titel jener Chopin-Studie, die Guy de Pourtalès verfaßt und deren deutsche Ausgabe Gottfried Benn 1928 gelesen hatte, über der Ruinenwelt Europas noch fassen? Können Chopins musikalische Formen noch einmal eine neue Ordnung stiften?

Als André Gide auf diese Fragen eine Antwort zu geben versuchte, ging er, darin ganz Musiker, zunächst von der Aufführungspraxis seiner Zeit aus und stellte fest: »Man spielt Chopin, als ob es Liszt wäre.« Auf diese Weise, meinte Gide, ginge das genial Improvisatorische der Kunst Chopins verloren. Darum forderte er, daß der Chopin-Interpret stets mit einer gewissen Unsicherheit zu Werke gehen solle; denn anders als im Werk Liszts hatten die musikalischen Phrasen Chopins nie etwas Behauptendes an sich.

Laut Gide hatte Chopin also das Impromptuhafte zum ästhetischen Prinzip erhoben. Gleichzeitig sah er Chopin als denjenigen romantischen Künstler, dem es gelungen war, »das unleugbar romantische Erbgut auf das Klassische zurückzuführen«. Somit deutete Gide das Werk Chopins als vollendet spielerischen Gegenentwurf zur Welt musikalischer Programmatik, wie sie im Werk Hector Berlioz' Manifest wurde und – sogar im Dienste des Mythos – im Gesamtkunstwerk Wagners.

Chopin, das war noch einmal der Triumph der »reinen Kunst« ohne jeglichen ideologischen Anspruch. Schumann dagegen, der Literat unter den Komponisten, konnte sich von solchem Anspruch nie ganz lossagen; und es spricht für

Gides Gespür, daß er nach Jahren intensivster Auseinandersetzung mit Chopin und Schumann beide nicht mehr in
einem Atemzug nennen wollte. Im Gegensatz zu Schumann
habe sich Chopin, so Gide, »von den Tönen führen und be-
raten lassen«.

Damit ist auch gesagt, was Gide unter der Rückführung
des Romantischen auf das Klassische verstanden hat: den
Weg zum Tonmaterial, zur Essenz der Kunst, die darin besteht, daß der Künstler das Material zu sich selbst bringt,
indem er ihm jene Formen angedeihen läßt, mit und in denen es sich »lebendig entwickeln« kann.

Chopin, der Entdecker neuer Welten, die sich mit bekannten Formen erschließen lassen. Wie bezeichnend war es für
ihn, daß er eigens für ein paar Tage nach Genua reiste, weil
er sich besonders für Columbus interessierte, den Entdecker
neuer Welten mit dem altgewohnten »Medium« Schiff.

Gide hatte gute Gründe, das Werk Chopins nicht »mit
Literatismen zuzudecken«, sondern das rein Musikalische
in den Vordergrund zu rücken; denn Ton und Wort, darin
war er sich mit Valéry einig, sind nicht einfach ein Symbol
von etwas; sie symbolisieren sich selbst.

Nur von einer maßgeblichen Seite haben Gides Betrachtungen über Chopin harsche Kritik erfahren: von Igor Strawinsky. In einem Gespräch mit Robert Craft meinte er:
»Daß Gide von der Musik im allgemeinen überhaupt nichts
verstanden hat, ist jedermann offenkundig, der seine *Anmerkungen zu Chopin* gelesen hat.« Keine Begründung
folgt, aber sie liegt auf der Hand: zum einen mißbilligte Strawinsky die »Wortgläubigkeit« Gides in Sachen Musik; zum
anderen (und wichtigeren) hatte Gide mit seinen *Anmerkungen* genau jenes Problem getroffen, das Strawinsky zeitlebens befaßte: Ist die Rückführung auf vergangene Stilepo-

chen notwendig parodistisch (im literarischen, nicht im musikalischen Sinne des Wortes)? Wie schöpferisch können solche »Rückführungen« sein?

Gide bemühte sich, in seinen *Aufzeichnungen über Chopin* analytisch vorzugehen; an anderer Stelle scheute er sich aber nicht, seinen Gefühlen eher freien Lauf zu lassen, um in Metaphern zu sagen, was ihm dessen Musik bedeutete. So schreibt er über die *Barcarolle* in Fis-Dur (op. 60): »comme une langueur, vêtue d'une joie toute superficielle«, und damit ist auch ausgedrückt, was Gide als Schriftsteller an Chopin faszinierte: dessen Verkleidungskunst, besser gesagt, seine Fähigkeit, Verkleidungen wie die »verkleidete Sehnsucht«, die in der *Barcarolle* zum Ausdruck kommen mag, als Blößen, als etwas Unmittelbares wirken zu lassen. Hier bestätigt sich, wie berechtigt Nietzsches Wunsch war, den er in einem Brief an Overbeck im April 1884 so formulierte: »Wie sehr wünsche ich einem Dichter zu begegnen, der zu Chopin gehörte und mir wie Chopin wohltäte.« Chopin, eine Herausforderung für den Dichter.

Ausgerechnet Gottfried Benn nahm sie an, Benn, der von sich behauptete, musikalisch nicht über den Schlager hinausgekommen zu sein, ihm verdanken wir das eindrucksvollste Chopin-Gedicht in deutscher Sprache.

Offenkundig versuchte Benn mit diesem Gedicht, das gängige Chopin-Bild zu entmythisieren; das Theoretisieren lag diesem Chopin fern: »wenn Delacroix Theorien entwickelte, / wurde er unruhig, er seinerseits konnte / die Notturnos nicht begründen.«

Verglichen mit dem Abbé Liszt nennt Benn den schwindsüchtigen Polen einen »schwachen Liebhaber«. Chopins Krankheiten und Reisen werden auf einige Fakten reduziert: auf die knappe Beschreibung seiner Krankheit, auf die

Namen seiner Konzertflügel. Auch die Empfindung wird in Benns Gedicht zum registrierbaren Faktum: »verdunkelt von Müdigkeit und Todesnähe / kehrte er heim / auf den Square d'Orléans.« Das Gefühlvolle, »Romantische«, Vergeistigte – was ist es? In Benns Chopin-Gedicht stellt es sich dar als eine Körperentwicklung im Dienste der Kunstausübung: »Spielen sollte jeder Finger / mit der seinem Bau entsprechenden Kraft.« Dieser Entwicklung der eigenen physischen Möglichkeiten entspricht dann die »artistische Überzeugung«, die Kompromißlosigkeit, mit der Chopin seine Existenz seinen eigenen »tragischen Progressionen« hingab.

Die vorletzte Strophe des Gedichts spricht vom Hörerlebnis; aber dieses hat eben nicht das letzte Wort, sondern der Blick hinter das Schöpferische auf jene »artistische Überzeugung«. Chopin verschwebt in Benns Gedicht nicht ins Ätherische; der Dichter bemüht sich, ihn »dingfest« zu machen mit Hilfe jener Gegenstände, die sich mit Chopin verbinden: den Instrumenten, den Manuskripten, den Orten seines Lebens, den Erträgen aus seinen Konzerten. Chopin, das beweisen seine Briefe, wußte sehr genau, was diese oder jene Komposition auch materiell wert war; und ganz konsequent nutzte er das Leben für die Kunst, setzte es ein als Mittel, um seine Kunst zu vervollkommnen. Benn kam es offenbar darauf an, diese Haltung Chopins bewußt zu machen, diesen existentiellen Realismus, der mit romantischer Gefühlseligkeit wenig gemein hat.

In Chopin erspürte Benn eine unbedingte Folgerichtigkeit in Kunst und Leben, die er auch von sich forderte. In diesem Sinne mochte sein Freund F. W. Oelze recht gehabt haben, wenn er meinte, daß dieses Gedicht eine »verschlüsselte Selbstdarstellung« Benns gewesen sei. Wichtiger aber scheint aus heutiger Sicht Benns Anliegen, zur Anatomie des Romantischen mit diesem Gedicht vorzudringen, zu den Objekten möglicher Verklärung und zu jener »kleinen Hand«, mit der Chopin in seine Kunstwirklichkeit gewiesen hat.

Versachlichte Romantik und romantisierte Sachlichkeit liegen eng beieinander, wie Benns Gedicht *Orpheus' Tod* zeigt, das in den meisten Benn-Ausgaben auf *Chopin* folgt. Es schließt mit der Zeile: »die Ufer tönen –«, jene Ufer, die Benn zuvor so genau vermessen und so schonungslos charakterisiert hat. Das tönende Ufer hört der Chopin des Benn-Gedichts, als »Delphine Potocka / ... ihm in der letzten Stunde / ein Veilchenlied« sang. Ein wachsender, scheinbar rettender Ton, eine Verklärung oder ganz einfach ein fis oder gis.

Das Romantische, legt Benn nahe, kann nur als etwas Gebrochenes verstanden werden. Zum einen ist sie eine Erfahrung, gebrochen in einem bläulichen Spiegel, getragen vom blauen Ton und bestäubt von den Pollen der blauen Blume. Zum andern beschreibt es eine andere Wirklichkeit, die sich stets an unserer Lebenswelt reibt.

In diesem Sinne zitierte Benn in seiner *Totenrede für Klabund* Chopin, und dies um so berechtigter, als Klabund in seiner Parabel *Musik* die Vollkommenheit der Töne im Schweigen erkannte, in jenem Schweigen, das alle Formen der Wirklichkeit binde und aufhebe.

Von verwandter, wenngleich noch radikalerer Art ist Pasternaks Bekenntnis zu Chopin gewesen.

Pasternak nahm Chopin geradezu in Schutz vor den »romantischen« Anwandlungen seiner Interpreten und Hörer. Ein Realist sei dieser Chopin gewesen, schreibt Pasternak, weil er die höchste Stufe der Genauigkeit in der Kunst erreicht habe.

Chopins Etüden bezeichnet er als musikalische Untersuchungen, »Forschungen zur Theorie der Kindheit und
einzelne Kapitel einer Klavier-Einführung zum Tode. Das
erinnert an Ferruccio Busonis Diktum, daß »absolute Musik etwas ganz Nüchternes« sei; gleiches gilt für Pasternaks
Beschreibung des melodischen Prinzips bei Chopin; er faßte
es auf als fortschreitend sich entwickelnde Gedanken, die
auch für den Neo-Klassizismus Busonis kennzeichnend gewesen sind.

Aber Pasternak behauptet keineswegs, daß Chopin nur
ein Apostel strenger musikalischer Ordnungsprinzipien gewesen sei. Im Gegenteil. Chopin gehorchte den Impulsen
der Töne und brachte sie mit seiner Formenwelt in Einklang;
und überdies ging er dem Dynamischen der musikalischen
Formen nach. Es wäre ungerecht, Pasternak vorzuwerfen,
wie dies zuweilen geschehen ist, daß er Chopin für den »so-
zialistischen Realismus« vereinnahmen wollte. Darum geht
es nicht, sondern um Pasternaks Interesse an der Genauigkeit selbst im Bereich (musikalischer) Abstraktion, an einem
Künstler, der »sein Leben als Instrument der Erkenntnis jeglichen Lebens auf der Welt ansah und gerade diese, ver-
schwenderisch-persönliche und unberechnend-einsame Art
der Existenz führte«.

Dieser Versuch, das Romantische an Chopin, das vermeintlich Gefühlstrunkene seiner Musik zu versachlichen,
ein Versuch, der vor allem Gides, Benns und Pasternaks
Beschäftigung mit Chopin bestimmte, bestätigt den Satz,
»daß alles Romantische im Dienste anderer, unromanti-
scher Energien steht« (Fest). Die Rückseite des »blauen
Klangs« prägen kühne Formexperimente; aber das, was sie
»romantisch« wirken läßt, dieses sprachlich so schwer Be-
stimmbare und letztlich nur der Empfindung Anzuvertrau-

ende, führt wieder zu Leverkühns eingangs zitiertem Brief zurück. Er hatte Chopins Kunst »verführerisch« genannt, ohne diesen Eindruck weiter zu begründen. Kann es nicht sein, daß Chopin in seinem Komponieren so genau war, daß er auch noch das Verschweben jeder seiner Töne mitbedachte und mitkomponierte? Daß er sich und seine Hörer teilhaben ließ an diesem »Verschweben« oder Verklingen seiner Klangfiguren. Darin dürfte seine Verführungskunst gelegen haben; und hier in dieser Verbindung aus Sachlichkeit und Empfindung, symbolisiert durch eine Synthese jener vier hier erwähnten Chopin-Bilder, wäre der ergründbare Teil seines künstlerischen Geheimnisses zu suchen.

Sokrates tanzt

Nietzsches musikalisches Denken

für Joachim Reiber

I

Man kennt die Szene in Tribschen: Am Weihnachtstag 1870 erklingt, zu Cosimas Geburtstag, Wagners *Idyll*. Auch Nietzsche, wieder einmal in Tribschen zu Gast, ist hingerissen von diesem »wunderschönen Symphoniesatz«. Er beschenkt Cosima mit einer Abschrift seines Versuchs über *Die Geburt des tragischen Gedankens*, keine Idylle, sondern vulkanische Prosa. Cosima nennt sie tief, großartig und merkwürdig.

Wagner schenkt Nietzsche, was dieser in Auszügen schon kannte: eine Prachtausgabe des Essays über *Beethoven*, desgleichen das »erste Exemplar vom Klavierauszuge des *Siegfried*, erster Act«, wie der Beschenkte stolz vermerkt. Man redet über die Anfänge der Kultur, über »Urphilologie«, wie Wagner das nennt, Geburt und Tod der Tragödie bei den Griechen.

Nietzsche bewegte die Frage nach dem Dionysischen, dem griechischen Musikdrama und nach dem Verhältnis des Sokratischen zum Tragischen. Wagner empfahl seinem enthusiasmierten Jünger, sich bei der weiteren Ausarbeitung seiner Thesen wie bisher von der Musik »dirigieren« zu lassen.

Wie lauteten Nietzsches wichtigste Thesen zu dieser Zeit? Griechische Musik sei reine Vokalmusik gewesen. Die Griechen hätten das »innigste Eins-sein von Wort und Ton«

empfunden. Der Sokratismus habe den Instinkt und damit die Kunst verachtet. Dagegen habe die dionysische Kunst »auf dem Spiel mit dem Rausche, mit der Verzückung« beruht. Sokrates habe jedoch dieses Spiel durchschaut, das Drama intellektualisiert und seinen Freund Euripides dahingehend beeinflußt, das musikalische Element im Drama verkümmern zu lassen. Nietzsches vorläufige Schlußfolgerung: In Wagners Kunst sei die ursprüngliche Einheit von Musik und Drama wiederhergestellt, der Sokratismus widerrufen. Somit kulminierte die erste wichtige Phase in Nietzsches Denkentwicklung, die zu seinem frühen ästhetischen Hauptwerk, *Die Geburt der Tragödie*, führte, in einer fundamentalen Kritik am Intellektuellen. Wenn ein Intellektueller wie der junge Nietzsche Kritik am (sokratischen) Intellektualismus übt, dann ist damit Selbstkritik impliziert. Nietzsches Infragestellung des Sokratismus bedeutete demnach auch, daß er sich über seine eigene Position klarwerden wollte. War er nicht selbst ›sokratisch‹ veranlagt? Trug er nicht als Philologe und Kulturkritiker zur Aufklärung über den Mythos und die Intentionen des Künstlers bei?

Ende 1870 hatte sich Nietzsche jedoch noch eine Frage notiert, die ihn nach seinen Tagen in Tribschen weiter beschäftigen sollte: »Wie kann Sokrates Musik treiben?« Was er mit dieser Frage meinte, verdeutlichte er sich selbst, als er in Lugano im Frühjahr 1871 daranging, seinen Vortrag über *Socrates und die Tragödie* nochmals zu überarbeiten. Seine entscheidende Erweiterung bestand darin, daß er anhand der antiken Überlieferung über die künstlerische Seite des Sokrates nachdachte, die erst kurz vor dessen Freitod zum Durchbruch gekommen sei:

»Jener despotische Logiker (Sokrates, R. G.) hatte nämlich hier und da der Kunst gegenüber das Gefühl einer

Lücke, einer Leere, eines halben Vorwurfs, einer vielleicht versäumten Pflicht. Oefters kam ihm, wie er im Gefängnis seinen Freunden erzählt, eine und dieselbe Traumerscheinung, die immer dasselbe sagte: ›Sokrates, treibe Musik!‹ Er beruhigt sich bis zu seinen letzten Tagen mit der Meinung, sein Philosophieren sei die höchste Musenkunst, und glaubt nicht recht, daß eine Gottheit ihn an jene »gemeine, populäre Musik« erinnern werde. Endlich im Gefängnis versteht er sich, um sein Gewissen gänzlich zu entlasten, auch dazu, jene von ihm gering geachtete Musik zu treiben. Und in dieser Gesinnung dichtet er ein Prooemium auf Apollo und bringt einige äsopische Fabeln in Verse.«

Nietzsche spricht von einem »Umschlag« in der geistigen Entwicklung dieses prototypischen Intellektuellen, von, man könnte sagen, einem ›qualitativen Sprung‹ von der Intellektualität zur Kunst. Das Künstlerische wird in Nietzsches Sokrates durch einen »traumartigen Zustand« freigesetzt, nach Wagners im *Beethoven*-Essay vertretener Auffassung der eigentlich musikalische Urgrund der menschlichen Existenz. Sokrates, so Nietzsche weiter, sei in diesem Traum auf die »Grenzen der logischen Natur« verwiesen worden und darauf, daß »die Kunst ... ein nothwendiges Correlativum und Supplement der Wissenschaft« sei.

Diese Gedanken übernahm Nietzsche unverändert in *Die Geburt der Tragödie*. So wichtig war ihm die Auseinandersetzung mit dem Sokratischen und diesem »Umschlag« von Intellektualität in Kunst bei Sokrates gewesen, daß er sie in die Mitte seiner Abhandlung über die Tragödie im Spannungsfeld des Dionysischen und Apollinischen stellte. In diesem Kontext gewann der sokratische »Umschlag« eine programmatische Bedeutung: Indem Sokrates der im Traum vermittelten Aufforderung nachkam und »Musik trieb«, emanzipierte er sein Denken von der reinen Logik. Für Nietzsche selbst hatte diese Behauptung weitreichende Folgen, denn sie implizierte, daß es sich nicht nur logisch, sondern auch musikalisch denken ließ. Das wiederum bedeutet, daß es verfehlt wäre, bei Nietzsche nur nach einer Philosophie der Musik zu suchen: denn es kam ihm letztlich viel mehr darauf an, sein musikalisches Philosophieren zu entwickeln.

Seine Musik war seine »reich instrumentierte Sprache« (Hugo Dittberner), die sich aller Zeichen bediente, aller möglichen Rhythmenwechsel und Stilebenen. In seiner Sprache wagte er das Unerhörte, vergleichsweise wenig in seinen eigentlichen musikalischen Kompositionen, die besonders durch die Häufung von Stücken für Klavier zu vier Händen auffielen, so, als habe er platonische Dialoge in der Musik schaffen wollen.

II

Schon als Student wollte Nietzsche ›musikalisch‹ schreiben können. In einem Brief vom April 1867 erläutert er seinem Freund, Carl von Gersdorff, diesen Wunsch: »Vor allem müssen wieder einige munteren Geister in meinem Stile entfesselt werden, ich muß darauf wie auf einer Klaviatur spielen lernen, aber nicht nur eingelernte Stücke, sondern freie Phantasieen, so frei wie möglich, aber doch immer logisch und schön.«

Logisch und schön, die *Geburt der Tragödie* nennt später diese Verbindung »ästhetischen Sokratismus«, den Nietzsche nach 1872 zu überwinden bemüht war. *Logisch und schön*, das war ihm ursprünglich die Dreieinigkeit von »Schopenhauer, Schumannscher Musik und einsamen Spaziergängen«, von, anders gesagt, der Stärke des Pessimismus, romantischer Entwurzelung des Ichs und kontemplativer Vereinzelung.

Schumanns Musik hatte den jungen Nietzsche nachhaltig geprägt. Auf dessen, mit Roland Barthes gesagt, »Karussell der kurzen Formen« brachte sich eine Gefühlsradikalität in Stimmung, die sich nur äußerlich mit waldeinsamen Träumereien maskierte. Bereits Schumann hatte die Dezentrierung des Ichs komponiert in Gestalt kleiner Bacchanale, die den Hörer entrücken und Nietzsche ins Dionysische eingestimmt hatten. Schumanns Musik, das war Elfentanz und Satyrspiel, aber auch ein Echo im Nichts. Im Walkürenritt konnte Nietzsche dann das ins Mythische gesteigerte ›Karussell‹ Schumanns hören.

Nietzsche liebte den Tanz – als Denkbewegung. Dieses Kreisen, das sich öffnet, um eine neue Figur zu bilden. Der Nietzsche der *Zarathustra*-Zeit möchte auch seine Worte »tänzeln« lassen. Im Tanz gibt es nur eine *ästhetische* Logik, nämlich die Abfolge der Bewegungen, die entweder spontan, choreographiert oder überliefert ist. Für Nietzsches Philosophieren galt bereits nach den *Unzeitgemäßen Betrachtungen*, daß es in Abschnitten dachte, in kleinen, äußerst beweglichen Formen, die er über den Tanzboden der Tradition wirbeln ließ. Sie gleichen einzelnen Logismen, in denen sich tanzen ließ wie »in Ketten«, so Nietzsche in *Menschliches, Allzumenschliches* (II, 140).

Was sich in *Menschliches, Allzumenschliches* abspielte (und Wagner empören mußte), war die Relativierung der Kunst, mithin auch der Musik. Nietzsche schenkte jetzt ihrem Scheincharakter Gehör:

»Die Musik ist nicht an und für sich so bedeutungsvoll für unser Inneres, so tief erregend, daß sie als unmittelbare

Sprache des Gefühls gelten dürfte; sondern ihre uralte Verbindung mit der Poesie hat so viel Symbolik in die rhythmische Bewegung, in Stärke und Schwäche des Tones gelegt, daß wir jetzt wähnen, sie spräche direct zum Innern und käme aus dem Innern.« (MA I, 215)

Man lese diese Stelle in Verbindung mit Sätzen, die Nietzsche im September 1876, unmittelbar nach dem für ihn ernüchternden bis unerträglichen ersten Bayreuther Festspielsommer, an Louise Ott geschrieben hat. Er nannte sich ihr gegenüber einen »Menschen, der nichts mehr wünscht als täglich irgend einen beruhigenden Glauben zu verlieren, der in dieser täglich größeren Befreiung des Geistes sein Glück sucht und findet«. Und nun die Pointe: »Was sollen wir nun machen? Eine ›Entführung aus dem Serail‹ des Glaubens, ohne Mozartische Musik?«

Sein »Glauben«, das war bis dahin die Welt Wagners gewesen, die leidvolle Wahrheit des Mythos, die im Musikdrama zu sich selbst finden konnte. Doch Bayreuth hatte ihn mit der musiktheatralischen Wirklichkeit konfrontiert, mit Repräsentationsgehabe und mittelmäßigen Aufführungen, mit Wagners Selbstinszenierung. Das »Serail« war Bayreuth als Folterkammer für empfindsame Seelen. Nietzsche spürte schon damals, was er zwölf Jahre später in seinem Turiner Brief *Der Fall Wagner* mit polemischer Schärfe aussprechen konnte: Daß Wagner seiner Musik zuviel zugemutet habe; daß die Kunst in Bayreuth an ihrem sozial-politischen Missionseifer kranke und daß Wagner nicht die Geburt des Denkens aus dem Geist der Musik im Sinn (gehabt) habe, sondern das Umgekehrte: seine Musik sei dem Un-Geist seines ideologischen Denkens entsprungen. Nietzsches Vorwurf gegen Wagner sollte in der These kulminieren, daß dieser die Musik verraten habe, indem er seine Opern nicht als bloße Opern gelten lassen konnte, sondern durch sie einen nationalen Mythos stiften wollte.

Um nicht weiter vorzugreifen: Zwischen 1876 und 1878 bestand für Nietzsche die *Entführung* aus dem »Serail des Glaubens« in der Erkundung der eigenen labyrinthischen Komposition von *Menschliches, Allzumenschliches*. Die Form dieser philosophischen Komposition, Aphorismen, Gedankenmosaiken, gebrochene Reflexionen, setzte sich programmatisch von jeder Art Denksystem ab, aber auch vom großen epischen Zusammenhang, von der Totalität des Gesamtkunstwerks. Statt dessen lieferte Nietzsche Denkminiaturen, jede freilich von geistiger Sprengkraft und äußerster Sprachdisziplin. Jede Definition, die Nietzsche in diesen Miniaturen aufstellte, glich einer Provokation.

Was Nietzsche in *Menschliches, Allzumenschliches* im Kontext seiner neu entdeckten materialistischen Moralphilosophie unter anderem auch vornahm, war eine völlige Revision seines bisherigen, von Wagners Kunst geprägten Musikbildes. Der Relativierung der Musik entspricht sein gewandeltes Verständnis von einzelnen Komponisten. Bach sieht er als Komponisten, der »an der Schwelle der europäischen (modernen Musik)« stand, der sich aber »von hier nach dem Mittelalter« umschaute. Händel versteht er als Imitator seiner selbst. Beethoven habe »Musik über Musik« geschrieben. Wagner findet sich nicht eigens genannt, doch indirekt abgewertet durch die Verurteilung seines »Ahnen« Schumann sowie durch die Aufwertung des von Wagnerianern geschmähten Felix Mendelssohn.

Im Hauptstück des zweiten Teils von *Menschliches, Allzumenschliches*, »Der Wanderer und sein Schatten«, schlägt Nietzsche jenes Thema an, das in der Folgezeit sein Verhältnis zur Musik bestimmen wird: Die Idee des Südlichen in der Musik. In Haydns Musik sei dieses Südliche bereits angeklungen; denn er habe Musik komponiert, die »keine Vergangenheit« kenne, nur unmittelbare Gegenwart – an der Grenze, »welche die Moralität dem Intellect« ziehe. An dieser Grenze siedelte Nietzsche die Heiterkeit an, die zu einem seiner zentralen ästhetischen Kriterien werden sollte. Mozarts Musik, so Nietzsche, habe beständig vom Süden geträumt. Aber erst bei Chopin sei der »selige Moment« des Gelöst-Südlichen zum Ertönen gebracht worden. Diese Art Musik wollte Nietzsche nun auf sein Denken und Schreiben einwirken lassen.

Aufschlußreich Nietzsches Urteil über Schubert: Er habe den »Erbreichtum an Musik ... mit voller Hand und aus gütigem Herzen« verschwendet, »sodaß die Musiker noch ein paar Jahrhunderte an seinen Gedanken und Einfällen zu zehren haben werden. In seinen Werken haben wir einen Schatz von unverbrauchten Erfindungen; Andere werden ihre Größe im Verbrauchen haben.« Er nennt ihn einen »idealen Spielmann«, einen melodieverspielten Komponisten, der sich selbst im Spiel vergaß. In einem späten Brief an Carl Spitteler, dessen Versuch über Schubert ihm zu Recht wegweisend erschien, verglich er den Schöpfer der *Wandererphantasie* mit einem Riesen, der »keine Idee von seinen Dimensionen und seiner Kraft« gehabt habe; »ein Riese, der im Grase liegt, mit den Kindern spielt und sich selbst für ein Kind hält«.

Auch in bezug auf die Musik redete Nietzsche jetzt als Psychologe, den nicht nur das Gehörte interessierte, sondern auch das Hörverhalten: »Übrigens wirkt fast jede Musik erst von da an zauberhaft, wo wir aus ihr die Sprache der eigenen Vergangenheit reden hören: und insofern scheint dem Laien alle alte Musik immer besser zu werden, und alle eben geborene nur wenig werth zu sein.«

Die Musik als Resonanz menschlicher Lebenserfahrungen, als Möglichkeit, die Unwiederbringlichkeit der Kindheitswelt aufzuheben; Musik als angenehmste Art der Selbsttäuschung. Und sogleich meldet sich der Relativierer zu Wort: »Zuletzt sind und bleiben wir der Musik gut, wie wir dem Mondlicht gut bleiben ... Aber nichtwahr? scherzen und lachen dürfen wir trotzdem über sie?«

III

Scherz, Parodie, Tanz der Argumente, in der *Morgenröthe* vorgetragen in Gestalt eines »Gespräche über Musik«, unvermittelt, mitten in Diskursen über moralische Fragen. Ein von Musik ›Überwältigter‹ gerät an einen, der es darauf angelegt hat, mit dialektischer List die Musik zu »überwältigen«. Er beschreibt dem Musik-Enthusiasmierten, was dieser hört; er verbalisiert die Musik, analysiert ihre technischen Raffinessen, ihre Struktur, ihre Überredungs- und Täuschungskunst. Die Reaktion des Enthusiasmierten: Er wolle sich lieber von der Musik täuschen lassen, als auf diese Weise analytisch in sie eindringen. Nun wiederum beschreibt der schelmische Analytiker sein Ideal von Musik: »Ich nenne eine unschuldige Musik jene, welche ganz und gar nur an sich denkt, an sich glaubt, und über sich die Welt vergessen hat, – das Von-selber-Ertönen der tiefsten Einsamkeit, die über sich mit sich redet und nicht mehr weiß, daß es Hörer und Lauscher und Wirkungen und Mißverständnisse und Mißerfolge da draußen gibt.« Nun die List der Dialektik: Der »Analytiker« gesteht dem überraschten naiven Hörer zu dessen Erleichterung, daß diese soeben genau analysierte Musik in Wahrheit »unschuldig« sei, »von selber« ertöne und »weltvergessen« sei. Wie das? Diese nach der Beschreibung des Analytikers hoch komplizierte, mit allen Mitteln der musikalischen Rhetorik operierende Musik sei ursprüngliche Kunst? Wie hat man dieses Paradoxon zu verstehen und wie löst es sich auf? Oder, auf das Denken selbst übertragen: Kann es angesichts des philosophischen »Erbreichtums« noch eine unverbildete, ursprüngliche Erkenntnis geben? Darauf versuchte Nietzsche in der *Fröhlichen Wissenschaft* zu antworten. Das Gewußte solle aufs Spiel gesetzt, genauer: dem Spiel ausgesetzt werden und in Bewegung geraten, womöglich in eine tänzerische. Das ins Tanzen geratene Wissen könne sich selbst vergessen und neue, ungewohnte Formen annehmen.

Nietzsche machte selbst diese Erfahrung, als sein Freund, Heinrich Köselitz, ihm versicherte, daß seine Denkweise ihn zu einer komischen Oper angeregt habe. Dazu Nietzsche: Er glaube, daß seine Philosophie nun »in Tönen zu erklingen« beginne, in neuer Naivität, so wäre hinzuzufügen.

Die *Fröhliche Wissenschaft* endet bekanntlich ›musikalisch‹. Der Philosoph wird zum »Sänger«, der zum Tanz der Gedanken aufspielen will und schließlich die *Lieder des Prinzen Vogelfrei* vorträgt, die mit einem »Tanzlied« schließen, einer Aufforderung, neue Tänze zu schaffen. Es ist die Stimmung und Musikalität, die in der philosophischen Dichtung *Also sprach Zarathustra* ihre gültige Form finden sollte.

Einen entscheidenden Schritt in Richtung »südliche Musik« erhoffte sich Nietzsche von Heinrich Köselitz, später Peter Gast genannt, dessen Musik er allen empfahl, von Felix Mottl bis zu Hans von Bülow, als Antwort auf Wagner, als deutsch-italienische Variante des »Bizetismus«, als Hoffnung auf eine unzeitgemäße musikalische Idyllik. Für Nietzsche hatte diese »neue Südlichkeit« in der Musik, im wesentlichen eine an Paesiello und Cimarosa orientierte Kunst, sogar für die Art des Librettos Folgen: »Der eigentliche Text müßte erst gedichtet werden, nachdem die Musik fertig ist, in einer fortwährenden Anpassung an die Musik …« (Brief an Köselitz vom Januar 1883)

Damit hatte Nietzsche einen Gedanken ausgesprochen, der auch für seine Art des Philosophierens inzwischen verbindlich war: Das Wort folgt der Musik; der Gedanke stimmt sich ein in eine musikalische Phrase; er denkt ihr nach. Wort und Gedanke als Resonanzbereiche des Klanges. Hatte er in der *Geburt der Tragödie* und noch in seiner *Vierten Unzeitgemäßen Betrachtung* Wagners Klangwelt nachgedacht, so war er nun auf der Suche nach jener Musik, der es künftig nachzudenken lohnte. Der Musik Mozarts? Oder Chopins? Gewiß jener Bizets, nicht wirklich jener des Freundes Köselitz, denn, wie gesehen, war er es, der mit seiner Musik den Gedanken Nietzsches folgte. Wo war diese »Musik« zu finden? Nietzsche wußte es seit seinem *Zarathustra*-Erlebnis: seine eigene Sprachmusik, das Melos seiner Worte. Beglückt konnte er dem Freund Erwin Rohde nach Tübingen nach Abschluß der ersten »drei Akte« seines *Zarathustra* vermelden: »Mein Stil ist ein Tanz; ein Spiel der Symmetrien aller Art und ein Überspringen und Verspotten dieser Symmetrien. Das geht bis in die Wahl der Vokale«, also in die Klang-Substanz der eigenen Sprache. In der Gedanken-Partitur des *Zarathustra* gelang Nietzsche die Einheit von Denken und seiner sprachmusikalischen Artikulation. Er *hörte* seinen Zarathustra, wie er mehrfach betonte; und so schrieb er den Klängen der »Musik« Zarathustras nach; das freilich vollzog sich als eine Gesamtentwicklung. Und alles das, um seine insgeheime »Verwandtschaft«

mit der Welt Wagners, deren er sich in »schwachen Stunden« mit Schrecken bewußt wurde, zu überwinden. Nicht nur Rohde, der in Tübingen philologisch verknöcherte, war von der Zarathustra-Emphase des einstigen Studienfreundes überfordert und weitgehend taub für dessen musikalisches Denken.

Also sang Zarathustra, ein »Nachtlied«, ein »Tanzlied«, ein »Grablied«, auf den »Geist der Schwere«, den es zu bestatten galt, auf ein Wissen, das sich mit »After-Philologie« begnügte. Zarathustra singt, was der zuletzt doch noch »musiktreibende Sokrates« der *Geburt der Tragödie* komponiert hatte.

Das in Eigenbewegung geratene Wissen »tanzt« zur Selbstüberwindung hin. Zarathustra ruft die Seiltänzer und Nachtwandler auf, seine Prophetien zu tanzen – nach der Musik seiner Sprache.

Bezeichnend, daß das Hauptmotiv des vierten und letzten Teils oder »Akts« des *Zarathustra* darin besteht, daß der Leser (oder Zuhörer) aufgefordert wird, ein »Lied« zu lernen, das Lied von der Ewigkeit. Aus dem Mitdenken wird ein Mitsingen, aus dem Individuum ein Chor, der im Singen selbst den letzten Sinn erkennt. Zarathustra sucht nach Menschen mit Ohren, die nicht nur »horchen«, sondern »gehorchen«, eine Vorstellung, die inzwischen unheimlich genug ist, als daß man sie weiter auszuloten wünschte.

Doch mitten in der Arbeit am *Zarathustra* schreibt Nietzsche an Overbeck, daß er dringend »Mozartische Idealität« hören müsse, gleichsam um die unerhörten Töne Zarathustras auszuhalten, eine Idealität ohne Prophetie, erhebend nicht erhaben, tröstend nicht verkündend.

Nietzsche brauchte die Gegenwelten, die Dissonanzen, die Kontrapunkte, weil das abgründig Zwiespältige und

Kontrastreiche sein Elixier waren. So überrascht es nicht, wenn er bald nach der *Zarathustra*-Euphorie an Köselitz schreibt: »Die letzte Nacht an der Rialtobrücke brachte mir noch eine Musik, die mich zu Thränen bewegte, ein unglaubliches altmodisches Adagio, wie als ob es noch gar kein Adagio vorher gegeben hätte.« Man denkt an die melancholisch-elegischen Adagi und Largi Albinonis und Vivaldis, an das Aufsingen einer Viola d'amore über leeren Plätzen und schwarzen Kanälen, wie sie einsam klagt, sich dann aber wieder zurücknimmt, scheu geworden vor ihrem eigenen verlassenen Lied.

Venedig war für ihn Musik, ewig versinkendes Rokoko und *morbidezza*, heitere Verliebtheit ins Spiel und verzehrende Wehmut. Nietzsches Venedig-Gedicht nimmt diesen Ton auf:

> An der Brücke stand
> Jüngst ich in brauner Nacht.
> Fernher kam Gesang:
> Goldener Tropfen quoll's
> Über die zitternde Fläche weg.
> Gondeln, Lichter, Musik –
> Trunken schwamm's in die Dämmrung hinaus ...
>
> Meine Seele, ein Saitenspiel,
> Sang sich, unsichtbar berührt,
> Heimlich ein Gondellied dazu,
> Zitternd vor bunter Seligkeit.
> – Hörte jemand ihr zu? ...

Dieses durch die Musik bewirkte »Zittern«, dieses der Musik Ausgeliefertsein, erinnert an Baudelaires Vers: »Je sens vibrer en moi toutes les passions« (in *La Musique*). Die Stimmung gleicht dabei jener, die Wagner im ersten Teil seines *Beethoven*-Essays evoziert hat: »In schlafloser Nacht trat ich einst auf den Balkon meines Fensters am großen Kanal in Venedig: wie ein tiefer Traum lag die märchenhafte Lagunenstadt im Schatten vor mir ausgedehnt. Aus dem lautlosesten Schweigen erhob sich da der mächtige rauhe Klageruf eines soeben auf seiner Barke erwachten Gondoliers, mit welchem dieser in wiederholten Absätzen in die Nacht hineinrief, bis aus weitester Ferne der gleiche Ruf dem nächtlichen Kanal entlang antwortete: ich erkannte die uralte schwermütige, melodische Phrase, welcher seinerzeit auch die bekannten Verse Tassos unterlegt worden ...«

In Wagners Schilderung dieser klanglichen Begebenheit ging das Geschehen am beobachtenden Zuhörer vorbei. Im Falle des Nietzsche-Gedichts geht es durch ihn hindurch. Ob er will oder nicht: er, seine »Seele«, wird zum innerlich Mitsingenden. Halb bang, halb zynisch die ernüchternde Schlußfrage: »Hörte jemand ihr zu?«

IV

Venedig und Nizza contra Bayreuth. Paesiello, Bizet und Köselitz contra Wagner. Oder: »Il faut méditerraniser la musique«, wie Nietzsche im *Fall Wagner* schlußfolgern sollte. In *Jenseits von Gut und Böse* spekulierte er: »Ich könnte mir eine Musik denken, deren seltenster Zauber darin bestünde, daß sie von Gut und Böse nicht mehr wüßte, nur daß vielleicht irgendein Schiffer-Heimweh, irgendwelche goldene Schatten und zärtliche Schwächen hier und da über sie hinwegliefen.« Die Musik Zarathustras, die Orchestrierung seiner Lehren. Nietzsche machte keinen Hehl mehr daraus, daß es ihm fortan darum gehen würde, mit Wagners »Zukunftsmusik« zu konkurrieren, ja, sie zu übertreffen. Die Urteile über die romantische Musik, die er in *Jenseits von Gut und Böse* fällt, wiederholen dabei, was er bereits in *Menschliches, Allzumenschliches* vorgetragen hatte. Schumann, der allzu Deutsche mit »kleinem Geschmack«, *Freischütz*, *Oberon* und *Tannhäuser*: eine Geschmacksverirrung, so borniert deutsch, daß es dem cultivierten Europäer nur Ohrensausen bereiten könne. Und noch einmal: Stil und Musik: »Wie wenig der deutsche Stil mit dem Klange und mit den Ohren zu thun hat, zeigt die Thatsache, daß gerade unsere guten Musiker schlecht schreiben. Der Deutsche liest nicht laut, nicht für's Ohr, sondern bloß mit den Augen: er hat seine Ohren dabei ins Schubfach gelegt.« Damit war Schumanns ›hegelnde‹ Sprache in seinen Musikkritiken gemeint, wohl auch Wagners überdehnte Diktion in seinen theoretischen Versuchen. Inzwischen müßte sich Nietzsche eines Besseren belehren lassen, angesichts der Briefe Mozarts, deren Lautmalereien darauf hindeuten, daß er sie gleichsam hörend geschrieben haben mußte, zu schweigen von Beethovens Briefwerk, das alle denkbaren stilistischen Ebenen vereint und angesichts der Traumaufzeichnungen Schuberts, die an Farbigkeit an romantische Prosa grenzen.

In Monte Carlo hört Nietzsche im März 1886 Rameau und empfindet »große Neugierde«. Was er dagegen an »ganz neuen Modernitäten« zu hören bekommt, degoutiert ihn: »... Massenet, scheußlich-bunt orchestriert. Ich hatte keinen Begriff davon, daß man's auch mit der Orchestration hurenhaft treiben könne.«

Bevor in Nietzsche jenes rational kaum erklärbare eruptive Finale des Jahres 1888 ausbricht, jenes ekstatische Denken und Schreiben als Tanz auf dem Vulkan, fallen zwei betont nüchterne Analysen auf, die beide dem Wesen des Musikalischen galten. Die eine knappe philosophische Analyse beschäftigte sich mit dem Verhältnis Wagners zu Schopenhauer, die philologisch-metrische mit der Rhythmus-Theorie Hugo Riemanns.

Im dritten Teil seiner Streitschrift *Zur Genealogie der Moral* behauptete Nietzsche, daß Wagner in Anlehnung an Schopenhauer der Musik »Souveränität« zugeschrieben habe, völlige Selbstbestimmung als »Abbild des Willens«, wie Schopenhauer formuliert hatte, und Offenbarungscharakter. Damit sei der »Musiker« zum »Priester« geworden, zu einer »Art Mundstück des ›An-sich‹ der Dinge, ein Telephon des Jenseits (sic!)«, parodistisch ausgedrückt: Der Komponist wurde zum »Bauchredner Gottes«, das aber zu einer Zeit, in der die Philosophie die Entdeckung gemacht hat, daß Gott tot sei. Die Folge, die Nietzsche nicht ausspricht, aber nahelegt: Die priesterliche Weihemusik Wagners (in erster Linie im *Parsifal*) ist Kunst im Zustand der Verwesung. »Souveräne« Musik kann mithin nur dekadente Musik sein. Wagner habe, so Nietzsche, aus dem *ad majorem dei gloriam* ein *ad majorem musicae gloriam* gemacht und damit eine Musik der Selbststilisierung geschaffen. Das wiederum bedeutet, daß diese Art »Souveränität« abhängig ist vom Zeitgeist der Décadence. Es handelt sich folglich nicht wirklich um die Souveränität der Musik, sondern um die Souveränität der Auflösung, die untermalt wird von Wagners »unendlicher Melodie«.

Nietzsche reflektierte dabei nicht, daß auch er der Musik diese Sonderstellung eingeräumt hatte – als Schüler Schopenhauers und Wagners. Keine seiner Schriften kam ohne Abschnitte über das Wesen des Musikalischen aus. Von seiner Ausgangsthese, der *ästhetischen* Rechtfertigung des Daseins, expliziert in der *Geburt der Tragödie*, bis zum letzten Wort seiner letzten Schrift *Nietzsche contra Wagner*, nämlich *Künstler*, war dieses Denken vom Musikalischen durchdrungen. Die brieflichen Selbstaussagen aus Nietzsches letzten beiden Jahren vor dem Verlöschen seines Schaffens sprechen eine deutliche Sprache: »Vielleicht hat es nie einen Philosophen gegeben, der in diesem Grade im Grund so sehr Musiker war, wie ich es bin« (Briefentwurf an Hermann Levi vom Oktober 1887); »Ohne Musik wäre mir das Leben ein Irrthum« (an Georg Brandes im März 1888). Wie energisch betrieb er gerade in jenem vorletzten Jahr die Verbreitung seiner Vertonung von Lou Andreas-Salomés Gedicht *Hymnus auf das Leben*, deren erste Fassung von 1882 ihm nun nicht mehr genügte; sie solle als sein großes »Glaubensbekenntnis in Tönen« aufgefaßt werden, wie er in einem Brief an Carl Riedel erklärt (Oktober 1887). Er wünschte sich ein volles Jahr reinen Musikstudiums – zur weiteren Verbesserung seines Stils. Die quasi sprachlichen Strukturen der Musik beschäftigten ihn und die Möglichkeit ihrer Übertragung in den wortsprachlichen Bereich. Und warum? Um mit den eingefahrenen grammatischen Strukturen und dem zu ihnen gehörenden Denken zu brechen. Um dem Meer des Metasprachlichen neue Wortgebiete abzuringen und philosophisch zu erschließen.

In Nietzsche meldete sich Sokrates zu Wort, die ›sokratische‹ Musikästhetik, die Bemühung um die musikalische Logik, in Gestalt der antiken Metrik, der Akzente und Rhythmik und der »Moral« des Melos und der Phrasierung, vor allem anhand der Rhythmus-Theorie Hugo Riemanns.

Obgleich sich Nietzsche gegen die Phrasierungslehre Riemanns wehrte (wie Goethe gegen die Zerlegung des Lichts durch das Newtonsche Prisma), teilte er doch Riemanns Anliegen, im Rhythmus das Wesentliche des Musikalischen zu erkennen.

Riemanns einflußreiche Rhythmus-Theorie, welche die Verschiedenheit der Bewegungscharaktere in der Musik zu bestimmen unternahm, lieferte Nietzsche nämlich ein musikologisches Argument gegen Wagner und dessen »vollkommene Entartung des rhythmischen Gefühls, das *Chaos* an Stelle des Rhythmus ...« gesetzt habe. Die »unendliche Melodie« Wagners verschlinge geradezu die rhythmisch-metrische Differenziertheit in der Musik und zerstöre dadurch ihren eigentlichen Kunstwert.

Doch Nietzsche sparte auch der Riemannschen Rhythmus-Ästhetik gegenüber nicht an Kritik. Besonders Riemanns Phrasierungslehre störte ihn, weil sie das künstlerische Ganze eines Musikstücks fragmentarisierte: »In dem Maße, in dem sich das Auge für die rhythmische Einzelform (›Phrase‹) einstellt, wird es *myops* (kurzsichtig, R. G.) für die weiten, langen, großen Formen ...« In der Phrasierung glaubte Nietzsche ein typisches »Verfalls-Symptom« zu erkennen und den Beweis dafür, »daß sich das Leben aus dem Ganzen zurückgezogen hat und im Kleinsten luxuriert«. Was Nietzsche fehlte, war das rhythmische »Überspannen« der Gegensätze. Ende August 1888, mitten im »Allegro feroce« der Arbeit an den letzten Werken, erklärt sich Nietzsche noch einmal in Sachen Riemannsche Theorie, indem er auf die antike Metrik zurückgreift. Was seiner Meinung nach Riemann fehle, sei die Einsicht in den Tanz als Ergebnis aller Rhythmik. Im Tanz, so Nietzsche, hätten die Griechen die »rhythmischen Einheiten *mit Augen*« g e s e h e n.

Nietzsche schließt mit einem platonisch-sokratischen Argument: »*Rhythmus* im antiken Verstande ist, *moralisch und ästhetisch*, der *Zügel*, der der Leidenschaft angelegt wird.« Er impliziert dabei, daß Wagner in seiner Musik eben diese »Zügel« abgeworfen habe. »*In summa*: unsere Art Rhythmik (jene der Wagnerschen Décadence, R. G.) gehört in die Pathologie, die antike zum ›Ethos‹ …«

Bedenkt man Nietzsches Argumentation, dann zeigt sich, daß ihn Riemanns Theorie *philosophisch* nicht befriedigen konnte. Die Rhythmus-Theorie, die Nietzsches Bedürfnissen entsprochen hätte, verbarg sich in Schellings nachgelassener *Philosophie der Kunst* (1859). Aber Schelling, den Nietzsche einmal einen romantischen »Verführer« genannt hatte, dann wieder einen Falschmünzer und »bloßen Schleiermacher«, ihn verkannte er in der Philosophie ebenso wie Schumann in der Musik. Schelling hätte ihm sagen können, daß der Rhythmus »die Musik in der Musik« sei, das aus Bewegung entstehende Ganze oder genauer: die Bewegung, welche die Teile zum Ganzen zusammenbringt.

Doch für Nietzsche war ab September 1888 das Thema »Rhythmus« und »Phrasierung« endgültig abgetan. Brüsk formuliert er jetzt seine Antipathie gegenüber solchen Problemen: »Was hat meine etwas ernsthafter ausgefüllte Existenz mit solchen absurden Fragen wie ›Phrasierung‹ zu tun!« Und Carl Fuchs, der befreundete Musikdirektor der Stadt Danzig, mit dem er sich bislang über Riemann und Metrik ausgetauscht hatte, bekommt zu lesen, daß Briefe über Phrasierungsprobleme nicht länger an den »Philosophen der Umwerthung aller Werthe …« adressiert werden dürfen.

Eines freilich änderte sich bis zuletzt nicht: Nietzsche will der Musik »zugehören«, der Opernwelt Puccinis, notfalls Glucks, er möchte mit einem Künstler »verwechselt« werden, »stille Musik« will er hören und dann und wann Jacques Offenbach. Und doch kam für ihn alles darauf an, als *Psychologe* den »décadence-Charakter« der Musik seiner Zeit zu entlarven. Und warum? Weil Nietzsche nicht zulassen wollte, daß sich der Sokrates in ihm tanzend ganz um seinen Verstand bringt.

V

Wieder Weihnachten. Nicht in Tribschen, sondern in Turin, Via Carlo Alberto, Nummer sechs. Weihnachten 1888. Am Anfang jenes Jahres hatte die Veröffentlichung des zwölfteiligen Briefes *Der Fall Wagner* gestanden, am Ende lagen die Druckfahnen der »Aktenstücke eines Psychologen«, *Nietzsche contra Wagner*, auf dem Weihnachtstisch. Trotz aller Polemik, trotz sarkastischer Parodien und philosophischer Satyr-Possen war das »Tribschener Idyll« noch hörbar. In *Nietzsche contra Wagner* findet es sich als »Siegfried-Idyll« ausdrücklich von jeder Verurteilung ausgenommen.

Es war das Jahr vulkanischen Schaffens im Zeichen radikaler Selbstrevision. In *Ecce homo* hatte Nietzsche dafür die Form von vorwortartigen Kritiken seiner bisherigen Schriften gewählt. Vorreden waren ihm immer wichtig gewesen. »Fünf Vorreden zu fünf ungeschriebenen Büchern« hatte er einst Frau Cosima zum Geschenk gemacht, gedankliche Entsprechungen, wenn man so will, zu Wagners Vorspielen. Jetzt wurden jedoch aus den Vorspielen spannungsreiche Epiloge.

Seine bittersten Wagner-Polemiken schrieb Nietzsche an einem Ort, der Ende des 19. Jahrhunderts noch immer wie eine Residenzstadt des 17. Jahrhunderts wirkte, ein fürwahr »klassischer Ort«, wie er beglückt vermeldete: »An schönen Tagen weht hier eine reizende, leichte, leichtfertige Luft, in der die schwerfälligsten Gedanken Flügel bekommen ... ich habe bis heute noch nicht Carmen gehört! Beweis, *wie* ich mit mir beschäftigt bin« (im Mai 1888). In Turin gerieten Nietzsches Worte in einen Zustand eines permanenten *allegro furioso*. Was einst Hans von Bülow dem jungen Nietzsche geraten hatte, nämlich vom Komponieren abzulassen und »das Wort in dem Nachen, der Sie auf dem wilden Tonmeere herumtreibt, das Steuer führen« zu lassen, sollte sich jetzt geradezu dramatisch bewahrheiten.

Wagner, der »Cagliostro der Modernität«, der Schauspieler unter den Komponisten – Malwida von Meysenbug hatte mit dem Gespür einer »Idealistin« sogleich erkannt, daß es sich bei dieser Polemik *(Der Fall Wagner)* in Wahrheit um Nietzsches »Fall« handelte, um seine Unfähigkeit, Geschehenes anzunehmen. Die Invektiven gegen den toten Wagner, diese wütende Dekonstruktion des Künstler-Ideals seiner Jugend und Verhöhnung der Wagnerianer, sie trafen ihn selbst am meisten. An keiner Stelle im *Fall Wagner* zeigt sich dies deutlicher als in der »Zweiten Nachschrift«, als er sich eingestehen muß, daß es für ihn kein Entrinnen von Wagner geben kann, da es zu ihm keine wirkliche Alternative gibt: »A n d r e Musiker kommen gegen Wagner nicht in Betracht.« Nicht Brahms mit seiner »Melancholie des Unvermögens« (»er schafft n i c h t aus der Fülle, er d u r s t e t aus der Fülle«), und auch nicht im Ernst sein Protegé Pietro Gasto, alias Heinrich Köselitz mit seiner regressiv-traditionalistischen Musik, mochte in ihr auch noch so viel südliche *limpidezza* gewesen sein. Nietzsche konstatiert nichts weniger als das Ende der Musik im Werk Wagners. *Daran* verzweifelte er. Das vernichtende Urteil über Brahms, den »Meister in der Copie«, den Säulenheiligen aller Sehnsüchtler, ist ein rhetorisches Glanzstück. Denn indem er die potentielle Antithese zu Wagner lähmt, setzt er den dialektischen Prozeß außer Kraft, bevor er überhaupt wirken kann. Brahms kann somit kein Kontrapunkt zu Wagner sein, wie es die Hanslick-Schule wollte, sondern allenfalls eine »ganze Pause«, eine Leerstelle, wie überhaupt die Musik nach Wagner, so Nietzsche, allenfalls die ewige Melodie parodieren, aber ihre Décadence nicht überbieten könne. Das eigentliche Verhängnis dieser post-wagnerischen Musik: Sie muß sich immer erst auf diese Décadence einlassen, bevor sie (vergeblich) darangehen kann, sie zu überwinden.

Die Apotheose der Musik bestünde demnach in ihrer Selbstzerstörung, wie auch Nietzsche sein Philosophieren als die Selbstzerstörung der »Idee« Hegels auffaßte. *Das* ist der ernüchternde Paukenschlag, die unauflösbare Dissonanz am Ende dieses »musikalischen Denkens«.

Und Sokrates? Er *denkt* letztlich seinen Tanz zu Ende, zu »stiller Musik«, die Nietzsche so liebte, vielleicht zu jenen Sequenzen entschlackter Musik für vier Soprane, die Eric Satie in seinem Anti-Musikdrama *Socrate* (1919) verwendet hat, eine Musik, deren archaische Satzstruktur als höchstes Raffinement gerade noch Quinten- und Quartenparallelen zuließ, anspruchslos, prae-minimalistisch, eine Musik, die verhalten und doch spielerisch über sich selbst nachdenkt.

Über Tschaikowsky

Man spiele ihnen zum Tanz auf, den Hoffnungen und Illusionen. Im Walzer sollte sich die Idee des *perpetuum mobile*, der unaufhörlichen Bewegung, musikalisch verwirklichen. »Accelerationen« war das Motto, lustvolle Beschleunigung im Tänzerischen, bis hin zur erträumten Schwerelosigkeit. Im Walzer schweben über ein glänzendes Parkett, das bis zum Abgrund reicht.

Im Jahre 1864 komponiert ein an seinem Fach gescheiterter, aber kunstliebender Student der Rechte einen *Tanz der Mägde*, womöglich auch um seinen Ärger über das ungeliebte Studium zu überspielen. Freunden gelingt es, das Stück dem bei St. Petersburg gastierenden Walzerkönig Johann Strauß zuzuleiten; ihm gefällt die Komposition dieses gewissen Pjotr Ilyich Tschaikowsky, und er führt sie auf in einem seiner Konzerte. Tschaikowsky wird sie fortan nicht mehr aus dem Sinn verlieren, die Idee des Tänzerischen, die kreisende Welt des Walzers; doch sollte sich ihm bald eine Frage aufdrängen, die sich sein Zufallsmentor wohl nie gestellt haben dürfte: *Was* umkreist der Walzer?

Im e-Moll der gleichfalls 1864 entstandenen Orchester-Komposition *Gewitter*, mehr noch im c-Moll seiner ersten Konzert-Ouvertüre (1866) und seinem symphonischen Gedicht *Fatum* (1868) deutet sich an, was seine Musik umschwebt, was ihr Tanzen in seine Mitte nimmt: eine Bangigkeit und Angst, die jäh in ihm aufbrechen konnte, sein Sinn für das Doppelbödige und der später nur noch mühsam ablenkbare Blick auf das Grauen im Innern.

Tschaikowsky führte alle Formen des Tanzes vor, vom melancholisch-heiteren *Valse scherzo für Violine* (1877) bis zum überbordenden »Danse baroque« im letzten Satz der II. Orchestersuite (1883), dessen Bezeichnung »baroque« nicht im Sinne einer höfischen Tanzform, sondern im Gegenteil als Ausdruck einer in schierer Dynamik sich entgrenzenden Form gemeint war. In der Partitur findet sich der Vermerk: »Wilder Tanz«.

Als Satzbezeichnung nimmt Tschaikowsky den Walzer dann in der V. Symphonie auf, damit andeutend, daß er als Phase zur symphonischen Entwicklung gehöre. Zu denken wäre dabei auch an die »Valse des Fleurs« aus der *Nußknacker*-Suite, ein selten verspieltes Stück aus seinen letzten Schaffensjahren.

In seiner Ballettmusik, vor allem im *Schwanensee* (1875/76) wurde der Tanz selbst zum Akteur; er absorbiert die Handlung und führt sich selbst auf, seine Geschichte. Dieser Tanz ist auf der Suche – nach der idealen Bewegung der Tanzenden, der Liebe und des Todes. Sinnlichkeit tanzt hier mit Vergeistigung, das Trunkene mit dem Nüchternen.

Was ist die ideale Tanzfigur? Jene, die sich selbst transzendiert. Zwar wirkt kaum eine Musik abgespielter als Tschaikowskys Ballettkompositionen; Jahr um Jahr scheint sich der Zuckergehalt dieser Musik noch gefährlicher zu erhöhen. Und doch läßt sich dieser Komponist nicht verstehen, wenn man die Einheit mißachten würde, die besteht zwischen der Welt des *Schwanensees* und des letzten Satzes der *Pathétique*: Der See ist ebenso abgrundtief wie jener geheimnisumwitterte und mythenumrankte Schlußsatz der VI. Symphonie. Gleiches gilt für das *Allegro con grazia* ihres zweiten Satzes mit seiner von Eduard Hanslick verspotteten »unangenehmen Taktart« (einem für damalige Ohren ungewohnten $5/4$-»Walzer-Takt«) und dem heiteren Tanz der Gefühle im *Schwanensee*. Gehören sie nicht zusammen, die

Lust an der musikalischen Metamorphose, die in Tschaikowskys IV. Orchestersuite, den *Mozartiana*, zum Ausdruck kommt, und die burleske Verkleidungsfreude im *Nußknacker*, in dem wiederum der Tanz sich seine Rollen sucht?

Wie kaum ein anderer Komponist war Tschaikowsky verschiedenen existentiellen, künstlerischen Zerreißproben gleichzeitig ausgesetzt: Das Leichte, Spielerische in seiner Kunst (bereits von Zeitgenossen als »bloße Unterhaltung« kritisiert) und das Ernste, vom Schicksal Beladene widerstritten in seiner Musik; sein am »Westlichen« orientiertes Musikschaffen geriet in ständigen Konflikt mit seinem »russischen Bewußtsein«, seinem Willen, das große Erbe Glinkas anzutreten, es denen daheim zu zeigen, daß er es wohl aufnehmen konnte mit den »Novatoren«, den erzrussischen Komponisten Balakirew, Borodin, Cui, Mussorgsky und Rimski-Korsakow, die sich bereits 1857 in Petersburg zusammengeschlossen hatten, dem Todesjahr Glinkas, um als »Mächtiges Häuflein« (so die zehn Jahre später von dem russischen Musikkritiker Stassow geprägte Bezeichnung für diese russophilen Fünf) für die Idee einer wahren slawischen Musik zu streiten. Und da war Tschaikowskys privatestes Problem, das tragische Scheitern seiner Ehe mit Antonina Milyukova, einer Frau, die er in Verwirrung heiratete, er, der homoerotisch veranlagte Komponist, der sich nur in weibliche Kunstfiguren verlieben konnte, so im Frühjahr des Jahres 1877 in Puschkins Tatjana, die er mit Antonina zu verwechseln begann; so intensiv beschäftigte ihn die Arbeit an seiner Oper *Eugen Onegin*. Scham, Schuldbewußtsein, das Gefühl, in den entscheidenden Augenblicken des Lebens versagt zu haben, prägen die zerrüttete Biographie dieses nach außen hin so erfolgreichen, wenn auch bestän-

146

dig angefeindeten Künstlers. Den Slawophilen um Borodin war er zu kosmopolitisch, zu kraftlos, zu gehemmt, während die kritischen Stimmen des Auslands, allen voran Eduard Hanslicks und anderer Brahmsianer, Tschaikowsky mangelndes Formbewußtsein vorwarfen.

Längst ist von einer Psychopathologie dieses Komponisten die Rede und davon, daß das Wechselspiel zwischen zurückgestauten Motiventwicklungen und abrupten Entgrenzungsversuchen, das seine Musik prägt, einer »ins Musikalische transponierten Erfüllung sexueller Wünsche gleichkomme, die Tschaikowsky ihrer aggressiven Natur wegen nach Kräften aus seinem Bewußtsein verdrängt« habe (Henry Zajaczkowski). Das hört sich post-freudianisch plausibel an. Wie erklärt sich dann aber die Parallelität von Kompositionen jäher Stimmungsumschwünge und formvollendeter Ausgewogenheit im Werk Tschaikowskys? Stehen nicht die IV. Symphonie mit ihrem wechselvollen ersten Satz neben der ausgleichenden Kraft des Violinkonzerts? »Die Wogen werfen uns hin und her, bis die See uns verschlingt«, meinte Tschaikowsky zum »Programm« seiner IV. Symphonie, die seiner Seelenfreundin und Gönnerin, Nadeshda von Meck, gewidmet war. »Wir sehen«, so Tschaikowsky weiter, »daß das Leben ein dauernder Wechsel von dunkler Wirklichkeit und vagen Träumen vom Glück ist.« Sie gehören zusammen, die gespenstische Schlafzimmer-Szene in seiner Oper *Pique Dame* (1890), die jene Todesahnungen weiter ausmalen, die sich in der V. Symphonie (1888) Gehör verschafft hatten, und das gleichfalls 1890 komponierte Sextett *Souvenir de Florence*. Kennen wir dieses Nebeneinander von Elegischem und Ekstatischem freilich nicht schon aus Tschaikowskys erster Schaffenshälfte, vor jenem Schicksalsjahr 1877? In seinem dritten Streichquartett findet es sich in reichem Maße: zwei elegische Sätze, darauf ein heiteres Scherzo, das sich zum *Allegro risoluto* steigert, in dem sich die Instrumente zu überschlagen scheinen. Die Musik kann sich gewissermaßen nicht mehr fassen. Wirklich nur eine »ins Musikalische transponierte Erfüllung sexueller Wünsche«? Oder der Versuch, die Elegie in Tanz zu verwandeln, die Todesklage zu transfigurieren, bis aus ihr ein Lebensgesang werden konnte?

Kaum ein anderer Komponist hat sich so programmatisch der Aufgabe verschrieben, »das Leben« symphonisch zu fassen, seine Tragik und Erotik, das Entsagen und Glükken, wie Tschaikowsky. Im Oktober 1890 schreibt er an die Großfürstin Konstantin: »Ich habe übergroße Lust, eine grandiose Sinfonie zu schreiben, die den Schlußstein meines gesamten Schaffens bilden soll.« Ihr vermeintlicher Titel »Das Leben«. Aus ihr wurde schließlich die *Pathétique* mit ihren Umschwüngen, wie im Leben selbst. George Bernard Shaw bemerkte nach einer Londoner Aufführung dieser Symphonie im März 1894: »Tschaikowsky hatte eine durch und durch byroneske Macht, tragisch … über nichts zu sein.« Er kritisierte ferner die durch nichts vorbereitete Tragik dieser Symphonie, die unvermittelten Wechsel, denen er allenfalls »Unterhaltsamkeit« zubilligen wollte. Was dieser zynischste Musikkritiker seiner Zeit immerhin indirekt erkannt hatte: Tschaikowsky konnte, und das vergißt man allzu leicht, mit Stimmungen auch *spielen*; insofern ist der Vergleich mit Byron nicht ganz abwegig. Stimmungswechsel, wie sie uns im Werk Tschaikowskys begegnen, sind im wörtlichen Sinne interessant: der Hörer findet sich immer wieder *zwischen* den Stimmungen.

»Übergroße Lust, eine grandiose Sinfonie zu schreiben« – nichts könnte enthüllender sein als dieses Selbstbekenntnis.

Für die Beurteilung seiner Kunst zählt dieser Satz mehr als das ewige Rätselraten über sein Ende: Selbstmord oder nicht?

Wurde er erpreßt, weil einige seiner Gegner wußten von seiner Beziehung zu seinem Neffen? Wie weit ging diese Beziehung? Diese Fragen kann man getrost den Klatschspalten der Geschichte überlassen; vom ästhetischen Standpunkt sind sie irrelevant. Maßgeblicher ist dies: Die erotische Beziehung des Künstlers zu seinem Werk. Die *Lust* darauf, Tragik auszudrücken, ein Schicksalmotiv zu finden, Ergebung musikalisch umzusetzen, den Tanz zu wagen bis zur letzten Minute, dem letzten Takt vor dem Umschlag, dem Umschwung, dem Durchbruch ins Andere, Entgegengesetzte.

Tschaikowsky *liebte* den Stimmungswechsel aus künstlerischen Gründen, sosehr er an ihm auch im Leben gelitten hat. Er *wollte* den jähen Kontrast, stärker, häufiger vielleicht als andere Künstler, obschon der krasse Stimmungswechsel immer zu bedeutender Kunst gehört, im Werk Haydns, in Mozarts c-Moll-Fantasie oder die aus heiterem Himmel in die Elegien und Hymnen Hölderlins hereinbrechenden »Aber«, die kein vorangehender Vers vorbereitet hat.

Ein »neuer Einfall« bedeutete für Tschaikowsky »Seligkeit«, wie er eingestand. Das bedeutet: gleich welcher Einfall, eine Sequenz in Moll, ein abrupter Rhythmuswechsel. Der Komponist weiter: »In solchen Augenblicken vergesse ich alles und benehme mich wie ein Geistesgestörter. Alles in mir beginnt zu pulsen und zu beben: Ich gehe kaum eher ans Skizzieren, als bis ein Gedanke den anderen überrennt.« Dann korrigiert er sich sogleich (in einem Brief an Madame von Meck): »Was aus dem Gefühl heraus niedergeschrieben worden ist, muß nunmehr kritisch überprüft, ergänzt, erweitert und – was das wesentlichste ist – verdichtet werden, damit es den Erfordernissen der Form angepaßt wird.«

Dieses Spannungsverhältnis zwischen der Hingabe zum (musikalischen) Einfall und seiner (selbstkritischen) Korrektur, das Warten auf den inspirierten Augenblick und das formbewußte Abarbeiten dieses Geschenks hatte Tschaikowsky als beglückende Last empfunden. Sie machte ihn ebenso ruhelos wie die Qualen seiner intimsten Probleme.

Beständig pendelte er zwischen Provinz und Weltstadt, einmal Frolowskoe, dann Paris. Einmal Maidanowo, dann New York, Tiflis, Hamburg, Florenz. Einmal nirgendwo, dann die üppigen Saisonmonate in Moskau oder Petersburg, Wien, gewiß, trotz Hanslicks »Abschlachtung« seines Violin-Konzerts, Tirol sogar, grimme Wintertage auf Schloß Itter, und Leipzig natürlich, auch wenn es dort so bedingungslos »brahmste« wie in Hamburg und Wien, wo man sich längst nicht mehr wirklich um seine Musik kümmerte, sondern einem gewissen Pietro Mascagni zujubelte, der es immerhin zu einem Massenkonzert auf einem Wiener Sportplatz bringen sollte. Leipzig war anders, allein schon des Gewandhauses und des »genialen jungen Kapellmeisters Arthur Nikisch« wegen, wie Tschaikowsky in seinen »Erinnerungen« schrieb. Hier wollte er ankommen, obwohl der Geist Bachs ihn nur anschwieg und die Begegnung mit Brahms zu beiderseitiger Entfremdung geführt hatte. Leipzig zog ihn an, weil diese ganze Stadt aus Musik zu bestehen schien; ein Chor an jeder Ecke, in jedem Haus ein Instrumentalist.

Reisend besann er sich auf seine Aufgaben; in der Fremde wurde er russisch, in Rußland zum Mozartianer. Er entwirft Programme für symphonische Vorhaben, schließlich lebt er im Zeitalter der Programmusik; man will von ihm wissen, was genau sein »Andante cantabile, con alcuna licenza« *bedeute*. Und doch scheut er zurück vor einer musikalischen Programmatik, die sich in seiner Zeit, wie das Beispiel Richard Wagners belegt, zu einer ästhetisch-politischen Dogmatik verdichten konnte. Er zeigt sich als Anti-Wagnerianer, ohne taub zu sein für Wagners musikalisches Können; er versteht ihn als irregeleiteten Symphoniker, preist dessen *Faust*-Ouvertüre, das Vorspiel zu *Lohengrin* und den »Walkürenritt«.

Brahms warf er mangelnden Mut zum Risiko vor, den der »tiefe Deutsche« noch besessen habe, als er die erste Symphonie und sein erstes Klavierkonzert komponierte. Was Brahms fehle, so Tschaikowsky, sei die Farbigkeit des Lebens in seiner Musik, das Spielerische neben der Düsterkeit abgründiger Akkorde.

Diese Hinweise zeigen eine wichtige, allzuoft vernachlässigte Seite im Schaffen Tschaikowskys: seine ausgesprochen kritische Begabung. Seine Musikkritiken, auch wenn sie im wesentlichen nur den Zeitraum zwischen 1872 und 1876 umfassen, zeigen ihn als einen Musikschriftsteller von hohen Gnaden, der sich analytisch wie literarisch zu Wort melden konnte. Sein Bericht über die Bayreuther Festspiele (1876) steht der Schilderung einer George Eliot und der scharfen Ironie Nietzsches in nichts nach. Kontrast und Steigerung gehören auch in seinen kritisch-literarischen Bemühungen zu Tschaikowskys wichtigsten Stilmitteln:

»Ich schlenderte in der kleinen Stadt umher. Die Straßen waren von zahllosen Fremden bevölkert, die samt und sonders durch ihren unruhig suchenden Blick auffielen. Nach einem Weilchen hatte ich die sehr einfache Erklärung für die auf allen Gesichtern – bestimmt auch auf meinem – sich zeigende Besorgnis gefunden: Alle diese in den Straßen der Stadt nervös Umhersuchenden trachteten nach der Befriedigung des stärksten aller menschlichen Bedürfnisse, eines Bedürfnisses, das sogar durch den Durst nach künstlerischem Genuß nicht erstickt werden kann: sie suchten nach Nahrung.«

Belesen war Tschaikowsky. Literatur und Wissenschaft waren für ihn wichtige Quellen der Inspiration gewesen – für sein Lied- und Opernschaffen, aber eben auch für sein Verständnis vom »Leben«. Darwinistisch geradezu, wie er das Treiben in Bayreuth beschreibt; von einem »erbitterten Lebenskampf« (auf Kosten des reinen Kunstgenusses) ist da die Rede, ein Lebenskampf, den er auch auf Wagners Bühne zu erkennen glaubte, eine Auseinandersetzung auch zwischen Mythos und Geschmack.

Seine Bayreuth-Kritik, ein Schlüsseltext für Tschaikowskys Kunstverständnis, zeigt, daß er Wagner zum Vorwurf machte, das Volksliedhafte, Natürliche, Schlichte einer Volksdichtung durch seine Gesamtkunstwerk-Dogmatik vergewaltigt zu haben. Leuchtendes Gegenbeispiel war für ihn Webers *Freischütz* gewesen, in dem er eine unauflösliche Verbindung von Musik und Sprache, von Schlichtheit im Ausdruck und nachhaltiger seelischer Wirkung gesehen hatte. Der entscheidende Vorwurf gegen Wagner lautete, daß in seinen Opern die Libretti im Grunde überflüssig seien, da man die Arien ebensogut rein instrumental aufführen könne.

Was er jedoch in Wagners Musik am meisten vermißte, war das Schwebende, das er nur im Vorspiel zu *Lohengrin* finden konnte, das tänzerisch Sich-Verwandelnde. Statt dessen bot sie nur eine – in Tschaikowskys Ohren – starre Leitmotivik, vom Komponisten wechselvoller Suiten und

Serenaden geradezu peinlich gemieden. Für Tschaikowsky durften sich Motive nur in Form von Variationen wiederholen. In seinem Opernschaffen läßt sich ein anderes Prinzip erkennen: die Entfaltung »melodischer Kerngedanken«, Entwicklungen, die von einem »musikalischen Mittelpunktsimpuls« (van der Pal) ausgehen. Ihn »umtanzen« die Walzer, die Tänze im *Eugen Onegin* und in der *Pique Dame*; er ist das Schicksalhaft-Magische in seiner zu unrecht vergessenen Oper *Die Bezaubernde* und, ins Unbändige gewendet, in seiner »slawophilsten« Oper *Mazeppa*.

Zwischen Lyrischem und schierer dynamischer Kraft liegt dieser »Mittelpunktsimpuls«, über den die anderen nicht verfügten, weder Borodin noch Balakirew, für den er sich publizistisch eingesetzt hatte, weder der junge von ihm nachhaltig geförderte Anton Arensky noch der große Rivale Modest Mussorgsky. Am ehesten wird man diesen Mittelpunktsimpuls im Werk jenes Komponisten wiederfinden, der Tschaikowsky wohl am meisten verdankte: im Lyrismus Sergei Rachmaninows.

Tschaikowskys Musik: ein Dahinrauschen wie im b-Moll-Klavierkonzert, aber auch ein leises Sich-Versammeln wie in seinem Klavierzyklus *Die Jahreszeiten* (1875/6), in dem Tschaikowsky mit poetischen Zitaten von Puschkin bis Nekrasov seine Miniaturen quasi illustriert. Ihre Mitte ist – eben »übergroße Lust« zu schaffen, eine Lust, die, weil »übergroß«, immer auch ein Schmerz war.

Es lohnt, diese Musik weniger zu konsumieren, sie nicht nur zu hören, sondern mehr in sie zu horchen, einzudringen in diesen Tanz wunder Seelen.

Versuch über Richard Strauss

I

Über diesem Werk der fulminanten Auftakte und stillen Sequenzen glaubt man mit tönenden Lettern die Worte geschrieben zu sehen: »Noch einmal, aber auf ureigenste Weise.« Noch einmal alles wagen im Bereich der klassischen Musiktradition. Einen »neuen subjektiven Stil im Wesen der alten Oper« habe er schaffen wollen, eine »heitere Persiflage der Wagnerschen Diktion«, so bekannte Richard Strauss in seiner letzten Aufzeichnung vom Juni 1949.

Das war das Stichwort: ›Persiflage‹, Parodie. Strauss verstand sich darauf wie in diesem Maße wohl nur noch Thomas Mann, der gerade in jener Zeit mit Blick auf seinen Musiker-Roman *Doktor Faustus* bekannte, daß er im Stilistischen nichts mehr anderes als die Parodie kenne.

Noch einmal also wollte Richard Strauss auskosten, was die große Tradition an letzten Möglichkeiten bot, wollte dem scheinbar Vertrauten noch nicht Gehörtes, Unerhörtes abgewinnen; denn noch einmal galt es, den ganzen Menschen, das Leben in allen seinen Ausprägungen sichtbar, hörbar ins musikalische Werk spielen zu lassen, aber auch als Künstler noch einmal deutscher ›Grieche‹ zu sein, wie es Gluck und Goethe sein durften und wie es Beethoven gewesen war in den »Geschöpfen des Prometheus« oder in den *Ruinen von Athen*. Im Überkommenen suchte er, Richard Strauss, nach Neuem, dessen Ambivalenz er jedoch – zumindest zeitweise – zum Opfer fallen sollte.

Als er rekonvaleszierend im Jahre 1892 Griechenland und Ägypten bereiste, konzipierte er seine erste Oper *Gun-*

tram, las Nietzsche, um sich vollends vom Christentum zu lösen, und korrespondierte mit Cosima Wagner und Hans von Bülow, als wäre er beider ›natürlicher Sohn‹, bereit, zu neuen Ufern im scheinbar Bekannten aufzubrechen.

Schon früh komponierte Richard Strauss als Leser poetischer und philosophischer Werke, etwa von Lenaus *Don Juan* und Schopenhauers *Welt als Wille und Vorstellung*. Dort konnte er, wie seinerzeit Wagner, den Satz finden, daß die Musik das unmittelbare Abbild des Willens sei, des Willens zum Ausdruck. Entsprechend befaßten Strauss bis zuletzt alle denkbaren Formen menschlicher Expressivität – und das zu einer Zeit, als die Brechts und Adornos den Ausdruck aus ihrer Ästhetik zugunsten des bloß Gestischen verbannten. »Ausdruck ist unsere Kunst«, so hat Richard Strauss einmal sein künstlerisches Credo formuliert und ergänzt: »Ein Musikwerk, das mir keinen wahrhaften poetischen Gehalt mitzuteilen hat, natürlich einen, der sich eben nur in Tönen wahrhaft darstellen, in Worten allenfalls andeuten, aber nur andeuten läßt, ist für mich alles andere als Musik.« Das ist eine Aussage, die bemerkenswert eng mit Thomas Manns Versuch verwandt war, im letzten Teil des *Doktor Faustus* den humanen Sinn des Ausdrucks gegen die zynische Indifferenz mechanistischer Welterklärungsmodelle zu rehabilitieren.

Wie nun müßte eine Sprache gestimmt sein, um entsprechend ›andeutungsweise‹ etwas über diese Musik sagen zu können – über diesen Künstler, der beim Komponieren das Unwiederbringliche im Ohr gehabt zu haben schien? Diesem Unwiederbringlichen in der abendländischen Kultur nämlich hat er aufgespielt; ihm galt zeitlebens seine Sympathie.

Das Leben des Richard Strauss begann, als Ludwig II seinen mythischen Schwanenthron bestieg (1864), um sein antimodernes Märchen zu leben; es endete, als Atomwaffen als urgefährliche Phoenixe aus der Asche der Kultur stiegen, um weltweit, welch Paradox des an Paradoxen wahrhaftig nicht armen Jahrhunderts, den kalten Krieg zu sichern. Ein Künstlerleben, scheinbar wie aus dem Bilderbuch – erfolgreich, großbürgerlich und auf betont deutsche Art kosmopolitisch. Doch gerade dafür wurde er zeitlebens angefeindet, beargwöhnt, schließlich ins Abseits geschoben: Strauss mußte erleben, wie er zum Anachronisten erklärt und zeitweise zum bloßen Kunsthandwerker in Sachen Musik degradiert wurde. Das freilich begann 1911 mit dem *Rosenkavalier*, diesem Rokoko-Versatzstück in der Moderne. Als solches befand sich diese Oper in der Gesellschaft der *Rokoko-Variationen* Tschaikowskys und der auf Watteaus tändelnder Bilderwelt und Verlaines unzeitgemäßer poetischer Umsetzung aufbauenden Komposition *Masques et Bergamasque* von Gabriel Fauré. Im *Rosenkavalier* spielten Hofmannsthal und Strauss Versteck mit der Zeit. Sie parodierten die nostalgischen Sehnsüchte ihrer Zeitgenossen so lange, bis die Parodie in reinen Zauber umschlug.

Worum geht es hier? Hofmannsthal und Strauss zeigten, wie am Kraterrand der weltpolitischen Katastrophe eine Gesellschaft Selbstvergessenheit simulierte, damals 1745, angesichts der sich abzeichnenden Tragödie in Schlesien, dem grausigen Präludium zum ersten weltumspannenden Krieg, und 1911, als man längst erkennen konnte, daß das machtpolitische Vabanque-Spiel in Europa verheerende Konsequenzen haben würde. Diese scheinbare Unzeitgemäßheit auf der Bühne war in Wirklichkeit eine auch in ihrer Symbolik prägnante Zeitdiagnose.

Man hat polemisch über das Leben des Tonkünstlers

Richard Strauss gehandelt und es allzuoft auf dessen unbestritten zweifelhaftes, ihn kompromittierendes politisches Urteilsvermögen um 1933 reduziert, hat sein Werk gar auf angeblich faschistoides Gedankengut überprüft, wie zuletzt im Februar 1999 in Salzburg geschehen, als Christine Mielitz seine *Daphne* vor dem Hintergrund rollender Deportationszüge nebst Aufmärschen strammer Maiden und Burschen inszenierte. An Strauss laben sich gerne die Selbstgerechten, die Biographien im Stile von Gerichtsurteilen verfassen und Inszenierungen zur Urteilsvollstreckung werden lassen.

Wer aber war er? Was verkörperte er? Er hatte etwas von einem durch seine Kunst selbstnobilitierten bajuwarischen Landedelmann; war ein naturverbundener Weltbürger, der selbst seine Bergwanderungen mit Krawattenschleife bestritt; ein Dirigent, der Musik mit luzider Klarheit interpretierte, dabei den Stab halb wie einen Pinsel, halb wie ein Skalpell haltend; ein Künstler, der sich auf schlagfertige Antworten verstand, deftige Sprache und biedere Hausmannskost liebte und doch die subtilen Szenen eines Hofmannsthal ebenso subtil vertonte und sich danach von allem, auch von der in seinem inneren Ohr stets gegenwärtigen Musik, Karten spielend erholte. Wer aber will bei einem Künstler entscheiden, was an ihm Maske, was ›eigentliches Ich‹ ist. Der Künstler, gewohnt, Rollen zu entwerfen, kann schwerlich anders, als zum Chamäleon zu werden – im Namen des Werkes. Stefan Zweig hatte recht, dem Komponisten seines Librettos *Die schweigsame Frau* den ›sacro egoismo‹ zuzubilligen, den heiligen Werkegoismus, den unbedingten Willen zur Kunst, dem Strauss gerade 1933 durch seine Funktion als Präsident der Reichsmusikkammer irrtümlicherweise glaubte genügen zu können. In jenem verhängnisvollsten Jahr der deutschen Geschichte zeigte sie sich, die Ambivalenz des Neuen. Denn es war die von den National-sozialisten erzeugte »Aufbruchstimmung, die Erwartung des grundlegenden Neuanfangs auf allen Gebieten« (Lothar Gall), also auch auf dem der Kultur, eine Stimmung, die Strauss auch für die Sache der Kunst, der Musik nutzen wollte, ohne daß er, der im Grunde tatsächlich unpolitische Künstler, die ideologischen Voraussetzungen dieses ver-meintlichen Neubeginns wirklich geprüft hätte. War das ein Fall von Selbstüberschätzung oder Eigensinn, daß er wie die Großindustriellen der Weimarer Republik davon ausgegan-gen war, Hitler für seine Sache in Dienst nehmen zu kön-nen?

Was hatte er mit ›Ideologie‹ zu schaffen, mochte er sich gefragt haben. Hatte er sich im Ersten Weltkrieg etwa nicht pazifistisch verhalten – ganz wie Romain Rolland und Stefan Zweig – und das in so prononciert unzeitgemäßem Gegensatz zu der erdrückenden Mehrheit der Intellektuellen und Künstlerkollegen damals? War er nicht der Komponist des *Guntram*, den er später mit Fug als eine »Absage an den Collektivismus« bezeichnen durfte? Hatte er nicht in seiner Tondichtung *Ein Heldenleben* nachhaltig zum Ausdruck ge-bracht, daß das vermeintlich ›Heldische‹ nur in der Parodie genießbar ist? War *Till Eulenspiegel* nicht eine brillante Ver-höhnung autoritären Gebarens? Und daß weder die *Salome* noch *Elektra*, noch *Die ägyptische Helena* mit der nazisti-schen Ideologie auch nur das entfernteste zu tun hatte, war niemandem klarer als Goebbels. Die Annalen vermerken das Kuriosum, daß ein nahezu brotloser Braunauer An-sichtskartenmaler aus einem Wiener Männerheim mit gelie-henem Geld zur österreichischen Premiere der *Salome* nach Graz fuhr, woraus man diverse Schlüsse ziehen kann, die aber Strauss nicht betreffen. (Der Vollständigkeit halber sei betont, daß dieses Ereignis im Mai 1906 keineswegs nur von Vagabunden besucht wurde, sondern von der Elite des österreichischen Musiklebens, einschließlich Gustav Mahlers, dessen Wagner-Interpretationen an der Wiener Hofoper besagter Braunauer damals gleichfalls schätzte; auch der vielversprechende junge Adrian Leverkühn, alias ›Doktor Faustus‹, hatte nach dem Willen seines erzählenden Schöpfers, Thomas Mann, die legendäre Grazer Aufführung dieses »glückhaft-revolutionären Werkes« besucht. Weniger die »ästhetische Sphäre« als vielmehr die musikalisch-technische Leistung dieser Oper, das Vertonen eines Prosa-Dialogs, habe, so der Erzähler des *Doktor Faustus* den jungen Adrian angezogen.)

Was sind die Bilder, die wir von ihm haben, im Vergleich zu dem, was gleichsam hinter ihnen erzeugt, geschaffen worden ist? »Nervenkontrapunktik« nannte Strauss einmal das Geheimnis in der Musik am Ende der *Salome*, in Elektras Angstzuständen, im Traum der Kaiserin in *Frau ohne Schatten*. Oder vielleicht war es das, was Hofmannsthal in seiner Beethoven-Rede aus dem Jahre 1920 als die Fähigkeit des großen Komponisten bezeichnete, »das Unhörbare zu erhorchen« – und umzusetzen.

Musik, sagt man, sei ohn(e) Warum; ihr Wenn und Aber könne eine Synkope oder Pause sein. Aufgaben stelle sie sich selbst und löse sie durch Klangfolgen. Musik kenne keine Fragen. Und dennoch ist sie nicht autonom. Denn Dreiklang oder Dissonanz sind das Echo bestimmter Zeiterfahrungen. Das Intervall ist keine algebraische Formel; es abstrahiert nichts. Im Intervall bestimmt sich ein sinnlich-geistiges Verhältnis, so als stellte sich eine hörbare Beziehung zwischen dem musikalischen Material und der Phantasie her. Neben der Phantasie bezeichnete der späte Richard Strauss »Selbstkritik und Selbsterziehung, längeres Nachdenken und seelische Erregung« als die wichtigsten Mittel bei der Arbeit mit Tönen. Ihm falle zunächst ein Motiv oder eine zwei- bis viertaktige melodische Phrase ein, die er dann zu Papier bringe und sie dabei sogleich zur acht- bis sechzehn- oder zweiunddreißigtaktigen Phrase ausarbeite; danach gewinne sie dann »nach kürzerem oder längerem Abliegen« ihre »endgültige Gestalt«. Komponieren als ein Kultivieren von musikalischen Keimzellen.

Schweifen wir einen Augenblick ab, verführt von der feierlich-düsteren Stimme des Jochanaan aus der *Salome*, die da verkündete: »Es wird kommen ein Tag, da wird die Sonne finster werden wie ein schwarzes Tuch.« Schon allein aus astronomischen Gründen hatte Jochanaan recht und wird alle hundert Jahre recht behalten. Man denke an das Jahr 1842. In der sechsten Morgenstunde des 8ten Juli habe sich eine »namenlos tragische Musik von Farben und Lichtern« über den ganzen Himmel gelegt, so Adalbert Stifter über die von ihm mitten in Wien beobachtete Sonnenfinsternis. Ein »optisches Requiem, ein Dies irae«, das einem das Herz gespalten habe, sei gleichsam zu vernehmen gewesen. Und am Ende seines poetischen Berichts fragte er: »Sollte nicht durch ein Ganzes von Lichtakkorden [...] eben so ein Gewaltiges, Erschütterndes angeregt werden können, wie durch Töne? Wenigstens könnte ich keine Symphonie, Oratorium oder dergleichen nennen, das eine so hehre Musik war, als jene, die während der zwey Minuten mit Licht und Farbe an dem Himmel war [...].«

Aber wir haben inzwischen eine solche Musik. Und womöglich erklang sie im geistigen Gehör von nicht wenigen am 11. August dieses Jahres (1999), etwa der Beginn der

Alpensymphonie, etwas aus *Capriccio* vielleicht, etwas aus den *Vier letzten Liedern*? Richard Strauss, er kannte diese Stifter-Stelle, seine Anstreichungen belegen es, – war er nicht *der* Komponist subtiler Farbgebung in der Musik, der sich wie kaum ein anderer auf das Hervorbringen von Klangbildern voll tönender Schatten und spielendem Licht verstand?

Strauss *sah* musikalisch, ebenso wie er aus dem Blickwinkel des Tonkünstlers *las*. Davon zeugen Aufzeichnungen des Schweizer Musikkritikers und späten Freundes von Strauss, Willi Schuh, über deren gemeinsame Reise nach London im Herbst 1947. Strauss habe sich dort besonders gerne im Park von St. James aufgehalten sowie in der National Gallery und in der Wallace Collection. Vor Tintorettos *Entstehung der Milchstraße* stehend, habe Strauss »die gleiche Kühnheit im Verschmelzen des Realen mit dem Phantastischen« gefunden, die er in seinen eigenen sinfonischen Dichtungen für charakteristisch hielt. Wir wissen, daß in einer um 1900 geplanten Bildersinfonie Veroneses Gemälde *Santa Helena* gleichsam das Vorbild für das Adagio gewesen wäre; ein Hogarth hätte Modell für das Scherzo sein sollen.

Das *Parisurteil* von Rubens kommentierte Strauss seinem Begleiter gegenüber wie folgt: »Sehen Sie, wie der Pfau und der Hund einen Kontrapunkt zur Gesamtrichtung bilden? Das müßte man mit Celli und Bratschen instrumentieren.« Und das schimmernde Gold von Klimts *Danae* war für ihn verwandt mit seiner Instrumentierung der »Salome« gewesen.

Man verwechsle dergleichen nicht mit dem musikalischen Impressionismus eines Debussy. Strauss wollte in der Kunst noch einmal Zusammenhang, Versinnlichung des Geistigen,

Einheit von Konkretion und Abstraktion, vor allem aber: eine Deutlichkeit, die nicht überzeichnete, eine Transparenz, die nicht alle Geheimnisse preisgab. Er war ein Künstler der Gegensätze, der an die äußersten Grenzen der Harmonik gehen konnte, wie in *Salome* und *Elektra*, ohne sie jedoch ganz zu überschreiten. Mit Bezug auf Klytämnestras Traum in der *Elektra* konnte Strauss mit Fug sogar von einer »psychischen Polyphonie« sprechen, die er entwickelt habe. Es ist die Vielstimmigkeit der [Alp-]Träume, von der sich Klytämnestra nicht mehr lösen kann und die sich, wenn man so will, auf sie überträgt: Sie selbst wird wahnhaft polyphon. In Hofmannsthals Libretto beschreibt Elektra diesen Zustand, in dem sich ihre Mutter befindet: »Was sie ins Ohr dir zischen, trennt dein Denken fort und fort entzwei, so gehst du hin im Taumel, immer bist du, als wie im Traum.«

Es ist eine Tragödie, in der Hofmannsthal dem Komponisten unter anderem den Satz vorgibt: »Von den Sternen stürzt alle Zeit herab.« Dergleichen kompositorisch umzusetzen erforderte eine Synthese aus, um in der Bildersprache zu bleiben, Tintoretto und Goya. Daß Strauss zu solchen Synthesen fähig war, daß er scheinbar unvereinbare Gegensätze miteinander vereinbaren konnte, zeigt: Dieser Komponist verstand sich nicht nur auf Schattierungen, sondern auf Bühnenwirksamkeit. Seine Musik besteht aus, wörtlich verstanden, Klang-Figuren. Diese Klänge können Schemen sein, oder Schatten können zu Klängen werden. Wie immer man diese Klänge auffassen mag: In Straussens Musik hat der Klang in allen nur denkbaren Rollen seinen letzten großen Auftritt.

Seinen Klängen hatte er Rollen zugewiesen, ohne daß er deswegen sinfonischer Programmusiker gewesen wäre. *Till Eulenspiegel* ebenso wie die *Sinfonia Domestica* nicht anders als die *Alpensymphonie* haben diverse Motive, keine eigentlich festgelegten Programme, eher thematische Anklänge voll ironischer Pointierung. Ästhetische Fixierungen, gar nationalpathetische Musik im Sinne Smetanas oder Sibelius' hatte Strauss stets abgelehnt ebenso wie das Parteienwesen in der Kunst. Die Aufteilung hie ›Fortschrittspartei‹, dort ›Reaktionspartei‹ war ihm zuwider. Strauss äußerte sich selbst dazu wie folgt: »Ich kann nun denjenigen noch lange nicht einen Reaktionär nennen, dem Beethovens Eroica lieber ist, als eine schwache moderne sinfonische Dichtung. [...] Reaktionäre im unerträglichen Sinne sind für mich alle diejenigen, welche behaupten, weil Richard Wagner seine Dramenstoffe dem germanischen Mythos entnommen hat, sei es künftig verboten, Stoffe der Bibel zu entnehmen [...].«

An Straussens Äußerungen zur kompositorischen Theorie und Schaffenspraxis fällt hier wie auch sonst die Mischung von Unverbildetheit und schlaglichtartigem Reflexionsvermögen auf, das Einblicke in die Traditionszusammenhänge gewährt, in denen er sich tief verankert wußte. In Schillers Begrifflichkeit gesprochen: Strauss war ›naiv‹ und ›sentimentalisch‹ zugleich gewesen.

II

Von Verdi stammt das Wort: Die Rückbesinnung auf die Vergangenheit bedeute Fortschritt. Strauss dagegen schien kaum zu unterscheiden zwischen Rückbesinnung und Vorgriff. Auch wenn er einmal der ›Offenbach des 20. Jahrhunderts‹ werden wollte, blieb er stets der Komponist des Mythischen, einer Welt, aus der sich die Zeit zurückgezogen hatte.

Nicht erst durch Hofmannsthal wurden mythische Stoffe sein Schicksal. Schon früh hatte ihn Camille Saint-Saëns' Oper *Samson und Dalila* fasziniert, ein Gegenbild zum mythischen Werk Wagners, vor dem er nach eigener Aussage zunächst in des Wortes doppelter Bedeutung ›heillosen Respekt‹ gehabt hatte. Geradezu idealtypisch wird dieses Schaffen am Mythos in der Arbeit an der *Ägyptischen Helena* sichtbar. Strauss mochte zunächst eher die *Belle Hélène* Offenbachs im Sinn gehabt haben bei diesem Stoff als Goethes Helena-Akt im zweiten Teil des *Faust*, der wiederum seinem Librettisten, Hofmannsthal, wichtiger gewesen war. Was dann schließlich 1928 zur Uraufführung kam, war eine eigenartige Allegorie einer Frau, die zeitgenössisch *und* entrückt wirken sollte, mondän nach dem Vorbild des Modemagazins *Vogue* gekleidet, aber im Geiste der Antike empfindend. Die Strauss/Hofmannsthalsche Helena wurde damit zum Symbol einer Frau, die einer zerstörten Welt neuen Sinn abgewinnen kann.

Womit hatte sich die *Ägyptische Helena* im Jahre 1928 vergleichen müssen? Etwa mit Ernst Kreneks ›Jazz-Oper‹, einer Melange aus Puccini, Strawinsky, Wagnerscher Leitmotiv-Technik, Kaffeehausmusik und Mississippi-Rhythmik, von der politischen Rechten in Deutschland naturgemäß als »kulturbolschewistisch« gebrandmarkt. Die besagte Oper mit dem Titel *Jonny spielt auf* war ein beispielloser Erfolg mit über vierhundert Aufführungen an fünfundvierzig deutschsprachigen Bühnen allein in der ersten Spielzeit. Hofmannsthal nannte Kreneks musikalisches Kompilat Strauss gegenüber eine »musikalisch schwache Spieloper« und ihren Erfolg ein Zeichen kulturellen Verfalls. Er wollte nicht bemerken, daß Krenek mit dieser Nummernoper den musikalischen Betrieb seiner Zeit karikiert hatte. *Jonny spielt auf,* das war tatsächlich neuer Offenbach. Strauss wollte demgegenüber eine kosmopolitische Oper mit modischem Design und klassischen Duetten; irgendwo zwischen Moskau und New York sei seine *Helena* anzusiedeln, meinte ihr Komponist bei Gelegenheit. Aber bei allem vermeintlichen Modernismus bestand Strauss auf einer mythischen, der Verwandlung gegenüber offenen Oper. Gewiß, Dissonanzen wußte der Komponist der *Elektra* auch in der *Ägyptischen Helena* wirkungsvoll einzusetzen, und zwar dort, wo es galt, psychologische Irrungen klanglich plausibel darzustellen. Und polytonal wurde er an jenen Stellen, die von der zerbrechenden Welt des Menelaus handeln. Das entscheidende aber ist: Strauss setzte keine Dissonanzen, keine Atonalität ein, um ›modern‹ zu sein. Er gebrauchte sie, wenn ihre Verwendung inhaltlich zwingend wurde.

Die Frage nach der Dissonanz als Zeichen der Moderne hat ohnehin etwas Gezwungenes. Bemerkenswert ist in dieser Hinsicht der Satz des englischen Romantikers Samuel Taylor Coleridge: »Kein Klang ist dissonant, der vom Leben handelt.« Anders gesagt: Es macht keinen Sinn, bestimmte Ausdrucksformen absolut zu setzen und aus ihnen einen ästhetischen Verhaltenskodex abzuleiten.

Wer nach dem ›Modernen‹ bei Strauss fragt, wird es stets auch in der Art seines musikalischen Selbstbezugs finden. Er war Ausdruck ›sentimentalischer‹ Bedürfnisse und Form seiner Art der Selbstreflexion. Wenn ich eingangs vom Willen dieses Künstlers zum Zusammenhang gesprochen habe, dann meine ich damit auch das Netzwerk von musikalischen Selbstzitaten, das Strauss bis zuletzt gesponnen hat. Und dennoch stehen diese Selbstbezüge nicht nur für Subjektivität. Stefan Zweig schrieb über Strauss: »Mir sind viele große Künstler in meinem Leben begegnet; nie aber einer,

der so abstrakt und unbeirrbar Objektivität gegen sich selber zu bewahren wußte.« Zweig sprach von Straussens
»Sachlichkeit« in Fragen des eigenen Werkes. Von einem
›Pathos der Distanz‹ gegenüber dem eigenen Werk ließe sich
hierbei durchaus reden und auch das ins Spiel bringen, was
T. S. Eliot das »objective correlative« genannt hatte, die sich
objektivierenden Wechselbezüge von Thema und Ausfüh-
rung, Stoff und Form. Es scheint, als habe Strauss gerade
deswegen eigene musikalische Themen wieder und wieder
zitiert, um zu erproben, wie sie sich in anderer kompositori-
scher Umgebung entwickeln ließen, ein, wie man zugeben
muß, bemerkenswert experimenteller Ansatz.

Ein nicht veröffentlichtes Vorwort zur Oper *Intermezzo*
aus dem Jahre 1924 hatte Strauss mit folgender Bemerkung
eingeleitet: »Goethe empfiehlt einmal, daß jeder Mensch
seine Memoiren niederschreiben solle. Denn in jedermanns
Leben, meint er, finden sich Momente und Charakterzüge,
die in ihrer Einzigartigkeit es wert sind, in der Geschichte
der menschlichen Seele aufbewahrt zu werden. Wenn die
nachfolgende, höchst einfache bürgerliche Komödie«, gemeint ist *Intermezzo*, »auch kein Interesse für alle diejenigen
bietet, die auf der Bühne Zunft- und Fürstenhausdramatik,
Galgen- und Kirchhofsromantik suchen, so dürften die in
ihr dargestellten Charakterstudien einem gestimmten Zuhörer immerhin durch ihre Wahrhaftigkeit eine Teilnahme
abgewinnen [...].«

Bei aller ›Bürgerlichkeit‹ des Themas – Strauss hatte gute
Gründe, von »musikalischem Neuland« zu sprechen und
davon, daß die ersten Interpreten seiner Oper »künstlerische Pioniere« seien. Was Strauss als »Seccorezitativ mit
Orchesterbegleitung« bezeichnet hatte, war, anders ausgedrückt, eine Gesprächsoper, eine Zeit-Oper, die häusliche

und berufliche Querelen musikbühnenreif machte. Was Strauss in den Tondichtungen *Ein Heldenleben* und *Sinfonia domestica* bereits erprobt hatte, brachte er jetzt auf die Bühne: Motive seiner eigenen Lebenswelt. Musikalische Selbstzitate und Parodien bestimmen das *Intermezzo*, in dem auch das musikalische Thema der »ungeborenen Kinder« aus der Oper *Die Frau ohne Schatten* auftaucht, nicht anders deren Thema der streitsüchtigen Färberin. In einem Brief an Hofmannsthal vom November 1928 stellte er dem herkömmlichen Verständnis von Handlung das Prinzip Charakterschilderung entgegen, wie er dies im *Intermezzo* durchgeführt habe. Er hoffte auf »theatralisch etwas hochentwickeltere Menschen«, die *Intermezzo* besser zu würdigen verstünden als »die heutige Kinogeneration«.

Es verwundert nicht, daß der junge Paul Hindemith *Intermezzo* schätzte, nicht anders Arnold Schoenberg, der diese bürgerliche Musikkomödie immerhin neben *Elektra* und *Salome* stellte. Und warum? Weil er in dieser Gesprächsoper das Bürgerliche parodiert sah und hörte. Bei Strauss läßt sich nämlich auch die Literarisierung, sprich: Prosaisierung der Oper studieren. Er schuf Musikbühnenwerke, Opern, die sich quasi selbst aufführten und sich selbst vorführten. So wie er nach einer Aussage aus dem Jahre 1941 in seinem Ballett *Josephslegende* den Tanz nicht nur als Drama, sondern schlicht »als Tanz« – an sich darstellen wollte, so schwebte ihm eine Oper vor, die eine Art ›Oper an sich‹ sein sollte. Dieses ›an sich‹, war es nicht *der* eigentliche Antrieb hinter allem künstlerischen Schaffen gewesen, als es sich noch am sogenannten ›Absoluten‹ orientierte, dieser sehnliche Wunsch des Künstlers, das ›Wort an sich‹, den ›Klang an sich‹, das ›Gebilde an sich‹ zu suchen, zu schaffen? Dieser Prozeß schloß eine zunehmende Abstraktion im Kompositionsverfahren ein; Strauss bemerkte einmal, daß er nach der *Frau ohne Schatten* ohne Klavier zu komponieren begonnen habe. Diese Tendenz zur Selbstdarstellung des Opernhaften gipfelte in *Capriccio* und in der alten, neu gestellten Frage: Was kam zuerst, Wort oder Ton? Wer dient wem – das Wort dem Ton oder der Ton dem Wort? Straussens Formel lautete, so können wir seinem Schaffen spätestens nach 1924 entnehmen: das tönende Wort, der sprechende Ton. Stefan Zweig gegenüber hatte er einmal geäußert, daß er seine wichtigsten musikalischen Anregungen vom Wort empfangen habe. Aus Situationen und Worten, so Strauss, seien in ihm oft »spontan musikalische Themen« entstanden. Anders gesagt: In den Opern von Strauss bringt sich das Wort musikalisiert ins Gespräch.

Das sagt sich gattungsgeschichtlich so dahin: Gesprächsoper. Aber was signalisierte diese Form? Sie versuchte, das musikbereicherte Gespräch, das, mit Martin Buber gesagt, ›dialogische Prinzip‹, den Ich-Du-Bezug zu retten. Nicht umsonst betonte Strauss im Vorwort zu *Intermezzo* gerade diesen Aspekt des klassischen Erbes, die »Sorgfalt, mit der sich unsere großen Meister dem Dialog als Träger der Haupthandlung zugewandt haben«. Kern der ›Oper an sich‹ sei demnach das ›Gespräch‹ an sich, ein Ideal, das von den platonischen Dialogen bis zu Hölderlins Sehnsucht reicht, ein Gespräch zu werden, und, wie erwähnt zu Bubers Vorstellung, daß sich durch das Gespräch ein Humanum bilde, das im Ich-Du-Bezug gesichert werde und aufgehoben bleibe. So ist es folgerichtig, daß dieses Werk mit einem letzten Ich-Du-Bezug schließt, mit der Vertonung jenes Eichendorff-Gedichtes, das ein altes Paar ins »stille Land« eingehen läßt, Philemon und Baucis, wenn man so will, im Angesicht der trostlosen Tröstung des Unwiederbringlichen.

Im Werk von Strauss ist dieses künstlerische Interesse am Dialog das Gegenstück zum bloßen Selbstbezug. In keinem Fall kann davon die Rede sein, daß dieser Komponist nur den Publikumsgeschmack bedienen wollte, wie ihm dies unter anderem der junge Alfred Döblin in beißenden Glossen vorgeworfen hatte; dieser Publikumsgeschmack hatte sich schon längst am Revuehaften orientiert und nicht am Mythisch-Burlesken, am Restbestand des Klassischen, der Strauss so wichtig war. Eher ließe sich umgekehrt argumentieren. Strauss entwickelte, ja, kultivierte seit dem *Rosenkavalier* einen ebenso feinen wie tiefen Sinn für das Unzeitgemäße.

III

Diese Musik kennt kein Ausruhen, keine episch langen Sätze wie bei Bruckner oder Mahler. Aus ihr spricht das Nervöse, das bereits Nietzsche als Charakteristikum der Moderne identifiziert hatte, eine Nervosität freilich, die Strauss selbst fremd war und die er in konzentrierter Ruhe und mit großer Regelmäßigkeit hervorzubringen verstand. Es ist, man muß es wiederholen, viel Tumultuarisches in den Kompositionen von Strauss, viel mühsam gebändigtes Chaos, Aufruhr, anscheinend innere Rebellion, die aber nie in einen quasi politischen Appell umschlägt wie so oft bei Wagner. Jegliche Neubegründung des Politischen aus dem Geiste der Musik, die Wagner fraglos angestrebt hatte, lehnte Strauss ab. Er brachte statt dessen das Mozartische wieder ins Spiel. Den Wagnerschen Mythos erweiterte er ins Griechische. Daß Strauss die Opern *Friedenstag*, *Daphne*, *Capriccio*, aber eben auch *Die schweigsame Frau* und *Die Liebe der Danae* im Dritten Reich schrieb, jenseits aller musikpolitischen Forderungen des Regimes, daß er 1941 ein *Divertimento*

für kleines Orchester nach Klavierstücken von Couperin
komponierte, ist ein bedeutungsvolles, mehr als ein glaub-
würdiges Gegengewicht zu seiner Fehleinschätzung der politischen Verhältnisse im Jahre 1933. Von einer »Selbstnazi-
fizierung«, wie sie die Kultursoziologie für weite Teile des
deutschen Bildungsbürgertums um 1933 konstatiert hat,
war Richard Strauss weit entfernt gewesen. Auch in diesem Sinne war er ›unzeitgemäß‹, weil er die Ideologisierung
der Kunst als Schaffensbedingung des Künstlers nicht anzuerkennen bereit war. Vielleicht hatte der frühe Strauss
auch deswegen so vehement gegen programmusikalische
Konzeptionen polemisiert, weil er in ihnen Vorboten einer
kunstideologischen Verhärtung erkannt oder zumindest gespürt hatte.

Das ›Moderne‹ war für Strauss ein bestimmter Modus des
Hörens. Deswegen konnte für ihn Mozart zum Zeitgenossen des 20. Jahrhunderts werden. Er, Strauss, der patrioti-
sche Kosmopolit, hätte nicht leichthin von der ›Modernität
Mozarts‹ gesprochen, sondern eher von der Weltsprachlich-
keit dieser zugleich freudvollen und tieftraurigen Musik,
die – selbst auf der Bühne – immer auch intime Zwiesprache
ist und dabei ganz und gar problemabstinent zu sein scheint.
Strauss kommentierte dies wie folgt: »Probleme: das be-
liebte Schlagwort der immer Halbfertigen, gleichbedeutend
mit einer Sache, die nicht ganz gekonnt ist. Bei Mozart, zum
Beispiel, gibt es keine Probleme, oder man könnte sagen, sie
sind gelöst, bevor sie gestellt sind. Im übrigen bemüht sich
die Musik einer edlen griechischen Haltung, etwa in der Art,
wie Goethe die Griechen in seiner ›Iphigenie‹ vorgeschwebt
sind.«

Mithin war Strauss nicht angetreten, um musikalische
Probleme zu lösen, sondern um sie, mit Wittgenstein gespro-

chen, aufzulösen, und zwar im Werk; dabei vertrat er denn doch ein schlichtes Dogma in Kunstfragen: Am Werkbegriff und an der Geschlossenheit des Werkes hielt er unbedingt fest. So fällt auf, daß Strauss im Verhältnis ausgesprochen wenig Fragmente hinterlassen hat. Er arbeitete sein musikalisches Material aus, rundete ab, verwandelte es, reflektierte brieflich Szene um Szene einer entstehenden Oper. Gerade in diesem unablässigen Reflektieren seiner Kunst war er ein ›moderner‹ Komponist gewesen.

Was nun charakterisierte diese Kunst? Es war eine Kunst der späten Formen, eine Musik, die dem aus dem Klassischen vertraut Geglaubten noch einmal, ein letztes Mal, Unerhörtes zu entlocken wußte. Eine Kunst der Spannbreiten: von der frühen Dämonie der noch von Brahms inspirierten Vertonung von Goethes Hymne *Wandrers Sturmlied* bis zur geradezu apollinischen Tondichtung *Aus Italien*, von *Tod und Verklärung* bis zur schelmischen Leichtigkeit eines *Till Eulenspiegel*, vom mokanten antiheroischen Ton der sinfonischen Dichtung mit dem ironischen Titel *Ein Heldenleben* bis zur korybanthischen Welt der *Salome* und der dissonantischen Zerrissenheit der *Elektra*, der Alban Bergs *Wozzeck* beträchtlich viel verdankte. Expressivität und Sublimierung, Mokantes und Pathetisches, das Nervöse und Transzendierende, sie lagen im Werk des Richard Strauss von Anbeginn dicht nebeneinander. Da kündigt sich, wenngleich in rascherem Rhythmus, das Silberrosen-Motiv aus dem *Rosenkavalier* schon in der Vertonung der Uhland-Ballade *Tallifer* (1902) an. Und der Zyklus für Chor und Orchester nach Eichendorff-Liedern, *Die Tageszeiten* (1924), scheinen sich des *Rosenkavaliers* zu erinnern und bereits auf die *Vier letzten Lieder* hinzuweisen, auf jenes entsagungsvolle Lied *Im Abendrot*, mit dem sich das Abendländische in der Musik zu Ende singen sollte. Der späte Strauss schien es ins Resignativ-Melancholische zurückzunehmen, das lebensbejahende Verständnis von Verwandlung, wie es von Ovid und Goethe her bekannt war, in seiner ›Studie für dreiundzwanzig Solostreicher‹, den *Metamorphosen*, die nicht verklären, sondern klagen. Ich verstehe Titel und Untertitel dieser Komposition so: eine Etüde über das Elegische in der Verwandlung für dreiundzwanzig Vereinzelte, die sich zu ihrer eigenen Verwunderung noch einmal in die Lage versetzt sehen, ensemble zu spielen und auf diese Weise mit ihrer Entgeisterung über das Geschehene fertig zu werden versuchen.

Doch auch das Spätwerk kannte den Kontrast: die sublimierte Heiterkeit der Hornkonzerte und des Oboenkonzerts, Erinnerungen an den Vater, den Wagner-kritischen, von Wagner geschätzten Hornisten Franz Strauss, Erinnerungen an Mozart, an eine Südlichkeit, an das verlorene Arkadien, dem bereits seine Oper *Daphne* (1937) gewidmet war.

Es ist das Verwandlungsmotiv, das diese Oper mit jener späten Etüde teilt: Daphne verwandelt sich in einen Baum; sie will sich der Geschichte entziehen, aus der Zeit fallen, anders werden. Darin äußert sich die nie erfüllbare Ursehnsucht des Künstlers, das Vergessen-Können der Mitwelt um des gestalteten Ausdrucks willen. Es ist ein Schluck vom Trank Lethe, den Helena ihrem Menelaos im Vierten Gesang der *Odyssee* mischt, wann immer auf Troja die Rede kommt: die Utopie vom »Auslöschen allen Gedächtnisses«, wie Strauss dies in einem Interview über die *Ägyptische Helena* formuliert hatte. Das erinnert an Nietzsches Wort, dem zufolge der Künstler die »Untreue des Gedächtnisses nötig« habe, um nicht in naturalistischer Manier die Natur abzuschreiben, sondern umzubilden.

Wie jeder bedeutende Künstler hat auch Strauss in seinem Ausdrucksmedium versucht, ›Wirklichkeit‹ nicht nur als eine ›zweite‹, sondern als eine ›andere Natur‹ herzustellen. Es konnte sich dabei nur um eine verformte Wirklichkeit handeln. (Nur die traurigsten Fälle von Kritiker-Verstiegenheit konnten am vermeintlichen Naturalismus etwa der *Alpensinfonie* Anstoß nehmen und überhören, daß in dieser Symphonie der Aufstieg und das Verdämmern einer ganzen Kultur Musik geworden war – und das mitten im Ersten Weltkrieg!) Was die musikalische Verformung von Wirklichkeit beziehungsweise ihre symbolische Umdeutung für Strauss bedeuten konnte, veranschaulicht sein Kommentar zum hohen Pizzicato-G der Geigen in der *König-Lear-Ouvertüre* von Berlioz, das er mit einer im Kopf des Königs geplatzten Ader verglich, eine Aussage, die heutige Vertreter der »Musique concrète« gerne zitieren (wie etwa Helmut Lachenmann), um den vermeintlichen Unmittelbarkeitscharakter ihrer scheinbar abstrakten Musik zu unterstreichen.

IV

Soll man sie gegeneinander ausspielen, die verschiedenen Schaffensphasen im Leben des Richard Strauss, den sinfonischen Dichter gegen den Opernkomponisten, *Elektra* contra *Rosenkavalier*, die *Josephslegende* gegen das musikalisch vermeintlich reaktionäre Ballett *Schlagobers*? Wer so fragt, mißversteht den Gehalt dieser Kunst, die bereits in ihren Anfängen ein Ende ahnte, in *Tod und Verklärung* von 1890 den gefaßten, dem Vogellaut anvertrauten Ausklang von *Im Abendrot*, im Auf- und Abstieg der *Alpensinfonie* den Geist später Verwandlung.

Der Komponist der Gegensätze: Zum einen suchte er stets nach einem brauchbaren komödiantischen Stoff, an dem er seinen unbändigen Witz ausleben konnte, empfahl Hofmannsthal zur Anregung für ein solches Libretto Plautus oder das Sparta-Kapitel in Jacob Burckhardts *Griechischer Kulturgeschichte*, das von einer »späten, heruntergekommenen Kultur« handelte, die er im Juni 1918 für unbedingt zeittypisch hielt. Zum anderen wollte er, wie er wiederum Hofmannsthal sieben Jahre später schrieb, seine *Ägyptische Helena* im »reinen geläuterten Stile von Goethes ›Iphigenie‹ komponieren«. Gegensätze gewiß, die aber nie um eine Mitte verlegen waren. Nennen wir sie getrost eine »humane Mitte«, die Strauss mit der Frage nach dem Ausdruck des ›Menschlichen, Allzumenschlichen‹ umkreiste. Ob in Liedern, sinfonischen Chorsätzen oder Opernszenen, ›Ausdruck‹ bedeute, wie Gottfried von Einem im Jahre 1947 schrieb, die »Kongruenz von Worten und Tönen« zu einem einzigen Zweck: um dem Menschen sein Singen und Spielen zurückzugeben.

Die Frage nach dem Verhältnis von Wort und Ton, *das* zentrale Anliegen im Werk des Richard Strauss, ist demnach künstlerisch-symbolisches Zeugnis für *das* Kernproblem des Menschlichen: Wie verhalten sich die Formen seiner Expressivität zu jenen der anderen, der Mitmenschen? So ist es nur folgerichtig, daß sich gerade Strauss im Sommer 1945 Gedanken über den Sinn der humanistischen Bildung, über den Humanismus überhaupt gemacht hatte. Musik als Gegenstand des Studiums harmonischer und disharmonischer Verhältnisse sei, so Strauss, idealtypisch geeignet, sozialpädagogisch Wirkung zu zeigen.

Im Werk von Strauss, im *Capriccio* ebenso wie in den Liedkompositionen, halten Wort und Ton tatsächlich

Zwiesprache über solche Fragen. In besagter Äußerung über die humanistische Bildung, die damals von Sartre bis Heidegger, von Bruno Snell bis Karl Jaspers erörtert wurde, sprach Strauss von der Mozartschen Melodie als der Grundsubstanz des Humanen; er verglich sie mit Platons »zwischen Himmel und Erde schwebendem Eros«, ein Eros des Dialogs.

Strauss gebrauchte in jenem Sommer des Jahres 1945 sogar schon das Wort vom »Wiederaufbau der heute fast gänzlich zerstörten Kulturwelt«, was für ihn bedeutete: Wiedergeburt der Kultur aus dem Geist der Musik. Sein Beitrag dazu waren die *Metamorphosen*, das Oboenkonzert und die *Vier letzten Lieder*, Kompositionen ohne Opuszahl, gleichsam neben dem Hauptwerk als ›posthume Kunst‹ stehend und Letztes anerkennend. Es ist viel melodische Stille in diesen Werken, aber auch scheinbare Verspieltheit, etwa im Vivaceteil des Oboenkonzerts, das den *Till Eulenspiegel* erinnert. Vor allem aber prägt Abschied diese Kompositionen. Die *Vier letzten Lieder* sind, mit Hesses und Eichendorffs Gedichten, ein vierfacher Abschied, von den Jahreszeiten, von der Sinnenwelt, ja, von der Musik selbst, zumindest von jener Tradition, die mit Gluck und Haydn begann, die Mozart spielerisch überhöht, Beethoven abgründig vertieft, Schubert verzweifelt besungen, Schumann zerträumt, Wagner mythisiert, Bruckner sakralisiert hatte und die Brahms bereits verenden sah. Strauss hatte das kaum Denkbare tatsächlich geleistet: die Synthese dieser Richtungen; sie waren in ihm, das nördliche und südliche Gelände der musikalischen Landschaften, aber auch die melancholische Ironie eines Gustav Mahler, die dissonante Verzweiflung eines Alban Berg. Um in diesen in ihrer Schlichtheit, in ihrem emphatisch unzeitgemäßen Beharren auf der melodischen Form das Gemüt immer wieder bezwingenden, aber deswegen fast nicht mehr geheueren Kompositionen diese Tradition auszusingen, zu Ende zu singen, konnte Strauss gar nicht anders, als sich zu überleben. *Das* war der eigentliche Preis seiner in diesem Jahrhundert nahezu beispiellosen Künstlerschaft. Der für mich maßgebliche Unterschied zwischen Strauss und der Moderne ist dabei folgender: Strauss konnte noch an das Medium seiner Kunst, das musikalische Material glauben. Die Töne zerfielen ihm nicht im Gehör wie Hofmannsthals Lord Chandos die Worte auf der Zunge. Im Werk von Strauss erwies sich, daß das Klangmaterial des Klassisch-Romantischen noch tragfähig war, belastbar mit neuen Gewichten, währenddessen die Wiener Moderne daran arbeitete, durch kompromißlose Reduktion des Tonmaterials die Musik von vermeintlichem Ballast zu befreien, sie zu entschlacken, um ihr Überleben zu sichern.

Wir sind vom Credo des »Noch einmal« ausgegangen: Strauss war es somit ›noch einmal‹ gelungen, die verschiedenen Stränge der klassischen Tradition auf eigene Weise zu einem unverwechselbaren Tongewebe zu verknüpfen und diesem gleichzeitig den Ausdruck unstillbarer Sehnsucht einzuarbeiten.

»Mußte die wahre Musik erklingen, weil die Menschen sie am wenigsten verdienten, aber am meisten ihrer bedurften?« Das hatte Nietzsche in seinem furiosen Essay *Richard Wagner in Bayreuth* gefragt. Verhält es sich mit der Musik von Richard Strauss in unserer Zeit nicht ähnlich?

Strauss hatte in seiner Musik das Tonale einer unerhörten Zerreißprobe ausgesetzt; seine Musik hat diese Zerreißprobe bestanden, für uns zum unschätzbaren Hör-Wert. Deswegen kann es ihn weiter geben, seinen späten, um Hei-

terkeit werbenden Oboen-Ton, den unverhofften, wie eine
Erinnerung an die Natur klingenden Lerchen-Triller an der
Schwelle zum ganz Anderen, das aufscheint im Abendrot
einsam gewordener Empfindungen.

»... und Musik überstieg uns ...«

Zu Rilkes Deutung der Musik

> *Die Natur ist eine Äolsharfe – sie ist ein*
> *musikalisches Instrument – dessen Töne*
> *wieder Tasten höherer Saiten in uns sind.*
> Novalis, Aus dem *Allgemeinen Brouillon*,
> 1789-1799

I

Wie verstand Rilke, der »Musiker in Worten«, wie Ferruccio Busoni den von ihm verehrten Dichter nannte, den tönenden Urgrund des Seins? Und wie erschloß er ihn dichterisch? Die vielschichtige Antwort der *Duineser Elegien* und der *Sonette an Orpheus* kennt ihre Vor- und Nachgeschichte.

Zumindest in zwei Arbeiten des jungen Rilke finden sich Leitgedanken zum »Wesen der Musik«, die sich über die *Elegien*, die *Orpheus-Sonette* bis zu den mystischen Musik-Gedichten der Spätzeit hin, vielfach variiert, erhalten. Ich spreche von seinen Aufzeichnungen *Zur Melodie der Dinge* von 1898 und seinen aus dem Nachlaß der Lou Andreas-Salomé publizierten *Marginalien* zu *Friedrich Nietzsches »Die Geburt der Tragödie«* aus dem Jahre 1900. Von einer Grundmelodie ist im *Ding*-Essay die Rede, auf die das »Singen einer Lampe oder die Stimme des Sturms, ... das Atmen des Abends oder das Stöhnen des Meeres« bezogen seien. Eine Melodie des Hintergrunds, wie Rilke formuliert, in der »Dinge und Düfte, Gefühle und Vergangenheiten, Dämmerungen und Sehnsüchte mitwirken«. Entsprechend wird es schon in der *Ersten Elegie* heißen: »Sehnt es dich aber, so singe die Liebenden.« Und dieser Gesang des sich Sehnenden gehört, folgen wir dem Inhalt des *Ding*-Essays, zu einer jener Stimmen, die zusammen mit den Dingen »den vollen Chor ergänzen und vollenden«. Die Liebenden, die harmonisch Gleichgestimmten, befinden sich *in* dieser Grundmelodie, in der die Wortsprache überflüssig geworden zu sein scheint. Rilke schreibt: »Zwei Menschen, die in gleichem Grade leise sind, müssen nicht von der Melodie ihrer Stunden reden.« Zu wissen, daß man am Chor oder an der Melodie des Hintergrunds teilhat, verleiht dem Menschen »sorglose Sicherheit«. Die Geborgenheit in der Musik – für den jungen Rilke kann nur der Schrei, die verzerrte Musik, sie in Frage stellen.

Zwei Jahre nach der Niederschrift des Essays *Zur Melodie der Dinge* präzisiert Rilke in seinen Anmerkungen zu Nietzsches Tragödienschrift seine eigenen Vorstellungen über die Musik als den »großen Rhythmus des Hintergrunds«. »Die Melodie gebiert die Dichtung aus sich...«; diese im Zusammenhang mit dem Volkslied geprägte These Nietzsches greift Rilke zunächst auf. Im Volkslied, das Nietzsche im spätromantischen Sinn als »musikalischen Weltspiegel« charakterisiert, finde das Volk, nach Rilke, ein Gefäß, die Strophenform nämlich, das das vorhandene Sprach- und Melodiengut aufnehme. Rilke sieht demnach das Volkslied, anders als Herder, Brentano und Nietzsche, nicht als Urquell der Poesie, sondern bereits als eine – wenn auch quasi-natürliche – Form.

Übergangslos geht dann Rilke auf den »großen Rhythmus des Hintergrunds« ein, den er als Musik definiert. Sie, die Musik, die »freie, strömende, u n a n g e w a n d t e K r a f t«, wie er sie beschreibt, bedeutet für ihn den »freien

Überfluß Gottes«. Damit folgt er Nietzsches dionysischer Deutung der Musik als einer sinnlich-metaphysischen Wirklichkeit.

Im Gegensatz zu seinen eigenen Skizzen über die *Melodie der Dinge* löst Rilke nunmehr aber die Musik aus dem Dingbezug. Denn indem er das Ding als gebundene Schöpferkraft Gottes bestimmt, die Musik, den Rhythmus jedoch als eine durch die Erscheinungen nicht gebundene Kraft, wendet er sich von der Vorstellung einer dinghaften Vielgestaltigkeit der Melodie ab.

Daran schließt sich seine zu Beginn der *Marginalien* gestellte Frage nach der Ursache der Musik und Dichtung an; in diesem Zusammenhang beschränkt er sich nicht auf den Lyriker, auf die »musikalische Gemütsstimmung«, die Schiller bekannte; Rilke behauptet sogar, daß es die Musik, den »primären Rhythmus des Hintergrunds«, zu mißbrauchen hieße, wenn der Lyriker *vor* seinem Schaffen ihn erlauschen wollte. »Der Lyriker«, so lesen wir, »bedarf ja nicht der Musik, um zu schaffen, sondern nur jenes rhythmischen Gefühles, das schon nicht mehr des Gedichtes bedürfte, wenn es sich erst in Musik aussprächе.« Rilke weicht dort von Nietzsche ab, wo es ihm darauf ankommt, *hinter* die Musik zu gelangen, *hinter* die Ursachen der Tragödie. Dieser Gedanke bestimmt ihn auch, wenn er behauptet, daß komponierte Musik »Verrat« an den Grundrhythmen sei. Ebenso wie das Ding einen Teil der göttlichen Schöpferkraft binde, nähme auch die konzertante Musik dem freien Überfließen der Urrhythmen ihre unverfälschte, reine Bewegung. Darin liege die Schwäche der komponierten Musik; Nietzsche nannte sie die unmittelbare Idee des Lebens, des ewigen Lebens, das die Tragödie beschwöre. Willig greift Rilke dann Nietzsches Beispiel des sterbenden Sokrates auf und baut es weiter aus. Sokrates verlangt in der Todeszelle nach Musik, seine Seele, sein Gefühl verlange nach ihr, wie Rilke meint. Die Logik des Sokrates habe sich zu Ende gedacht; Rilke versteht sein Verlangen nach Musik, sein Proömium auf Apollo als den eigentlichen Quell, der Sokrates die Kraft zum Sterben gibt. Musik als Verheißung: »... so ging er in den Tod wie in einen nächsten Tag, weil er fühlte, daß das der Tag der Musik sein würde.«

So überrascht es nicht, daß Rilke das Lebensdrama ästhetisch sieht: Musik sei es, besänftigt durch Handlung. Eines solchen Dramas hielt er Nietzsche für fähig; als Dichter hätte er den Versuch machen sollen, die »Auferstehung des Dionysus« zu besingen. Rilke erkannte, daß es Nietzsche in der Tragödienschrift nicht auf die klassische Philologie ankam, sondern auf Richard Wagner. »Der Zufall Wagner« habe schuld, beklagt er, daß Nietzsche seine Erkenntnisse zu einseitig in Wagners Dienst gestellt habe. Seine Aversion gegen Wagner wird Rilke nie verlieren.

Im unaufhörlichen Atem des Hintergrunds, im beseelten Kosmos sei die Ursache der Musik zu suchen und zu finden. Aber indem sie kompositorisch verwirklicht wird, schränke sie sich ein. Mit diesem paradoxen Résumé begegnet Rilke noch im Monat der Aufzeichnung der *Marginalien* der Musik, die zu seinem ersten großen Hörerlebnis werden sollte und seine Thesen auf die Probe stellte: Beethovens *Missa solemnis*. Und bezogen auf diese Aufführung in jenen Berliner Märztagen des Jahres 1900 spricht Rilke erstmals von der später so oft wiederholten Gefahr, die von der Musik ausgehe. »Laß dich von den Lauten nicht verleiten«, lautet eine Notiz zur *Missa*. Aber bald weicht seine Skepsis: im Tagbuch notiert er: »Gestern abend Beethovens Missa solemnis gehört. – Besonders herrlich fand ich den Jubel im

Credo und im Gloria. Die Erziehung zum Jubel«; und darauf folgt Rilkes bekanntes *Nach Beethovens »Missa solemnis«* überschriebene Gedicht mit dem Anfang: »Aus dem hohen Jubelklanggedränge, …« Mit Blick auf die *Elegien* greife ich nur zwei Zeilen dieses Gedichts heraus, die zeigen, wie selbst eine Musik, die zum Jubel erzieht, für Rilke mit dem Tragischen verwandt ist: »Von der Engel lichten Stirnen warfen / sich die Töne willig in den Tod«. Erklingen die Töne nur um den Preis, sich freiwillig dem Gesetz des Todes zu unterwerfen? Obwohl die Töne hier nicht bei den Engeln, jenen zwischenhaften Wesenheiten, verbleiben, wird sich erweisen, daß die Musik das Medium des »Hintergrunds« ist und die Engel seine Meister.

Zu einem eindrucksvollen poetischen Abschluß bringt Rilke seine Musikerlebnisse des Jahres 1900, das mit Fug auch sein »Musikjahr« genannt werden kann, mit dem hymnischen Gedicht *Reich mir Musik* vom November. Es spiegelt wider, was Rilke in seinem Bemühen um ein Verhältnis zur Musik erreicht hat. Noch ganz in der Gedankenwelt der *Geburt der Tragödie* heimisch, schildert er darin den Übergang vom apollinischen Traum in die Sphäre der dionysischen Musik. Das Unbekannte, das ihn aus dem Traum aufwachen ließ, soll ihm aufspielen, soll ihm Musik reichen wie einen Kelch Weines. Berauschend wirkt das Spiel, die gereichte Musik, auf ihn, aber nicht entgrenzend: »Und jeder wachsende Akkord hat Raum, / so groß zu werden wie ein großer Baum.« Was erst eingangs der *Orpheus-Sonette* zum Leitthema wird, die Baum-Metapher in Verbindung mit der Musik, findet sich hier vorgebildet; der Baum, »der seit Jahrhunderten schon steigt und rauscht«, wie das Gedicht mythisiert, erinnert in seiner formgebundenen Vielgliedrigkeit, aber auch in seiner Eigenschaft, den

Wind klanglich umzusetzen, an ein musikalisches Werk reiner rauschender Natur; und selbst dieses naturhaft musikalische Werk des Baumes kann nur *eine* von »tausend Auslegungen« der universalen Melodie sein. Beim Hören von Musik kann sich die Identität des Selbst und der Dinge auflösen. Unscharf werden die Beziehungen des Vergangenen zum Gegenwärtigen, und erregt fragt Rilke in diesem Gedicht: »Ich weiß nicht, wer mein ganzes Leben spielt«. Deutet sich nicht schon in diesen Zeilen an, daß für ihn die Musik zu einem Spiegel der eigenen Existenz werden kann, zur Lebensmelodie?

Die Nacht erlaubt Musik: »Spiel! es ist Nacht«. Wohl verliert in der Nacht auch der Baum, die *eine* natürliche Gestalt der Musik, seine eindeutige Form; aber das meint nicht mehr als Nietzsches These, daß Form immer im Formlosen, das Apollinische immer im Dionysischen angelegt sei und umgekehrt. Ein Märchen erzählten wir, indem wir leben, behauptet Rilke, wiegten uns im schönen Schein der Gegenwart und der Geschichte, die sich als eine »überlange Sterbestunde« darstelle. Zeit ist elementare Form; zuweilen versuche man, sie erfolglos zu überspielen. In ihrer Entsprechung, im Raum, entfalte sich Musik; Rilke erklärt sie mehrfach wie auch hier zur Raumkunst, den bildenden Künsten verwandt, und bezieht sie somit nur mittelbar auf die Zeit. Das Gedicht endet klagend: »Es ist schon viel zu viel Nacht«, was nichts anderes besagt als: es ist schon viel zuviel Musik. Die nach Rilke ohnehin nur bedingt dionysisch-ekstatisch erfahrbare Musik braucht die Rückbindung ans Deutliche; mit einem prononciert sokratischen »was du w e i ß t« schließt folgerichtig das Gedicht, in dem sich Musikbegeisterung und -skepsis die Waage halten.

Das Raumhafte der Musik, wofür auch das Gedicht *Im*

Musiksaal steht, stellt erneut die Frage, was sich *hinter* der Musik befinde, und führt zur Spiegel-Metapher. Fliehe da auch ein Ton ins Ungefähre, ins räumlich Unbestimmte, wie Rilke in dem Gedicht *Sexte und Segen* (März 1907) annimmt, so kann er doch nur als raumbezogener Ton spiegelbar sein. »Ach, wer Musik in einem Spiegel sähe, / der sähe dich und wüßte, wie du heißst«; ähnlich versucht er den Duft in seinem gleichnamigen Gedicht mit der Musik zu identifizieren – beide durchtränken den Raum. Synästhetisch erschließt sich auf diese Weise die Symbolik der Sinneseindrücke. Etwa zeitgleich zu den beiden Gedichten schreibt Rilke an die Baronesse von Borutin, daß für ihn die Kunst Giorgiones von einer »immer ungeheuren Musik« sei. Doch was *hinter* der bildenden Kunst zu suchen sei, beschäftigt ihn nie. Vielmehr präzisiert er in einem Brief an die Fürstin Thurn und Taxis vom November 1912, was sich seiner Auffassung nach hinter der Musik verberge beziehungsweise was die »Rückseite der Musik« ausmache. Die »absolute Stille« sei es, »die hinter dem ›Klangmaterial‹« wohne und mitten durch das musikalische Kunstwerk hindurchgreife; aber diese Deutung kann nicht hinreichend erklären, was der Spiegel in bezug auf die Musik meint, auch nicht, wenn wir [mit Beda Allemann] die Musik und den Spiegel als eine »Metapher für das verborgene Wesen des Gedichts«, der Kunst schlechthin interpretieren.

Es verlohnt, sich wieder an Rilkes Beschäftigung mit der *Geburt der Tragödie* Nietzsches zu erinnern. Im fünften Kapitel steht zu lesen: »Jener bild- und begrifflose Widerschein des Urschmerzes in der Musik, mit seiner Erlösung im Scheine, erzeugt jetzt eine zweite Spiegelung, als einzelnes Gleichnis oder Exempel.« Nietzsche sieht den Lyriker als dionysischen Künstler »gänzlich mit dem Ur-Einen, seinem

Schmerz und Widerspruch eins geworden«; und er produziert so »das Abbild dieses Ur-Einen als Musik«; Nietzsche zieht daraus die Schlußfolgerung: »Das Ich des Lyrikers tönt also aus dem Abgrund des Seins.« Das hilft auch, den unvermittelten Übergang in Rilkes Gedicht *Aus dem Nachlaß des Grafen C. W.* vom gespiegelten Himmel (»in dem Glasdach der verdeckten Beete«) zu jener überraschenden Epanalepse »Musik, Musik, gesteh, ob du vermagst ...« zu verstehen; überraschend aber eben nur auf den ersten Blick: Der Urraum, der Himmel als der sichtbare Teil des Kosmos, spiegelt sich ausschnitthaft, und dabei assoziiert der Betrachter die Musik als die klangliche Entsprechung von Spiegelungen. Der kühnen Vereinigung von Schmerz und Widerspruch jedoch, die Nietzsche im Gefolge Schopenhauers in der schöpferischen Leistung des dionysischen Lyrikers verwirklicht sah, wird Rilke im tieferen Sinne nicht folgen: Im tränenschweren Schmerz und im »reinen Widerspruch« kristallisiert sich eine unlösbare Tragik.

Der in Musik gespiegelte Schmerz, die Rückseite der Musik, ihre Räumlichkeit, ihre Gefahr und »Unwirtlichkeit«, von der in der *Spanischen Trilogie* die Rede ist, täuschen über ihre Zeitlichkeit nicht hinweg. Doch fragt es sich, wie die Musik in ihrem Raumbezug von den raumhaften Dingen frei sein kann, wie dies Rilke postuliert hatte. Oder erweckt die Musik nur den Anschein, von den Dingen frei zu sein? Rilke gibt darauf eine recht komplexe Antwort. Mitte Dezember 1907 schreibt er wiederum an die Baronesse v. Borutin: »Gestern hörte ich Musik; Beethovens drittes Quartett mit Joachims letzter Geige. / Aber es war wie immer: Musik ist schon viel zu viel für mich: ein Jenseits; sie übersteigt alle meine Sinne.« In diesem Briefabschnitt stehen sie einträchtig nebeneinander, die Dingbezogenheit und

-abhängigkeit der Musik (»Joachims letzte Geige«) und ihre sinnliche Transzendenz; auch das »viel zu viel« des zweiten Beethoven-Gedichts klingt wieder an, die Unbewältigbarkeit der Musik. Dies legt nahe, daß Rilke die Musik mehr und mehr als einen dauernden Schwebezustand empfand, einen Schwebezustand zwischen Zeitlichkeit und Jenseitigkeit, zwischen Dinghaftigkeit und kosmischer Freiheit, zwischen ihrer kompositorischen Realisation und ihrer Verhältnislosigkeit.

Zu Beginn des Jahres 1918 trägt Rilke im Anschluß an ein Hauskonzert in München die folgenden Verse in ein Gästebuch ein:

An die Musik
Musik: Atem der Statuen. Vielleicht:
Stille der Bilder. Du Sprache wo Sprachen
enden. Du Zeit,
die senkrecht steht auf der Richtung vergehender Herzen.
Gefühle zu wem? O du der Gefühle
Wandlung in was? –: in hörbare Landschaft.
Du Fremde: Musik. Du uns entwachsener
Herzraum. Innigstes unser,
das, uns übersteigend, hinausdrängt, –
heiliger Abschied:
da uns das Innere umsteht

Ein elliptisches Gedicht mit komplexen Brennpunkten haben wir vor uns: die Musik in ihrem Zeit-Raum-Bezug als der Rhythmus des Statischen und als Sprache jenseits der Sprachlichkeit, und die Musik als unbewohnbare Ferne veräußerter Innerlichkeit; es sind die bekannten Pole, zwischen denen die Musik schwebt. Sie, die vertraut fremde, gewinnt eine Art sinnlich-transzendente Gestalt in der Metapher: »hörbare Landschaft« – eine Landschaft, die erreichbar (oder besser: erhörbar) ist durch das sich wandelnde Gefühl. Aber paradoxerweise »steht« die Musik als Zeit, als erfüllte Zeit, »auf der Richtung vergehender Herzen«; sie verleiht also dem vergänglichen Gefühl zeitlichen Ausdruck. Als »innigstes unser« übersteigt sie uns. Das Übersteigen der Musik, ihr sich dem Menschen Entziehen entsprechen dem Bedeutungsgehalt nach schon ganz dem Eingeständnis der *Siebenten Elegie*. Verglichen mit dem jungen Rilke des *Missa solemnis*-Gedichts geht der Gedanke des Übersteigens der Musik aus einer aufschlußreichen Umkehrung hervor:

> Aber diese Mädchen fühlen Alle,
> wie die Liebe silbern sie vereint,
> und sie reichen über Intervalle
> sich die Stimmen, licht und ausgeweint.

Soweit Verse des *Missa*-Gedichts. Die Mädchen, deutlich der sinnlich-naturhaften, von den Engeln unterschiedenen Ebene zugehörig, vermögen sich ihre eigene, musikalisch geläuterte Wesenhaftigkeit stimmlich über die Musik hinweg zu geben. *Sie* übersteigen die Musik, ihr Medium, da sie singend ihre Identität als Liebende gefunden haben. Sie wissen nichts von dem Befremden, das die Musik auslösen kann, nichts von ihrer Unbewohnbarkeit. Wenn jedoch die Musik »Atem der Statuen« sein kann, wie Rilke in dem Gedicht *An die Musik* knapp feststellt, dann bietet sich eine musikalische Deutung der Kunst an sich an. In den *Orpheus-Sonetten* wird er sie dann ontologisch vornehmen. Ein kleiner Schritt nur, wenn man bedenkt, daß Rilke der Musik ohnehin Überdimensionalität zubilligt: »riesig« wählt er als ihr Adjektiv.

Nach einem Hauskonzert entstand das Gedicht, ich erwähnte es bereits. Über den Hörer Rilke ist wenig greifbar. Die wichtigsten Aufschlüsse darüber geben seine vergleichsweise kargen Berichte über Aufführungen, die er besuchte. Eine beeindruckende Ausnahme macht seine Beschreibung einer Aufführung der *Matthäus-Passion* Bachs im März 1920; in einem Brief an Nanny Wunderly-Volkart gibt er eine ausführliche Kritik und geht darin insbesondere auf die Rolle des Evangelisten, des epischen Erzählers im Oratorium, ein und schließt ganz im Geist der *Marginalien*: »… dieses elementarische Zuviel Gottes hat so große Verwandtschaft mit der Natur der Musik.«

Rilkes besondere Gabe, Musik zu hören, bezeugt Helene v. Nostitz an zwei Briefstellen. So schreibt sie im November 1913 aus Leipzig an Rilke: »Schumann (ein Klavierlehrer) und ich warten immer darauf, Ihnen den ganzen Beethoven zu spielen und sprechen noch oft auch von Ihrem Zuhören, das viel gab.« Und wenige Wochen später: »Eben habe ich mit Schumann gespielt, auch Beethoven, und wir dachten an Sie und an Ihr schönes Zuhören.« Immer schwankte Rilkes schöpferisches Hören zwischen ehrfürchtiger Scheu und Überwältigung; im zweideutigen erfüllten und gefährlichen Singen des Liebenden und des »verborgenen schuldigen Fluß-Gott des Bluts« in der *Dritten Elegie* fand es besonderen Niederschlag.

Vom notvoll-sinnlosen, daher hypothetischen Schrei, vom verzerrten menschlichen Ton bis zum jubelnden Aufgesang »am Ausgang der grimmigen Einsicht«, dem harmonischen Lied, das der Engel Ordnungen preist, reicht der [musikalische] Spannungsbogen der *Duineser Elegien*. In der Engel Ordnungen erklingt reine Musik; dort entspricht sie deren absolutem Gesetz. Und dies führt zu einem Gedanken Rilkes, dem wir bislang nicht nachgegangen sind; die verführerische Macht, die Gefahr der Musik, hat ihre positive Gegenseite: die Musik verführt auch zur Gesetzesmäßigkeit, zur Ordnung, zum Gesetz selbst, wie er der Fürstin Thurn und Taxis in dem bereits erwähnten Brief aus Toledo im November 1912 schreibt. Und eine Notiz im folgenden Jahr besagt, daß von der Musik ein unendlich gesetzmäßiger Ausgang zu erwarten sei, womit der Spannungsbogen der *Elegien* bezeichnet ist.

Die sich hingebende Melodie der Geige in der *Ersten Elegie* gehört da ebenso zum Auftrag, der zu bewältigen ist, wie das Paradoxon, daß die eigentlich nicht zu deutende, unbewohnbare Musik für unsere heimliche Wohnstatt sorgt; denn nur in der *gedeuteten Welt* sind »wir nicht sehr verläßlich zu Haus«, dafür aber in der nicht gedeuteten, undeutbaren Welt der Musik.

Das gefährdete Ich der *Zweiten Elegie* singt den Engel an, schreit nicht mehr, sondern singt im Bewußtsein der tröstenden und helfenden, in Schwingung, in Musik umgesetzten Leere. Die andere Hälfte des Bewußtseins weiß jedoch, daß das Ich durch den Gesang die Engel, die »fast tödlichen Vögel der Seele«, herausfordert. Diese Ambivalenz, die Engel anzusingen trotz des Wissens um ihre Gefahr, um ihre schonungslose Wahrheit, die in ihnen ist, überträgt sich auf das künstlerische Medium, den Gesang. Oder macht der Gesang die Gegenwart der Engel erst erträglich? Unzweifelhaft besteht ein Unterschied darin, die Geliebte, den Fluß-Gott des Bluts zu singen oder die Engel anzusingen. Der Gesang wehrt keiner Erfahrung; so vielfältig das Dasein ist, ebenso vielfältig ist der Gesang, denn er ist das sinnliche Bild des Unsäglichen. Steht hinter dem Singen der Geliebten, dem reinsten Singen, das Apollinische, hinter dem Singen des Fluß-Gottes des Bluts das Dionysische Nietzsches? Und vereinigt sich im Ansingen der Engel beides? Nur zu offenbar geht in den *Elegien* diese Gleichung nicht auf. Denn Rilke verharrt nicht bei diesen Wechselgesängen; er hebt sie sogar letztlich auf. Dies ereignet sich in der *Sechsten Elegie* in Gestalt des Helden. Zunächst *geschieht* an ihm Musik gleich wie an der Geliebten; aber ihn können wir nicht singen. Dazu bedarf es des »plötzlich begeisterten Schicksals«, das ihn in den »Sturm seiner aufrauschenden Welt« singt. Das Motiv des Hörens, das in den *Orpheus-Sonetten* maßgeblich werden wird, klingt hier an. Den verdunkelten Ton des Helden, durch das Schicksal geschwert und dunkel gefärbt, können wir nur hören, zu singen ist er nicht. In ihm vernehmen wir den Ton seines Aufgangs, der Dasein ist. Sind wir dann aufs Hören verwiesen, wenn der Ton, die Musik zur ontologischen Qualität wird? Erst in den *Sonetten* beantwortet Rilke diese Frage.

Zu welcher ungeahnten Entfaltung ein einzelner Ton gelangen kann, veranschaulicht Rilke in der *Siebenten Elegie*; sie geht wiederum vom verzerrten Naturlaut, dem Schrei, aus, der wie in der *Ersten Elegie* hypothetisch bleibt: »zwar schrieest du rein wie der Vogel«. Und auf derselben Ebene findet der Schrei zu seiner gelösten Urform zurück, zum werbenden Singen des Liebenden; im werbenden Gesang erfährt die Geliebte den Liebenden. Aber der Gesang (der Ton) vermag erst entpersönlicht zu einem allgemeinen »Ton der Verkündigung« zu werden. Einem auftaktigen Kopfthema einer Sonate vergleichbar führt Rilke aus, was dieser Ton auslöst: den natürlichen Übergang vom Frühjahr zum Sommer:

> Erst jenen kleinen
> fragenden Auflaut, den, mit steigernder Stille,
> weithin umschweigt ein reiner bejahender Tag.
> Dann die Stufen hinan, Ruf-Stufen hinan, zum geträumten
> Tempel der Zukunft –; dann den Triller, Fontäne,
> die zu dem drängenden Strahl schon das Fallen
>   zuvornimmt
> im versprechlichen Spiel ... Und vor sich, den Sommer.

Die Symbolik des absoluten Tones, seine zukunfttragende Bedeutung läßt sich in der Literatur in dieser Form nur noch mit dem hohen g des Cellos am Schluß von Thomas Manns *Doktor Faustus* vergleichen, das hohe g, »der letzte verschwebende Laut, in Pianissimo-Fermate langsam vergehend«. Der wesentliche Unterschied zwischen diesen beiden symbolischen Tönen besteht jedoch darin, daß Rilkes Ton die organische »Entfaltung, Steigerung und Reife« meint, während das hohe g als tongewordenes Paradoxon, als ein überraschender Ton in der letzten Komposition Adrian Leverkühns verstanden wird, das in seiner absoluten Konstruiertheit eine organische Entwicklung ausschließt.

Die sich steigernde Stille in der *Siebenten Elegie*, die an die in Schwingung geratene Leere erinnert, wird zur Musik des Hintergrunds. Rilke vergleicht die Musik mit der Architektur, mit der Kathedrale von Chartres; anders als im *Brief des jungen Arbeiters* gelangt die Musik übersteigend aus der Kathedrale. Aber ob sie die Pfeiler und Wölbungen in Schwingung versetzt oder sie wieder verläßt, sie bleibt auf den Raum bezogen. Auffälligerweise sind Raum, Kathedrale und Musik zeitlich gleichgesetzt: das Großsein, die Bedeutungsfülle von Chartres und das Transzendieren der Musik liegen in der Vergangenheit, sind abgeschlossen und zur Erbschaft geworden: »Chartres w a r groß –, und Musik / r e i c h t e noch weiter hinan und ü b e r s t i e g uns« (Hervorh. durch d. Verf.). Das Hiersein, also die Umfassung des Seins und des Nicht-Seins, steht dem geschichtlich Gewordenen gegenüber, und beides befindet sich in dem Prozeß eines gegenseitigen ästhetischen Sich-Anverwandelns. Allein die Musik kann die Formen verlassen, hat sie verlassen, indem sie das existentiell Gebundene überstieg. Damit begann ihre Zukunft. Haben wir im Gesang an dieser Zukunft teil?

Daß die Musik das Wesenhafte übersteige, ist keine Metapher Rilkes, sondern der Spiegel seiner eigenen Erfahrung. Sie gilt ihm als das Jenseitige im Diesseits (erinnert sei an den zitierten Brief an die Baronesse von Borutin vom Dezember 1907). Der eingangs zitierte Aufsatz *Melodie der Dinge* legte nahe, den Zusammenhang von Diesseits und Jenseits als die Verbindung der Dinge mit der »Melodie des Hintergrunds« zu verstehen. Auch in den *Elegien* bewahrt die Beziehung zwischen Ding und Musik eine Schlüsselstellung. Wie gewiß es auch sein mag, daß der Engel in den *Elegien* immer in unmittelbarem Bezug zur Musik steht – in der *Neunten Elegie* ist es an uns, dem Engel die Welt zu zeigen, ihm »die Dinge zu sagen«. Die Dinge bilden einen eigenen geschlossenen Kosmos; er ist welthaft, aber in sich nicht ununterscheidbar. Zu ihm gehört auch die Geige, gehören die Instrumente; sie sind Dinge, die der Melodie des Hintergrunds auf besondere Weise dienen, um sie hörbar zu machen. Das Gestalt gewordene »klagende Leid« entzieht sich der künstlerisch-musikalischen Vergegenwärtigung durch das Instrument; es verbleibt jenseits der Geige und geht demnach unmittelbar in die Melodie des Hintergrunds ein. Doch ganz wie das Spiel der Geige in der *Ersten Elegie* ein Teil des Auftrags war, den der Mensch bewältigen soll, so bildet sich gerade auch aus dem unbewältigten Auftrag das Leid; das klagende Leid freilich ist der reinste instrumentlose Gesang des Daseins. Rilkes Bedenken, daß das Instrument die große, absolute Melodie verfälschen könnte, schwingt auch an dieser Stelle mit, die wie eine Aufforderung klingt: »Daß von den klar geschlagenen Hämmern des Herzens / keiner versage an weichen, zweifelnden oder / reißenden Saiten.« Wie läßt sich das reine, klar artikulierfähige Gefühl des Herzens ausdrücken, wenn sein Medium von solchen Bedingtheiten abhängt? Die aus »Übertonung gemachte Stille« und der »vergoldete Lärm« bleiben an Musik in der Leid-Stadt übrig. Aus dieser Stille bildet sich keine »ununterbrochene Nachricht« mehr. Die Stille ist falsch; der Lärm, das musikalische Chaos, wird zum seichten Ersatz für den reinen Gesang. Denn stets war in den *Elegien* vom menschlichen Gesang die Rede, der eben beides, das Reine und Seichte, in sich hat.

Erst der junge Tote gelangt in den »Bergen des Ur-Leids« zur wahrhaft absoluten Stille zurück:

Und nicht einmal sein Schritt klingt aus dem tonlosen Los

Der Mensch geht schließlich ins Stille ein, und nur das Totengehör empfängt diese stille Musik. Niemand, auch die Klage nicht, kann den einsamen Toten zum Ur-Leid begleiten, niemand außer der Stille, von der wir wissen, daß sie in Rilkes Verständnis mit der absoluten Musik identisch ist. Der Tote singt nicht sein Totsein; nichts scheint an ihm verändert außer seinem Gehör. Rilke bezeichnet es als »neu«; es ist das Organ der Stille und das einzige, was im Tod entstehen kann. Es nimmt die Stille wahr und ihre Doppeldeutigkeit; denn schon in den *Neuen Gedichten* deutet Rilke die Stille in *Die Insel der Sirenen* als »die ganze Weite« und als die andere Seite des Gesangs.

Anders verhält es sich in den *Sonetten an Orpheus*. Hier entsteht aus der Musik des Orpheus Schweigen, aus dem wiederum »neuer Anfang, Wink und Wandlung« hervorgeht. Damit ist das musikalische Thema der *Sonette* angeschlagen: die musikalische Metamorphose des Daseins oder die Wiedergeburt aus dem Geist der Musik. Daß die musikalische Verwandlung der organischen, natürlichen nicht entgegengesetzt ist, sondern nur ihre »andre Seite« zeigt, ergibt sich schon aus dem ersten Sonett: Der Baum, den die Musik des Orpheus in Bewegung gesetzt, zum Steigen gebracht hat, gelangt in unseren Wahrnehmungsbereich. Sein Rauschen, sein Bewegtsein durch den orphischen Gesang führen zur reinen Übersteigerung. Wie in der *Siebenten Elegie* vermag auch hier die Musik uns zu übersteigen; in Verbindung mit einem Ding jedoch, das durch sie selbst ins Steigen gerät. Vor dem, was wir nun tonlich vernehmen, tritt alles übrige schweigend zurück. Vor dieser reinen Übersteigung verstummen auch die natürlichen Instinktlaute der Tierwelt, das Brüllen, der Schrei, das Gehör. Natur und Musik sind, sich gegenseitig steigernd, eins geworden. Und diese mythische Einheit verkörpert Orpheus. (Bekanntlich reicht für Rilke diese Einheit bis ins Experimentelle; beredtes Zeugnis legt dafür sein Aufsatz *Ur-Geräusch* aus dem Jahr 1919 ab: der Stift eines Phonographen sollte der Kronennaht des Schädels nachfahren, so schlägt er vor; und die dabei entstehende Musik, ein anatomisch-ästhetisches Urerlebnis, bewiese die absolute Identität von Natur und Musik.)

Vieles spricht dafür, die *Sonette an Orpheus* als eine musikalische Auflösung der *Elegien* zu interpretieren. Orpheus, der Bruder des Linos (nach einer zweiten mythischen Version war Linos, der größte Musiker im griechischen Kosmos, ein Sohn Apolls, der ihn aus Eifersucht auf seine Kunst getötet haben soll), verfügt über die reine Schwingung – an Linos Statt im thematischen Anschluß an die *Erste Elegie* – die Schwingung, »die uns jetzt hinreißt, tröstet und hilft«. Seine Kunst ist dem Scheinproblem enthoben, denn Rilke weist ihr einen genauen ontologischen Ort zu: »Gesang ist Dasein«; und wir haben entsprechend unser Sein, uns selbst im Gesang zu finden. Das aber zwingt dazu, den Jubelgesang der *Zehnten Elegie* in Frage zu stellen: »lerne / vergessen, daß du aufsangst«. Entschiedener hat Rilke an keiner anderen Stelle der *Sonette* die elegische Apotheose der *Zehnten* zurückgenommen. Es drängt, nach den Gründen dafür zu fragen.

Was ist unser Aufgesang wert im Vergleich zu Orpheus' allumfassenden Melodien? Unser Gesang, selbst wenn er am geläuterten Ausgang einer schmerzlichen Entwicklung steht, jubelt und rühmt subjektiv; Orpheus dagegen singt die Dinge unmittelbar, versetzt sie in sympathetische Schwingung, so daß sie sich bewegen und steigen. Singend ist er im Dasein, singend ein weltlicher Gott und ein immer gegenwärtiger Mythos. In ihm ist Wahrheit und in ihr die Subjekt-

Objekt-Spaltung aufgehoben. Um Orpheus zu hören, müssen wir uns selbst völlig verstummen lassen; unser Gehör muß frei sein von uns. Erst diese Stille in uns kann sich Orpheus' Musik öffnen. Daß das begnadete Künstlertum, in dem sich Göttliches, Orphisches ausspricht, dem erhabenen, alles bewegenden Gesang gleichkommen kann, gesteht Rilke, als er der jungen australischen Geigerin Alma Moodie (1900-1943) in Muzot begegnet. In einem Brief an Nanny Wunderly-Volkart schreibt er ein Jahr nach der Niederschrift der *Sonette*: »Welche Geigenstimme, welche Fülle, welche Entschlossenheit. Das, und die Sonette an Orpheus; das waren wie zwei Saiten derselben Stimme. Denn sie spielte meistens Bach!«

»Ein Gott vermags«; und so folgen wir ihm durch die schmale Leier, da wir erkennen, daß wir in seinen Gesang müssen, um zu sein und um aus ihm wieder zu entstehen. Wir erfahren uns im Hören dieses Gesangs immer neu.

Das zweite Sonett weiß vom Weiblichen, von der reinen, unschuldigen Gestalt des Mädchens, das aus dem »einigen Glück von Sang und Leier« hervorging; es erfüllt den Schlaf, die Stille, die aber im Unterschied zur »Verschweigung« wie im ersten Sonett nicht aus sich heraus zu einer neuen Wandlung führt. »Sie erstand und schlief« – wenn Schlaf und Tod ununterscheidbar werden, dann fehlen die klar voneinander abgrenzbaren Entwicklungsstadien, die erst die Metamorphose ausmachen. Ohne das Todesmotiv gibt es keinen gültigen Gesang und keine ontologische Einheit, die Rilke im letzten Terzett der *Sonette* erreichen wird:

> zu der stillen Erde sag: Ich rinne.
> Zu dem rauschenden Wasser sprich: Ich bin.

Wiedergeburt und Schwanengesang – für Rilke umtönt die Musik beides. Orpheus' Gesang bewirkt nicht nur die Metamorphose, er, der Sänger ist ihr selbst unterworfen: »er kommt und geht«. Unverwechselbar verflucht Rilke den Orpheus-Mythos mit dem ägyptischen Osiris: der Auf- und Abgesang des Orpheus entspricht dem Anschwellen und Abnehmen des Nils, dem Osiris als Fruchtbarkeitsgott gehorcht.

Im Gesang übersteht Orpheus die Rosenschale, von der es in den *Neuen Gedichten* heißt, sie sei angefüllt mit »jenem Äußersten von Sein und Neigen«. Orphischer Gesang ist als Dasein auch eine Abfolge von Grenzsituationen; dazu gehört, daß Orpheus aus »beiden Reichen« erwuchs, aus dem Diesseits und dem Jenseits, aber seine mythisch-konkrete Wesenheit überwindet stets die metaphysische und ontologische Polarität, um ihr aufs neue wieder ausgesetzt zu sein. Und entsprechend lebt die Musik aus der reinen Spannung der Kräfte – das zwölfte Sonett preist sie als Lebensquelle.

Wenngleich die ontologische Metamorphose aus der Musik hervorgeht, wie wir im ersten Sonett sahen, vollzieht sich in der Sphäre des Musikalischen gleichfalls eine Entwicklung, ein Verwandlungsprozeß: vom reinen Gesang zur Bewegungsgestalt der Musik, zum Tanz. Somit ergeben sich in den *Sonetten* zwei Bewegungsqualitäten: die durch den orphischen Gesang bewegte belebte und unbelebte Natur und die selbständige Form des Mädchentanzes. Daneben steht das zweite große Motiv der *Sonette*, das des Hörens. Immer bleibt es wesentlich, die leiseste, unscheinbarste tonliche Regung zu vernehmen. Und was Rilke in der *Zehnten Elegie* mit dem »Totengehör« andeutete, findet im *Neunten Sonett* seine Entsprechung:

Nur wer mit Toten vom Mohn
aß, von dem ihren,
wird nicht den leisesten Ton
wieder verlieren.

Ums Leise, Verhaltene sorgt sich der Tanz nicht; das Tanz-
motiv ergibt sich aus dem sinnlichen Genuß: »tanzt den
Geschmack der erfahrenen Frucht« und aus einer Art Ele-
mentarmusik: »ein Stampfen ein Summen –«; dionysische
Momente bestimmen diesen Tanz der Mädchen nur ansatz-
weise. Mädchen, denen der Schlag nicht mehr alles ist,
sondern die spielerische, tänzelnde Anstrengung, mit der
»reinen, sich weigernden Schale« verwandt zu werden. Den
Geschmack zu tanzen, diese synästhetische Metapher deutet
nicht auf einen korybanthischen Tanz, sondern auf eine
Symbiose dionysischer und apollinischer Elemente.

So eindeutig sich der auf die Musik bezogene Metamor-
phose-Gedanke in den meisten Sonetten wiederfindet, so
fremd wirkt in dieser Hinsicht das *Neunzehnte Sonett*, dessen zweites Quartett die orphische Wandlung relativiert:

Über dem Wandel und Gang,
weiter und freier,
währt noch dein Vor-Gesang,
Gott mit der Leier.

Es läge nahe, den Gesang des Orpheus als die tonliche Dauer
im Wechsel zu deuten – zu goethisch, vielleicht –, aber das
Bekenntnis: »Wandelt sich rasch auch die Welt / wie Wol-
kengestalten, / alles Vollendete fällt / heim zum Uralten«
spürt merklich dem Beständigen als dem Urhaft-Mythi-
schen nach. So tönt im Vor-Gesang der Mythos, in dem alle

Entwicklung vorgesungen ist. »Einzig das Lied überm Land / heiligt und feiert« – damit schließt das Sonett und verdeutlicht, daß der »Vor-Gesang« gegenwärtig bleibt. Dies läuft nicht auf das apollinische »Erkenne dich selbst« zu, nicht auf die leidvolle Wirklichkeit, sondern auf die Identität der Zeiten im orphischen Gesang – jenseits der Metamorphose. Die Beständigkeit der orphischen Musik setzte sich letztlich auch gegen die Mänaden durch. Gerade im Schlußsonett des Ersten Teils, dem dramatischen Höhepunkt dieses Motivkreises, verdeutlicht Rilke dann, was genau er unter der musikalischen Metamorphose versteht: eine Musik, die sich die Natur anverwandelt, die sie bewahrt und überliefert: »während dein Klang noch in Löwen und Felsen verweilte / und in den Bäumen und Vögeln. Dort singst du noch jetzt.« Transzendenz und Metamorphose gehen ineinander über, wobei der mythische Gesang in der Natur zu einem Urphänomen wird, zu einer Landschaft. Die »hörbare Landschaft« des Gedichts *An die Musik* klingt wieder an, und beides erinnert an einen Gedanken Ferruccio Busonis: »Neben Beethoven ist Bach der ›Urmusik‹ am verwandtesten. Seine Orgelphantasien ... haben unzweifelhaft einen starken Zug von Landschaftlichem (dem Architektonischen Entgegenstehenden), von Eingebungen, die man ›Mensch und Natur‹ überschreiben möchte.« Das Naturhaft-Mythische, das Orphische, das auch Rilke in der Musik Bachs und Beethovens spürte, geht nicht in der Metamorphose auf, sondern der Wandel im Mythos. Für Rilke ist in den Wesen, in den Dingen Gesang als ihrem unwandelbaren Urphänomen, das es nicht zu schauen, sondern zu hören gilt. »Begabt mit Gehör« – darin liegt demnach die wesentliche Eigenschaft alles Seienden. Wenn der Gesang Dasein ist, und wir nur wahrhaft sind, wenn wir im Gesang sind, dann wird das Hören zur existentiellsten Vermittlung. Als Hörende und somit Seiende leben wir aus dem Orpheus-Mythos:

> Nur weil dich reißend zuletzt die Feindschaft verteilte.
> sind wir die Hörenden jetzt und ein Mund der Natur.

Wir verdanken uns letztlich den Mänaden, die Orpheus und seinen Gesang in Stücke rissen und dennoch seinem ordnenden Gesang unterlagen. Sinnliche Materie, die hörenden Steine, entstand; alle tragen wir Teile des Orpheus in uns, und alle Menschen zusammen ergäben Orpheus. Im Vor-Gesang, im Ur-Gespräch oder in der Ur-Musik finden die Töne ihre Identität und wir in ihnen. Ohne die Mänaden hätte Orpheus seinen Gesang bei sich behalten; so aber ergänzen sich das Orphische und Mänadische, das Apollinische und Dionysische zur sanglich-existentiellen Einheit.

Natürliche Rhythmen, in denen sich die unmittelbare, schlichte Musik ausdrückt, bestimmen den zweiten Teil der Sonette. Der Atem, wie ihn das erste Sonett sieht, schafft die Bedingung für die Metamorphose durch sein urrhythmisches Prinzip. Das orphisch-osirische »Stirb und Werde«, das »Wolle die Wandlung« werden zum kategorischen Imperativ der erneuerten Metamorphose-Konzeption. Einher geht damit eine prägnante Zusammenfassung seiner Musikdeutung, die über die *Sonette* hinausreicht:

> Worte gehen noch zart am Unsäglichen aus ...
> Und die Musik, immer neu, aus den bebendsten Steinen,
> baut im unbrauchbaren Raum ihr vergöttlichtes Haus.

Die Musik als Sprache des Unsäglichen ist »immer neu« der Ort der Metamorphose. Und ontologisch gedeutet, wäre für Rilke die Sprache nicht das Haus des Seins, sondern die Musik die Form des fließenden Gestaltwandels.

»Singender steige, / preisender steige zurück in den reinen Bezug«, fordert Rilke von Orpheus, und: »sei immer tot in Eurydike«. Während noch im ersten Teil aus dem Orpheus-Gesang ein Mädchen hervorging, das »entstand und schlief«, muß Orpheus singend in Eurydike sterben, um ihr Frieden zu schenken. Orpheus' reiner Gesang vermag zwar das Elementare zu bändigen, uns sanft zu stimmen; doch als Verkörperung der sanglichen Metamorphose bleibt ihm eine beständige Liebesbindung verwehrt. Er muß statt dessen »klingendes Glas« sein, »das sich im Klang schon zerschlug«. Seine Identität ist das Sein im Nicht-Sein und das Nicht-Sein im Sein; zwischen beidem vermittelt allein die Musik als verherrlichender Diesseits-Gesang und als – Schwanengesang. Selbst die Geschichtlichkeit des Daseins faßt Rilke klanglich: das Mythische, Orpheus' Sprechen ins schlafend hingelegte Ohr. Das Marmorohr wird zum selbständigen Organ, versteinert, gehärtet, aber bereit, den inneren Monolog der Erde mit sich zu vernehmen.

Stille als Musik, Dasein als Gesang, bedingt durch die natürlichen Rhythmen des Atems und gegliedert durch den »menschlichen Takt« der Arbeit, das versuchen die *Sonette* zum mythisch-wirklichen Besitz des Menschen zu machen. Jedoch »in Wahrheit singen, ist ein anderer Hauch«, eine Wahrheit, die den Wandel ausspricht: »geh in der Verwandlung aus und ein«. Im Gesang zu sein meint auch, im Prinzip der Metamorphose heimisch zu werden.

Zwischen dem mythischen Geschehen und unserer Wirklichkeit liegt die »unerhörte Mitte«, eine *terra inaudita*, in die die orphische Leier klingt. Dann setzen sich diese Klänge in Tanz um; und in ihm scheinen wir der Natur für Augenblicke überlegen zu sein. Überlegen gewesen, müssen wir sagen, denn die Kunst entzieht sich der Zeitlichkeit nicht. Orpheus' Gesang, der Gesang des absoluten Künstlers, ist im Laufe der *Sonette* zur Vergangenheit geworden. Auch der Prozeß der Vergeschichtlichung gehört zur Dauer. Das vorletzte Sonett vollzieht diesen Übergang. Gegenwärtig bleibt allein die Wahrheit des Gesangs: das Kommen und Gehen des symbolischen Künstlers in der Nachfolge des Orpheus, des kindlich-unschuldigen Tänzers. Doch die Tanzfigur, die musikalische Bildlichkeit, läßt sich nur für einen Augenblick astral verewigen. Reine Musik in reiner Bewegung – jede für sich genommen ist schon kaum zu bewältigen, zusammen überfordern sie im Tanz die Tänzerin. In Paul Valérys Dialogen *Eupalinous ou L'Architecte, précédé de L'Ame et la Danse* (1923), Rilkes letzte große Übersetzungsarbeit, wird in anderer Form dieser Gedanke der *Sonette* aufgegriffen. Athikte, die Tänzerin, scheint durch die Musik aus einem anderen Stoff hervorgeholt, aufgehoben zu werden, wie es die Umstehenden, Eryximachos, Phaidros und Sokrates gebannt erleben; »die Musik verwandelt ihre Seele«, so daß sie in der Bewegung aufgehen kann. Nach dem Tanz jedoch fühlt Athikte nichts mehr, weiß nicht, ob sie tot oder lebendig ist; sie weiß nur um ihren vergangenen Zustand: »Ich war in dir, o Bewegung, draußen, außerhalb aller Dinge …«, überträgt Rilke.

Endgültiges ist wortsprachlich über die Musik nicht auszusagen. Aber wenn Rilke nach den *Sonetten an Orpheus*, seiner musikalischen Daseinskonzeption, zu einer noch tieferen Musikdeutung vordringen konnte, dann läßt sich behaupten, daß er wie kaum ein anderer dem Wesen der Musik poetisch nahekam. In den letzten Monaten des Jahres 1925 findet Rilke in den Gedichten *Musik* und *Gong* nochmals zu einer neuen musikalischen Metapher, dem Gong. Der bekannte Entwurf des später ausgeführten Gedichts lautet:

> Gong
> Klang, nichtmehr mit Gehör
> meßbar. Als wäre der Ton.
> der uns rings übertrifft.
> eine Reife des Raums.

Zum erfüllten Raum weitet sich der Klang; im Gong löst sich alle konzentrierte Spannung der Stille; aber ist er auch der erlösende Schlag?

Wie Rilke diesen knappen Entwurf umgestaltet hat, gibt Aufschluß über seine neugewonnene Einstellung zum Hören selbst. Erinnern wir uns daran, daß die *Orpheus-Sonette* forderten, den Aufgesang der *Elegien* zu vergessen, um Orpheus zu *hören*. Hörend mußten wir uns in seinem Gesang finden und erkennen. Im *Gong*-Gedicht nun verliert auch das Hören seinen Wert. Was sich in dem eben zitierten Entwurf ankündigte, wird zur Gewißheit:

> Nicht mehr für Ohren ...: Klang,
> der, wie ein tieferes Ohr,
> uns, scheinbar Hörende, hört.

Die Zurücknahme eines der Kerngedanken der *Sonette an Orpheus* weckt Ratlosigkeit. Rilkes nie ganz überwundene Zweifel an der Musik überkommen ihn in den letzten Musikgedichten ungebrochen. Ob sich den *Entwürfen aus zwei Winterabenden* seine Vermutung entnehmen läßt, »daß die Musik hinklingender Minuten / unschuldig war, da sie uns rein betrog«, oder ob er das *Gong*-Gedicht bestürzt schließt: »unser, an Alles, Verrat...: Gong!« – es schwingt Verzweiflung an der letztlich unbewältigbaren Musik mit in diesen wahrhaft »trostlosen« Versen.

Aber im Klangraum des Gongs kann sich Zukunft entfalten: »Entwurf / innerer Welten im Frein ..., / Tempel vor ihrer Geburt«; aber die letzte Verdichtung der Musik im Gong trägt keinen »Ton der Verkündigung« mehr, dem wir in der *Siebten Elegie* lauschten. Der Gong erlöst nicht; er ist nur eine »Lösung, gesättigt mit schwer / löslichen Göttern ...« Das elementarische Zu-Viel des Göttlichen geht nicht im Gong-Schlag auf. Doch verläßt Rilke diese Reduktion der Musik wieder. Sein Gedicht *Musik* vom Dezember 1925 reflektiert noch einmal zusammenhängend seine Musikdeutung. Musik könnte unsere Erlösung sein, wenn sie uns dazu verhelfen würde, die Nöte, uns selbst zu »übersteigen«; aber sie übersteigt uns, läßt uns hinter sich zurück. Sie ist durch ihr Wesen erlöst, denn sie ist »von jeglichem Wozu / befreit«. Ob sie schläft oder wach ist, sie überholt uns in jeder Beziehung. Eine erschreckende Einsicht, daß die Musik, von der wir Trost erhoffen, an sie also einen Zweck herantragen, darauf nur dumpf antwortet. Wir müßten ihr gleichgestimmt sein, um sie in ihrer Reinheit zu vernehmen.

> Irgendwo steht Musik, wie irgendwo
> dies Licht in Ohren fällt als fernes Klingen ...

Für unsere Sinne einzig scheint das so
getrennt ...

Hatte Rilke Mühe darauf verwendet, die Räumlichkeit der
Musik aufzuzeigen, nunmehr scheint sie belanglos zu sein.
Unsere Existenz ist durch die Wahrnehmung des Ästhetischen gerechtfertigt. »Wie irgendwo dies Licht in Ohren
fällt als fernes Klingen« – offenkundig geht es nur darum,
das eingeschränkte Hören zurückzunehmen; die Aufteilung
und zu eindeutige Funktionalisierung der Sinne ist zu überwinden. Synästhetisches Empfinden und Wahrnehmen wird
der alles durchdringenden Musik allein gerecht: »Und was
hier Ohr ist ihrem vollen Strome, / ist irgendwo auch
Auge« – längst nichts mehr davon, daß die bildende Kunst
das Gegenteil von Musik sei, wie er einst mit Blick auf Rodin
an Lou Andreas-Salomé schrieb. Seitdem Rilke im persön-
lichsten Austausch mit Magda von Hattingberg an sich
erfahren hatte, daß Skulptur und Musik, bildende und tönende Kunst einander durchdringen, verließ ihn sein Bemühen um ungeteilte Wahrnehmung nicht mehr. Poetisch
spiegelt es sich in jenen synästhetischen Metaphern, auf die
wir im Zusammenhang mit der Musik mehrfach eingegan-
gen sind. Man fühlt sich an Novalis' Aufforderung erinnert:
»Man sollte plastische Kunstwerke nie ohne Musik sehn.«
Rilke löste sie ein.

Die sinnlich-metaphysische Wahrheit der Musik, die sich
im Überfließen des Göttlichen ereignet, kehrt in der französischen Entsprechung des *Gong*-Gedichts vom Frühjahr
1926 wieder, eine seiner letzten Äußerungen zur Musik
überhaupt. Aus dem Glutbach der eingeschmolzenen Götter entstehen die letzten erhabenen Töne:

Comme si l'on était en train
de fondre des Dieux d'airain,
pour y ajouter encore
des Dieux massifs, tout en or,
qui en bourdonnant se défont.
Et de tous ces Dieux qui s'en vont
en des flambants métaux,
s'élèvent d'ultimes sons
royaux!

Der dumpfe Gong verhallt nicht folgenlos. Rilke versteht jetzt das Überfließen Gottes wörtlich als seinen Schmelzfluß, der zu seiner Lethe wird, aus der Musik steigt und an der Götter Stelle tritt. Beinahe beschwörend klingt sein Ausruf, daß das Leben in diesen Tönen überlebe: »... la vie volumineuse, / est entrée dans ces sons et survit en ces sons!« Und dann, in seinem letzten Musikgedicht überhaupt, greift Rilke – wiederum in der Sprache, in der Baudelaire in seinem Musikgedicht von einer die Hoffnungslosigkeit spiegelnden Stille spricht – verzweifelt nach den schwindenden Tönen:

En musique seulement il y a de semblables surprises
quand au milieu d'une phrase trop indécise
monte le brusque sanglot d'un violon.
Ainsi dans un chant longtemps chargé de vie triste,
il se fit une place pour l'abandon
dont mon cœur était le soliste.

Auch das Unerwartete, das sich in der Musik ereignen kann, richtet sich auf die Klage, auf die Verlassenheit. »*Stirbt man am Rand der Musik*«, fragt Rilke schon in den Briefen an Benvenuta. Die ästhetische Linderung der bitteren Wahrheit entzog sich ihm. Rilkes Verhältnis zur Musik in den letzten Lebensjahren war nicht nur skeptisch, sondern erschüttert. Die Orpheus-Sonette waren Auf- und Abgesang zugleich, sie kosteten sein Vertrauen ins Hören, in die Musik.

Arme Spielleute

Improvisationen über
ein musikliterarisches Thema

I

Man hört sie in Métro-Stationen und Fußgängerzonen. Ihre Instrumente sind zumeist leicht verstimmt; ihre Erscheinung wirkt anstößig inmitten der smarten Passanten und polierten Passagen. Und doch rühren sie, die armen Spielleute, an einer Saite in uns, die ein schlechtes Gewissen gespannt hat.

Da leiern und krächzen sie vor Schaufenstern, in denen die neuesten Errungenschaften der *high-fidelity*-Technik ausliegen. Und sie, die mehr oder weniger verlumpten Musikanten, fiedeln weiter, halb blinde Anachronisten, ihrer schauerlichen Musik hörig.

Immer orgeln sie dieselben Lieder; mitzuteilen haben sie nichts mehr. Sie leben als Sozialfall im steingrauen Schatten der weisen fahrenden Sänger von einst.

II

Bereits in der Romantik sahen die Dichter im armen Spielmann einen im, paradox gesagt, Unbehausten seßhaft gewordenen Wanderer, eine Figur, die sich zur eigenen kümmerlichen Musik im Kreise dreht oder »barfuß auf dem Eise« hin- und herschwankt, wie Wilhelm Müllers Leiermann.

Goethe hatte diese befremdende Musikergestalt in die moderne Literatur eingeführt. Sein Harfner im *Wilhelm Meister* trägt die Grundmelodie vor, die fortan die »wunderlichen« armen Spielleute aufgreifen und (selbst-)quälerisch mehr weiterleiern denn variieren sollten.

Der Harfner verkörpert das Ungewohnte. Seine Herkunft liegt im dunkeln, und seine Bestimmung besteht darin, seine Einsamkeit zu ertragen. Nur wenn er singt, kann er Geselligkeit vortäuschen; aber seine Erscheinung, das »lange dunkelbraune Gewand«, das seinen »schlanken Körper vom Halse bis zu den Füßen« umhüllt, wirkt geradezu mönchisch. Allein sein Gesang bezeugt seine einstige Lebenslust. Doch auf seiner Harfe bringt er das Fremde zum Erklingen.

Nicht seine Virtuosität zählt; im Sechsten Buch des Romans, in den »Bekenntnissen einer schönen Seele«, sieht sich die »eitle Musik der Konzerte« sogar verworfen, da sie »allenfalls zur Bewunderung eines Talents« beitrage, ohne aus dem »tiefsten Sinne« zu tönen. Der Harfner vermag es, seiner Qual und Pein Ausdruck zu verleihen; darin besteht seine Kunstleistung, deren Natürlichkeit er betont: »Ich singe, wie der Vogel singt.«

Anders der Leiermann in der *Winterreise*. Längst vermag ihn die Natur nicht mehr zu inspirieren; sie verhält sich feindlich ihm gegenüber: »Und die Hunde brummen um den alten Mann.« Die eisige Winterwelt läßt ihn beinahe erstarren.

Er bedient sich keiner (ans Orphische erinnernden) Harfe, sondern eines mechanischen Instruments, der Drehorgel, auf der er nur Monotonie hervorbringen kann. Er dreht seine Leier aus Gewohnheit und Verzweiflung, aber auch, um etwas in Bewegung zu bleiben und nicht ganz zu erstarren. Die monotone Verrichtung seiner Tätigkeit hält ihn notdürftig am Leben; doch ihr Preis ist völlige Isolation: »Keiner mag ihn hören, / Keiner sieht ihn an.« Mit Ausnahme des Wanderers, der in diesem grausigen Leiern seinen Schwanengesang erkennt.

Wilhelm Müllers Wanderer hat auf seiner »Winterreise« vollendete Kunstlieder geschrieben. Nichts kann die Trostlosigkeit seiner Lage krasser ausdrücken als seine letzte Bitte an den Leiermann: »Willst zu meinen Liedern / Deine Leier drehn?« Freiwillig will er seine kleinen kostbaren Sprachkunstwerke in der Mühle des Leierkastens zermahlen lassen, weil er offenbar seinen Glauben an ihren und (seinen eigenen) Wert verloren hat.

Man muß schwerlich daran erinnern, auf welch unvergleichliche Weise Schubert dieses Gefühl der Trostlosigkeit in seiner Vertonung noch verstärkt hat. Weniger bekannt dagegen ist, daß sich auch Brahms in seinem letzten Kanon aus op. 113 dieses Leiermanns angenommen hatte. Er verwandelte dessen Leidensgeschichte jedoch in eine hymnische Klage für Frauenchor *a capella*, in der sich der Kummer des Alten zu transzendieren scheint, so, als sänge der Chorus mysticus den armen Spielmann in höhere Sphären, als erlösten Engel ihn von der Monotonie seiner kümmerlichen Musik.

III

Niemand verstand besser als Schumann, daß die Figur des Spielmanns einen ins Umnachtete entrückten Musiker darstellt. Und nicht zufällig verdanken wir Schumann das wohl unheimlichste Lied über das Los des Spielmanns, eine Vertonung des gleichnamigen Gedichts von Hans Christian Andersen.

In ihm spielt ein Musiker zum Hochzeitstanz auf, der in seinen Augen alsbald zu einem Totentanz wird; so gleicht »die Braut nur dem getünchten Tod«, was die ausgelassenen Gäste nicht bemerken, nur er, der Musiker, dem sie eigentlich versprochen war. Während er aufspielt und die Hochzeitsgesellschaft beobachtet wie ein Kunstliebhaber Hans Holbeins *Bilder des Todes*, »ergraut« er. Er erträgt seine eigene Musik nicht; sie scheint seiner zu spotten. Verzweifelt sucht er sich loszureißen: »Ich mag und will nicht länger es sehn!«

Ihm schwindelt; und doch rafft er sich auf und klagt diese vergnügungsselige Gesellschaft an, gewissermaßen stellvertretend für alle armen Spielleute: »Wer heißt euch mit Fingern zeigen auf mich?« Schumann schreibt an dieser Stelle einen »wilden« Ausdruck vor. Und die Begleitung schlägt von einem bislang eher verhalten in sich kreisenden *sforzato* unvermittelt in ein *fortissimo* um. Darauf folgt ein Gebet, von Schumann choralhaft untermalt: »O Gott, bewahr uns gnädiglich, / Daß keinen der Wahnsinn übermannt.« Und schließlich in Form eines *adagio* vorgetragenen, elegischen Finales die gleichermaßen lakonisch nüchterne wie traurig klagende Folgerung: »Bin selber ein armer Musikant.«

Der lyrische Erzähler dieser kleinen Ballade identifiziert sich mit dem Schicksal des im Musizieren sich an den Rand des Wahnsinns ver-rückenden Geigers.

Erlösen kann die Kunst in diesem Lied nicht; eher erweist sie sich als etwas Zwanghaftes, Schwindelerregendes, ja, als Verhängnis. Denn unabhängig von der Qualität seiner Kunst sieht sich der Musiker ihr völlig ausgeliefert; entkommen kann er ihr nicht.

IV

Auch Grillparzer legte seiner Künstlernovelle *Der arme Spielmann* diesen Gedanken zugrunde. Sie handelt von einem Künstler der Kunstlosigkeit. Was er auf seiner »vielzersprungenen Violine« vorträgt, »schien eine unzusammenhängende Folge von Tönen ohne Zeitmaß und Melodie«. Seine Nicht-Kunst beleidigt die Ohren des Kenners: »Ich stand stille. Ein leiser, aber bestimmt gegriffener Ton schwoll bis zur Heftigkeit, senkte sich, verklang, um gleich darauf wieder bis zum lautesten Gellen emporzusteigen, und zwar immer derselbe Ton, mit einer Art genußreichem Daraufberuhen wiederholt.« Das erinnert an eine Stelle in Ingeborg Bachmanns *Monolog des Fürsten Myschkin zu der Ballettpantomime ›Der Idiot‹*, wo es heißt: »... und auch dies ist Musik, / mit einem törichten Ton, / immer demselben, / einem Lied nachzugehen, / das uns ein spätres verspricht.«

In dieser Hoffnung auf ein »spätres Lied« lebt auch Grillparzers Spielmann. Entscheidend aber ist nicht die offenkundige Absurdität dieser Musik, sondern der Umstand, daß sich der Spielmann voll und ganz mit ihr identifizieren kann. Er *lebt* als Künstler, legt sich Notenhefte mit eigenhändigen Abschriften bestimmter Lieder und Solosonaten an, auch wenn er sie nicht angemessen interpretieren kann. Er übt seine »Kunst« wie ein »Exercitium« aus, als Religion – im Glauben an das Göttliche der Musik: »Sie spielen den Wolfgang Amadeus Mozart und den Sebastian Bach, aber den lieben Gott spielt keiner.« Keiner außer ihm, versteht sich; denn er geigt die zerrissene Melodie der Armen und Schwachen, der bei Gott Aufgehobenen. Was er spielt, trägt er »zugleich durch übereinstimmende Bewegung des ganzen gebückten Körpers« vor. Ein Musiker, buchstäblich mit Leib und Seele.

Der Erzähler, dessen Kunstverstand am klassisch-romantischen Repertoire geschult ist, betont besonders das »viel zu langsame Zeitmaß« des Spielmanns; dennoch beschäftigt ihn dieser kuriose Virtuose. Warum? Weil er herausfinden möchte, weshalb dieser Alte seine falsche Kunst mit dieser emphatischen Hingabe ausübt.

Als er den Spielmann dazu bringt, über sein Leben zu erzählen, zeigt sich, daß die Langsamkeit seines Vortrags ganz und gar mit einem entscheidenden Grundzug seines Charakters zusammenhängt: »Mich nannte man einen langsamen Kopf«, erklärt ihm der Spielmann, »und ich war langsam.« Grillparzers Spielmann entdeckt die Langsamkeit in der Musik; er *lebt* das Adagio und überträgt es auf die Musik, die er »spielt«.

Durch die Verlangsamung der Musik gelingt es dem Spielmann, mit ihr identisch zu werden, auch wenn er dadurch das Künstlerische preisgibt.

Grillparzers Spielmann kümmert sich weder um soziale noch um ästhetische Konventionen. Freimütig schildert er dem Erzähler die Stufen seines sozialen Abstiegs, die in den krassen Dissonanzen seines Improvisierens zum Ausdruck zu kommen scheinen.

Wichtig ist der Hintergrund, vor dem der Erzähler dem Spielmann zum erstenmal begegnet: Ein saturnalisches Volksfest in der Wiener Brigittenau, das den »Unterschied der Stände« für einen Tag verschwinden läßt: »Bürger und Soldat teilt die Bewegung«, Aristokraten und Beamte. Die Ständegesellschaft verwandelt sich in »eine wogende Menge«. Doch selbst diese scheinbar ununterscheidbare Menge kann den armen Spielmann nicht aufnehmen. Seine

kuriose Originalität bleibt auch während der Brigitten-
kirchweihe bestehen. Er könnte nicht wie Andersens Spielmann der »bunten Menge« zum Tanz aufspielen. Aber er
kann sich selbst, seine inneren Widersprüche und Sehnsüchte, ausdrücken, jedoch auf eine Weise, die nur ihm
verständlich ist. Darin zeigt sich der sonst so Schwache
kompromißlos. Das aber hat zur Folge, daß er als »Künstler« ästhetisch wie sozial kommunikationsunfähig ist; der
Wert seiner »Kunst« besteht allein in ihrer Kuriosität, ja,
Anstößigkeit. Sie ist die mit künstlerischen Mitteln hervorgebrachte Anti-Kunst schlechthin und die Perversion des
durch die Genie-Ideologie autonomisierten künstlerischen
Schaffensakts; und dennoch kommt ihr eine gewisse Bedeutung zu: als Entäußerung eines seelisch Zerrütteten, aber
Kunstgläubigen und als Provokation für Ästheten.

V

Dem Verhalten des Erzählers in Grillparzers Novelle läßt
sich die Aufforderung entnehmen, den Spielmann in uns
ausfindig zu machen, jenes entwurzelte Etwas, das uns gelegentlich bedrängt und uns ruhelos macht, jene monoton
eindringliche Stimme in uns, die dann und wann ganz uner-
wartet zu uns spricht, ohne daß wir sogleich begriffen, was
sie meint. Der Spielmann in uns ist ein Bote des Fremden, ein
schwer verständlicher Barde des Anderen, Entlegenen. Er
scheint uns jedoch zu mahnen, auch auf das Ungewohnte zu
hören.

Nur zu gerne ersetzen wir die karge Aura des armen Spielmanns, dieses Hungerkünstlers der Musik, durch jene seiner Gegenfigur, des Virtuosen und des Wunderkinds; ihm
hat Thomas Mann seine fraglos ironischste Künstlernovelle

gewidmet. Aber auf ihre Art sind sie beide, der arme Spielmann und der Virtuose, musizierende Wunderlichkeiten, so grundverschieden auch ihre künstlerisch-technischen Fähigkeiten und ihre Ambitionen sein mögen. Gilt aber nicht in gewisser Weise für beide, was der Kritiker in Thomas Manns kleiner Erzählung über das Wunderkind bemerkt: Es »hat in sich des Künstlers Hoheit und seine Würdelosigkeit, seine Scharlatanerie und seinen heiligen Funken, seine Verachtung und seinen heimlichen Rausch«?

VI

In der Literatur des 20. Jahrhunderts nahm sich jedoch nur der russische Schriftsteller Andrej Platonow des Motivs des armen Spielmanns auf nennenswerte Weise an, und zwar in seinen Erzählungen *Die Geige* (1939/40) und *Die Liebe zur Heimat oder Die Reise des Spatzen* (1950).

Platonows arme Spielleute müssen keinen Hunger leiden: der Musikstudent Semjon Sartorius (in *Die Geige*) lebt von einem Stipendium, und der »alte Geiger« (in *Die Liebe zur Heimat*) erhält vom Staat eine Rente. Dennoch fühlen sich beide »arm«: Sartorius, weil sein Instrument sich zu verselbständigen und zu musizieren scheint; der alte Geiger, weil er nach lebenslangem Musizieren feststellen muß, daß der Musik »etwas fehlte«, um ihn wirklich trösten zu können.

Die wichtigsten Episoden dieser Erzählungen ereignen sich am Sockel des Moskauer Puschkin-Denkmals am Beginn des Twerskoi-Boulevards, an einem Ort also, an dem die Erinnerung an den großen »Barden« Puschkin und gesanglose Gegenwart einander begegnen, wären da nicht die Musiker, die – wenn auch vergeblich – versuchen, die *Volksseele* wieder zum Schwingen zu bringen.

»Unerhörte Begebenheiten« tragen sich zu, die Platonows Spielleuten mehr zu denken geben als ihre Kunst: »Sartorius hörte den Gesang seiner Geige, als spiele sie ein anderer, nicht er, und wunderte sich darüber, daß von dem leichten Streichen des Bogens die ganze Luft ringsum erbebte, die Menschen aber keine Notiz davon nahmen.« Nicht Puschkins Geist inspiriert diesen Gesang, sondern, wie er später herausfindet, ein bestimmtes Material, mit dem die Geige gebaut worden ist, ein chemisches Abfallprodukt, das sich in Eigenschwingung versetzt. Wollte Platonow eine Hymne auf den musikalischen Materialismus schreiben? Mitnichten. Mit seiner Parabel zeigt er gerade das Gegenteil: Die Vergötzung der Instrumente und die Absolutsetzung der (virtuosen Vortrags-)Technik vermag zwar »Fensterscheiben, Wände, Kronleuchter und die leere Luft« zu bewegen, aber keine Herzen.

Der alte Geiger in Platonows zweiter Spielmann-Erzählung leidet weniger an seinem Instrument als vielmehr daran, daß er sich seinem Publikum entfremdet hat: »Am Abend saß der Musiker allein zu Hause; er spielte auf seiner Geige, aber keiner war da, um zuzuhören, und die Melodie klang schlecht in der Leere des Zimmers, sie rührte einzig und allein die Seele des Geigers, und das war zuwenig, oder aber seine Seele war verarmt vor Alter.«

»Verstanden« fühlt sich dieser alte Spielmann nur noch von einem Spatzen, dem er in den Herbsttagen am Puschkin-Denkmal aufgespielt hatte; kein Singvogel also, sondern ein allenfalls piependes Geschöpf dankt dem grauen Geiger sein Spiel durch seine bloße, aber beharrliche Gegenwart. Als er bei Wintereinbruch ausbleibt, sucht der greise Musiker die Gesellschaft einer noch musikferneren Kreatur: »Seit der Musiker mit der Schildkröte lebte, ging er nur noch ganz selten zum Puschkindenkmal. Jetzt spielte er jeden Abend zu Hause auf der Geige, die Schildkröte kam langsam in die Mitte des Zimmers, reckte den mageren langen Hals und lauschte der Musik.«

Wie jeder wirkliche Spielmann musiziert auch Platonows alter Geiger um sein Leben; er hat keine Wahl, ob er dabei nun grotesk wirkt oder nicht. Gewiß, diese Spielleute gleichen Karikaturen des antikischen Orpheus; Platonows geigender Greis braucht keine wilden Tiere durch seinen Gesang zu bezähmen; und das monströse Instrument des jungen Geigers verfügt nicht im mindesten über die Grazie der orphischen Harfe; vielmehr präludiert sie jener anonymen technischen Musik, die ihre Interpreten vergessen läßt und sich letztlich im Dingwert ihres Instruments erschöpft, eine Entwicklung, die Peter Handke in seinem *Versuch über die Jukebox* gipfeln läßt, jener Suche nach dem ärmlichen Spielmann als Maschine.

Platonows Spielmann resigniert am Ende; auf ein *da capo* kann er nicht mehr hoffen. So »legte er die Geige an ihren Platz und weinte«.

Hoffnungsvoller können wohl nur nicht-literarische »Spielleute« schließen. Yehudi Menuhin etwa, der behauptete, daß in seinem Alter die Freude das Wesentliche sei.

Freude über das endlich erhörte Lied des Spielmanns in uns.

Notiz über das Melos

»Wohin wir uns wenden im Gewitter der Rosen«, lautet ein Vers Ingeborg Bachmanns. Die erste – fragende – Sinneinheit ergibt sich lautlich durch eine dreifache Alliteration: Wohin *w*ir uns *w*enden. Demgegenüber prägen lautliche Kontraste die zweite: der Explosivlaut in *Gewitter* scheint aufgehoben im vollvokalischen Versabtakt *Rosen*, den man nicht gedehnt genug sprechen kann. Dennoch überlagert der Nachhall des Wortes *Gewitter* den betont vokalischen Abtakt auch.

Noch bevor wir die Bedeutung dieses Verses erfassen, wirkt er durch seine komplexe Lautstruktur auf uns, die seinen Sinn schon anklingen läßt: hier die in sich kreisende, also ausweglose Frage »Wohin wir uns wenden« (Alliteration als Ausdruck einer gewissen Steigerung und Spannung, ein schwelldynamischer Sprachansatz, der aber seinen Rahmen nicht durchbrechen kann). Sie, diese Frage, steht einem in sich widersprüchlichen Gebilde entgegen; beide bilden einen lautlichen Widerpart, der nach Auflösung verlangt.

Der Rhythmus dieser Periode, der dringlich wirkt, sieht sich jedoch im Wort *Rosen* aufgefangen und entkräftet.

Das sind die Bestandteile, aus denen sich das Melos dieses Verses zusammensetzt, seine »Melodie« und lautlich-rhythmische (Tiefen-)Struktur, sein *Atem*. Es bezeichnet das Sprachmusikalische im Wortgebilde. Man denke an Eliots Zeile »O O O O that Shakespherian Rag« oder, natürlich, Rimbauds Gedicht *Vokale*, in dem er verspricht: »Je dirai quelque jour vos naissances latentes«, eines Tages die verborgenen Urgründe des Vokalischen zu verkünden und damit auch den Ort des Melos auszumachen.

Rousseau hatte geglaubt, diesen Ort gefunden zu haben und benennen zu können. Er bezeichnete ihn mit dem Doppelwort *chant-cri*, dem Gesangs-Schrei, dem gesungenen Urlaut und Ausdruck des Chaos beim Übergang zur (menschlichen) Gestaltung.

In der lyrischen Sprache, scheint mir, bezeichnet das Melos, wie Ingeborg Bachmanns Vers veranschaulichte, den Vor-Klang der Bedeutung, ihr Präludium.

In der Musik dagegen bedeutet das Melos den Interpretationsmöglichkeiten eröffnenden Nach-Klang des Ertönten. Roland Barthes schrieb über Schumanns Musik: »Sie dringt durch die Schläge ihres Rhythmus in den Leib, in die Muskeln und durch die Sinnlichkeit ihres Melos gleichsam in die Eingeweide.« Anders gesagt, Barthes redet von der geradezu *physischen* Wirkung des Melos in der Musik.

Das Melos eines Musikstücks kann aber auch das Nach-Hallen eines Verses sein, den ein Komponist vertont (im Sinne eines Liedes) oder durch den er sich anregen läßt. Frank Martin sprach von der Fähigkeit bestimmter Komponisten wie Chopin und Debussy, einen »Text« musikalisch auszudrücken; man könnte auch sagen: ihren Sinn zu musikalisieren. Darin läge somit der melosspezifische Aspekt des Verhältnisses von Musik und Sprache: in der Wechselbeziehung von lautlichem Vor-Klang des Sprachsinns und seiner musikalischen Transposition und deren deutungsoffenem Nach-Klang.

Musik und Dinglichkeit

> *Your pain shall be a music*
> *in your string.*
> Dylan Thomas

Im Zeitalter des *computer assisted composing* glauben wir mittlerweile an die Geburt der Musik aus dem Geist des technischen Experiments.

Die Elektroniker unter den Komponisten haben unser Augenmerk auf die musikalisch-technischen Verfahrensweisen gelenkt. Sichtbar gemachte Klangwolken, elektronisch synthetisierte Tongewebe und Spiele mit Schwingungszahlen prägen das postdodekaphone Erscheinungsbild der Musik. Als Kategorie hat die Experimentalität längst Eingang in die zeitgenössische Musikästhetik gefunden. Zum Experimentalen in der Musik der Gegenwart können ebenso Variationen der Monotonie (Philip Glass) gehören wie auch Ton- und Geräuschengführungen (Steve Reich). Auch die Klangprogressivität im Stile vieler Kompositionen Bernd Alois Zimmermanns zählen zu ihm, nicht anders als Karlheinz Stockhausens versuchte Sphärenelektronik. In der Epoche der Postdodekaphonie markierten demnach die Entwicklung des Synthesizers und die von ihm ausgehende Revolutionierung des kompositionstechnischen Verfahrens den wichtigsten Einschnitt.

Mit der Sphärenelektronik Stockhausens sehen wir uns freilich auf ein Prinzip verwiesen, das auf die Pythagoräer zurückgeht. Sie sahen erstmals in einem Instrument die Nachahmung eines Himmelskörpers: in der Lyra; folglich behaupten sie, daß die Saiteninstrumente den anderen überlegen seien. Während mit dem Horn und der (Pan-)Flöte animalische Laute nachgebildet werden sollten, setzte Orpheus mit seiner Lyra Sphärenklänge um, wobei nach Ansicht der Pythagoräer die Schwingungen seiner Saiten jenen der Planeten entsprachen. Nur deswegen konnte es Orpheus mit seinem Spiel auf der Leier gelingen, die animalische Welt zu bezähmen.

Instrumente faszinieren, weil sie Mittel sind, Klangmagie zu ermöglichen. Sie liefern das Material, aus dem das Immaterielle erzeugt wird; in ihnen vereinigt sich das Körperliche mit dem Körperlosen. Der sublimste (instrumentale) Ausdruck dieser Vereinigung ist die Geige, insbesondere die Viola d'amore, die ihren Namen zwar ihrem melancholisch süßen Klang verdankt; aber, um ein Wort des Mittenwalder Geigenbaumeisters Matthias Klotz zu gebrauchen, die Viola d'amore »singt sich selber in den Himmel«.

Um 1800 dominierte dann das Hammerklavier mit seinen, rilkesch gesagt, »klar geschlagenen Hämmern des Herzens«. Seine Klangpräzision erlaubte den prägnanten Gefühlsausdruck, der sich bis ins Pathetische steigern ließ.

Wagner ordnete später die Selbstverleugnung der Instrumente an: den orchestralen Klangkörper, den sie bilden, um die Töne zu einem unendlichen Melodieteppich zu verweben, ließ er in Bayreuth versenken. Die Dinglichkeit der Instrumente störte; ihre Konkretheit war fehl am Platz in der tristanischen Sehnsuchtswelt.

Aber das zwanzigste Jahrhundert bekennt sich wieder zum Dingbezug der Musik: das Laszive weiß sich gut beim Saxophon aufgehoben; und illusionistische Schwelger ergeben sich den Klangfusionen des Synthesizers, der tonlich alles möglich machen kann, also ein postmodernes Spielzeug erster Ordnung ist.

Des Verhältnisses von (instrumentaler) Dinglichkeit und Musik nahmen sich im 20. Jahrhundert insbesondere die bildende Kunst und Literatur an. Kubismus und Surrealismus wetteiferten um die sinngefälligste Darstellung dieses Verhältnisses miteinander. Braque und Picasso schufen eine ganze Reihe von Werken, in denen die klassischen Musikinstrumente zu Instrumenten ihrer visuellen Revolution wurden. Sie vollzogen die bildliche Entfremdung der Musik vom Instrument. Das somit funktionslos gewordene Instrument versinnbildlichte jetzt den isolierten Menschen, der in keinen Gesang mehr einzustimmen weiß.

Wir entdecken verwaiste Saiteninstrumente in den surrealen Stilleben; die Form der Klangkörper verändert sich: Resonanzkammer und Saiten existieren getrennt voneinander. Das Instrument, so scheint es, entwirft ein Bild von sich selbst und seinem desolaten Zustand.

Aber auch die Musik darf sich nicht einfach zurückbegeben in die höheren Sphären. Cocteau notiert 1918: »Musik ist auch manchmal ein einfacher Stuhl.« Bloch sucht zu dieser Zeit nach dem »Ding an sich« in der Musik und findet zu seiner Überraschung nur Töne – und Instrumente.

Für Braque können Instrumente nichts anderes mehr sein als bloße Relikte der abgelebten Musikkultur. Dennoch rückt er sie ins Zentrum seiner Bilder, da sie der assoziativen Interpretation freien Lauf lassen, gerade weil sie aus ihrem angestammten Kontext genommen werden. Die Orchesterspieler sind tot. Es lebe das Instrument. Braques Geigen erinnern daran, daß wir einstmals »Bewohner der Leier« waren, wie Klopstock in seinem Gedicht *Musik* schrieb; nun jedoch ist aus dem einstigen Musik-Ding ein Instrument des Schweigens geworden.

Auch die Klangfarben nimmt Braque auf und setzt das

gehörte Moll in seinen Instrumentenbildern in Brauntöne um.

Umgekehrtes versuchte Skrjabin: er entwickelte ein Farbenklavier, dessen Dingwert jedoch höher zu veranschlagen war als seine musikalische Bedeutung.

Instrument, Farbe, Klang und Wort, niemand verschrieb sich ihrem eigentümlichen Wechselspiel mehr als Marina Zwetajewa; niemand faßte seinen Zugang zur Musik dinglicher auf als diese russische Dichterin, die davon in ihrem 1933/34 entstandenen Essay *Mutter und die Musik* Zeugnis abgelegt hatte.

Marinas Mutter, Maria Alexandrowna, zwang sie, das Klavierspielen zu erlernen. Aber Marina schien der Weg zur Musik von Dingen verstellt: »Erhoben sich zwischen mir und der Klaviatur Noten, so stand zwischen den Noten und mir die Klaviatur, die ich, wegen des Notenblatts, ständig aus den Augen verlor.«

Diese praktischen Schwierigkeiten konnte sie nur dadurch überwinden, daß sie sich auf jedes einzelne Ding konzentrierte. Dabei sah sie »alle Noten vom Blatt« stürzen, aber, wie sie bekundete, liebte sie die Tasten: »... wegen ihrer Schwärze und Weiße (fast schon Gelbe!), die so heimlich traurig ist ...«

In der Erinnerung geriet ihr das Klavier »zur Hauptfigur« ihrer Kindheit. Diesem »Ding« bringt sie wahlweise Haß und Liebe entgegen. In ihm sieht sie die Autorität der Mutter verkörpert, also den Gegenstand ihrer inneren Rebellion: »... ich spiele ... aber mit meinem gesammelten Widerwillen gegen das Spiel.«

Ihre angenehmste Erfahrung mit dem Klavier und der notierten Musik war zweifellos sprachlicher Art: sie liebt das Wort »Klaviatur« und vergleicht es mit den »ausgebreiteten

Flügeln eines Adlers«; »chromatische Tonleiter« bedeutet für das empfängliche Kind nichts anderes als »Wasserfall«. Und noch in späten Jahren verbindet sie mit dem Wort »Chromatik« nichts anderes »als das Gegenteil von Grammatik« – nämlich Romantik und Dramatik. Sie schätzte das Wort »moll«; und mysteriös erschien ihr der Begriff »Violinschlüssel« (was er wohl aufschließen mag?)

Die Dinge und das Vokabular der Musik, die Instrumente und die Fachausdrücke fesseln Marina Zwetajewa mehr als die Musik selbst. Doch muß sie stundenlang am Klavier üben (»Die Mutter quälte mich mit Musik«), wobei sich in ihr schon früh ein immer stärkeres Verlangen nach dem dichterischen Wort entwickelte. Nach ihrer eigenen Auskunft wurde sie dadurch zur Dichterin, daß sie sich leidenschaftlich gegen das vermeintlich Sprachlose der Musik empörte.

Ans Instrument hielt sie sich, weil es Möglichkeiten bot, seine Teile zu beschreiben und sogleich symbolisch zu deuten. Ja, sie behauptete, daß das Klavier selber über eine Sprache verfügte.

Halb Freund, halb Bedrohung, bleibt das Klavier für Marina gleichsam ein Organ harmonischer Gewalttätigkeit; in ihm setzt sich in den Augen Marinas der Körper der Mutter fort; in ihm vermischen sich Pflanzen- und Tierwelt zu einem tönenden Monstrum, dessen Tasten jedoch nicht nur den melodischen Namen »Klaviatur« führen, sondern die auch Zähne sein können und dessen Resonanzkammer den Spieler zu verschlingen droht.

Mit dem frühen Tod der Mutter (sie stirbt sechsunddreißigjährig an Tuberkulose) liquidierte Marina die Musik, »schweigend und hartnäckig«, wie sie betont. Längst hatte ihre Musikalität andere Bahnen gefunden; sie erfüllte sich im Klang ihrer Dichtungen.

Das Instrument als Gegner und Fetisch; in ironischer Brechung behandelt Patrick Süskinds Monolog *Der Kontrabaß* dieses Phänomen: »Können Sie mir sagen, wieso ein Mann von Mitte Dreißig, nämlich ich, mit einem Instrument zusammenlebt, das ihn permanent nur behindert?! Menschlich, gesellschaftlich, verkehrstechnisch, sexuell und musikalisch *nur* behindert?! Ihm ein Kainsmal aufdrückt?! Können Sie mir das erklären?!«

Die Obsession des Kontrabassisten mit seinem Instrument führt dazu, daß er die gesamte Musikgeschichte auf den Kontrabaß bezieht und Kompositionen und Komponisten danach beurteilt, ob und wie sie *sein* Instrument berücksichtigt haben: das Instrument, das Klangorgan als Filter der Musik.

Das Instrument als Provokation mit paradoxen Eigenschaften: »Der Kontrabaß ist das einzige Instrument, das man um so besser hört, je weiter man davon entfernt ist, und das ist problematisch.« Und weiter: »… Kontrabaß spielen ist eine reine Kraftsache, mit Musik hat das erst einmal nichts zu tun.« (Wir denken an Liszt, der nicht selten ein zweites Klavier während eines Konzerts benötigte, weil das erste unter der Wucht seiner Anschläge zu Bruch gegangen war.)

Unwillkürlich rückt das Instrument die physische Seite der Musikerzeugung in den Vordergrund, auch in einer Zeit, in der die Saiten nicht mehr aus Darm bestehen, sondern aus mit Chrom umsponnenem Stahl. Schon im Expressionismus haben Lyriker wie Gottfried Benn und Johannes R. Becher die Instrumente als groteske Instrumentalisten auftreten oder die Musiker und ihre Instrumente eins werden lassen. Das berühmteste Beispiel dafür findet sich in Benns Gedicht »*Nachtcafé*«; »Das Cello trinkt rasch mal.

Die Flöte / rülpst tief drei Takte lang: Das schöne Abendbrot. / Die Trommel liest den Kriminalroman zu Ende.«

Dramatischer bedichtete Becher den trügerischen Einklang zwischen Instrument, Musiker und Klang: »Die Saiten meiner Harfe sind zergriffen. / Jetzt hab ich Blitz und Feuer aufgespannt. / Und riß Geleit und Steuer von den Schiffen – / ein neuer Klang. Und es verkohlt die Hand«, so in seinem Gedicht *Musik des Abschieds.* Hierin verschwören sich »elementare Dinge« wie Blitz und Feuer mit dem neuen Klang gegen den Harfner, der das Neue herausgefordert hat, es aber nicht unter Kontrolle bringen kann. Das Aufziehen neuer Saiten steht für das technische Experiment in der Musik, dem sich (nicht nur bei Becher) der neue (gefährliche) Klang verdankt. Erinnert das nicht an die Klangexperimente der Postdodekaphonie? Von der Ohrenbetäubung im *Starlight Express* bis zum fröstelnden Säuselton in der *Erschaffung des Repräsentanten für Planet 8?*

»Und es verkohlt die Hand«: Die fortschreitende Verdinglichung, Mechanisierung und Automatisierung der Musik, durch die ihre technische Reproduzierbarkeit mittels einer weitgehend elektronischen Erzeugung überboten wird, sie stellt den vorläufigen (wenn nicht absoluten) Höhepunkt einer Entwicklung dar, in der die Instrumentalik über den Gesang siegte. Der Ausdruck des Menschlichen, der Seelenschwingungen, muß unter diesen Umständen verkümmern, es sei denn, es gelänge, das Herz mit verchromten Stahlsaiten zu durchziehen oder zu umspannen, um sie dann an einen elektronischen Impulsgeber oder Schrittmacher, sozusagen an ein inneres Metronom, anzuschließen.

Das wäre dann das letzte Kapitel in der Musikgeschichte.

Zur Musik des Absurden

I

Ich stehe in einer Klangkammer. Es rauscht und vibriert, fiept und zischelt.

Ein Stimmenschwall dringt auf mich ein, erst undeutlich, dumpf klingend, dann lauter, bis er dröhnt und sich wieder verliert.

Aber wirkliche Stille kehrt nicht ein. Stumpfe Geräusche foltern mich weiter.

Ich stehe im *weißen Klang*. So hatte der ertaubende Beethoven die ihn beständig quälenden Zerrlaute genannt, die in seinen Ohren surrten und die findige Wissenschaftler jetzt als ohrenbetäubende Tonkulisse in einem schalldichten Raum rekonstruieren können. Das also hörte der taube Beethoven, den weißen Klang, der an jenen milchig-grauen Film im Augenlicht erinnert, von dem der erblindende Borges sprach. Die versagenden Sinne hinterlassen im Menschen nichts als Konturlosigkeit: verschwimmende Klänge und Bilder, weißliche Welt, bloße Geräusche, also: strukturlose Musik, ins Absurde verzerrte Intervalle. Ermessen wir Beethovens Leistung, diesen gräßlichen weißen Klang in den letzten Werken mit unvergleichlicher Konzentration wieder aufgelöst zu haben, etwa in seinem Gesang des Ausgleichs im zweiten Satz von Opus 132?

II

Beckett verstrickte in seinem Spiel *Worte und Musik* beide in ein hoffnungsloses Ringen um Sinn. Seine »Musik« vermittelt sich dem Hörer nur noch durch ein unregelmäßiges Schlagen des Taktstocks. Seine »Worte« phantasieren über das, was die Musik verschweigt. Unaufdringlich und sachte gibt sich die Musik, wenn sie sich dazu überwindet, in diesem Spiel doch noch zaghaft zu erklingen. Die Worte, die ebenso wie die Musik als Person auftreten, ereifern sich über das Versagen der Musik, sinnstiftend zu klingen. Aber auch die Worte versagen. Sie vermögen es nicht, überzeugend in eigener Sache zu reden.

Dazwischen steht Becketts Krak, der verzweifelt versucht, zwischen der Musik und den Worten zu vermitteln. Denn es geht um seine eigenen Ausdrucksmöglichkeiten. »Meine Treuen! Vertragt euch!« ruft er aus. Aber sie vertragen sich nicht mehr. Und Krak bleibt nichts anderes übrig, als stöhnend zu verstummen.

Musik ohne Grundton, Worte ohne Aussagekraft. Nichts als Andeutungen. Die absolute Musik der totalen Relativität begleitet Becketts Sprache, die das Ganze als Groteske darstellt: »... das Ganze so gebleicht und still, daß, wäre nicht das weite weiße Auf und Ab der Brüste, die schwellend sich erheben und dann wieder fallen, auf ihren normalen... Abstand –«; nichts als sprachliche Halbtonschritte, nichts als musikalische Ellipsen.

III

Musik der Angst. Der Konzertsaal: ein unwirtliches Zimmer irgendwo in Norddeutschland, das Winterkälte erstarren läßt. Das Musikstück: ein animalischer Schrei, ein Hahnenkrähen, das von einem anderen Hahn beantwortet wird. So in Hildesheimers *Tynset*. Einsame nächtliche Rufer, die dem vor Angst impotenten Ich-Erzähler ein grausiges Schlaflied entgegenschreien.

Der Hahnenschrei ruft in ihm peinigende Fragen wach, auf die ihm die Welt nur mit Stille antwortet. Er betritt die Stille wie einen Raum. Das »betretene Schweigen« verschärft jedoch nur sein Leiden an sich selbst.

Gesang könnte ihm vielleicht helfen; aber es bleibt beim Hahnenkrähen. Gesang bedeutete eine Linderung seiner Qualen; aber nur sie finden ein Echo: im Hahnenschrei nämlich.

Wie oft der Hahn auch kräht, der Ich-Erzähler bringt nicht einmal die Kraft auf, sich oder andere zu verleugnen. Er hofft auf Musik; was in ihm jedoch nachklingt, sind Schreckensbilder aus seiner Vergangenheit: Er schaute zu, als Wärter, beim Massenmord in den Vernichtungslagern, während draußen Schubertsche Sonaten und Beethovensche Quartette erklangen. Musik und Gewalt als tödliches Intervall. Wie einst die befeuernde Aufwallung vor der *Wochenschau* mit Hilfe von Liszts *Les Préludes*.

Lähmt nicht die Gewalt der Musik, von der die Äbtissin in Kleists Novelle berichtet, daß sie die Cäcilie in einen »gänzlich sinnberaubten Zustand« versetzt habe, lähmt nicht diese Gewalt auch unseren Widerstand gegen Gewaltmaßnahmen? Verführt sie nicht dazu, Gewalt anzuwenden? So wäre ein bloßer Hahnenschrei als Musikersatz geradezu ein

Segen. Furcht also vor dem möglichen Wüten unbändiger Klänge auf dem Walkürenritt.

IV

»Brahmskonzert des Singvereins. Das Wesentliche meiner Unmusikalität, daß ich nicht zusammenhängend genießen kann, nur hie und da entsteht eine Wirkung in mir, und wie selten ist die eine musikalische. Die gehörte Musik zieht natürlich eine Mauer um mich, und meine einzig dauernde musikalische Beeinflussung ist die, daß ich, so eingesperrt, anders bin als frei«, notiert Kafka im Dezember 1911.

Gefangensein im Unzusammenhängenden. Betäubende Klangfetzen, die er *sieht*, etwa beim Hören der *Tragischen Ouvertüre*: »Ich höre nur langsame feierliche, einmal hier, einmal dort ausgeführte Schritte. Lehrreich ist es, den Übergang der Musik zwischen den einzelnen Spielergruppen zu beobachten und mit dem Ohr nachzuprüfen«, wobei Kafka freilich höchste Musikalität beweist und, wie paradox dies auch klingt, Augenmaß für Klangfolgen, die auf diese und jene Orchestergruppen »übergehen«.

In der Musik wurde für Kafka das Anonyme hörbar, von dem sich ja auch sein Josef K. gefangen fühlt.

Das Anonyme als schwingende Tonmauer, dessen Gesamtheit er nicht erfaßt oder nur insoweit, als er spürt, durch sie unfrei zu werden.

Musik schafft Abhängigkeit. Der Klang zieht den Menschen in sich hinein, moduliert ihn. Die Angst des Menschen: mit ihm zu verklingen.

Entsprechend kann selbst *Fidelio* auf Kafka keine befreiende Wirkung ausüben. Bezeichnend, daß sich ihm nur die Kerkerszene einprägt, wie sein Tagebucheintrag vom 21. Januar 1922 belegt: »Angesichts des Gefängnisses Florestans, öffnet sich der Abgrund. Alles, Sänger, Musik, Publikum, Nachbarn, alles ferner als der Abgrund.«

Zwei Jahre später bleibt für Kafka von der Musik, vom Gesang nur noch Josefines Pfeifen, mit dem er den humanen Wert des Klanglichen endgültig leugnet. Die Dekonstruktion der Musik – war sie Ausdruck seines Versuchs, sich selbst aus ihrer Gefangenschaft zu befreien?

V

»Der Gesang, diese Kunst, die zutiefst aus den Eingeweiden kommt und uns dennoch so hoch trägt, ist das, was in einem einzigen Wesen das Urteil und das Erheben vereint«, behauptet Alain in seinen *Propos*. Das physisch Erzeugte erreicht das Ätherische. Was aber, mit Hölderlin gefragt, »befestigt Gesang«? Was sichert und läutert er?

Josefines »Gesang« in Kafkas Erzählung destabilisiert das nach traditionellem Verständnis »Musikalische«; ihr Publikum dagegen *will* sich täuschen lassen. Es hält ihr Pfeifen für Gesang. Der Erzähler spricht von einer Volksversammlung, der diese Gesangsvorführungen glichen. Das heißt: das Publikum beschließt in einem Plebiszit, daß Josefines dürftige Kunst innerhalb der Grenzen ihres Staates (oder Hörbereichs) als meisterhafter Gesang zu gelten habe.

Aber der Erzähler verschweigt auch nicht, warum das Volk sich eine Zeitlang willig auf diesen Schwindel einläßt. Es hört in diesem Pfeifen Anklänge an das Kindliche, das jeder im Volk so schmerzlich vermißt, das Unschuldige, Unbedarfte. Das vermeintlich naive Dahinpfeifen entpuppt sich auf Josefines schmalen Lippen jedoch bald als ein Instrument der Manipulation.

Das Merkwürdige aber ist, das Absurde, wenn man so will, daß Josefine ihr Pfeifen nicht weiter verfeinert, sondern immer mehr reduziert: »Bald wird die Zeit kommen, wo ihr letzter Pfiff ertönt und verstummt.« Eigentlich trat sie von Anfang an als eine Minimalistin auf, nur daß ursprünglich ihre Sparsamkeit im Umgang mit ihrem »künstlerischen« Material üppig wirkte, weil sie mittels ihrer naiv-kindlichen Laute (politische) Wirkung erzielen wollte. Jetzt aber kommt es ihr auf Wirkung nicht mehr an. Ihre Auftritte werden seltener, ihre Pfeifkoloraturen kürzer. Sie befreit ihren Pfiff vom Zwang, wirken zu müssen, das bedeutet: sie erklärt ihren Pfeifton für absolut ebenso wie später ihr Schweigen.

»Wie werden die Versammlungen in völliger Stummheit (ohne Josefines Pfeifen) möglich sein? Freilich, waren sie nicht auch mit Josefine stumm?« fragt der Erzähler aus dem Volke. Musik, Gesang, Josefines Pfeifen, sie sind, wie Kafka nahelegt, Teil der Stille. So argumentiert er auch im *Schweigen der Sirenen* (1917), wobei er in diesem Text auf das unmittelbar Bedrohliche des Gesanges und der Stille hinweist: »Nun haben aber die Sirenen eine noch schrecklichere Waffe als den Gesang, nämlich ihr Schweigen.« Vor ihrem Schweigen gibt es keine Rettung. Odysseus »hörte ihr Schweigen nicht, er glaubte sie sängen«.

Wir beginnen zu verstehen, daß auch die Dekonstruktion der Musik, das Einreißen der Mauern aus Klang, um in Kafkas Tagebuch-Sprachbild zu bleiben, für ihn keine Erlösung bedeutete; denn vom Schweigen fühlte er sich ebenso bedroht. Die Stille jedoch läßt sich nicht »dekonstruieren«. Sie umfängt jeden mit ihren bleiernen Armen.

Ähnlich stellte sich Rilke die Sirenen vor: »... wie umringt / von der Stille, die die ganze Weite / in sich hat und an die Ohren weht, / so als wäre ihre andre Seite / der Gesang, dem keine widersteht.« Nur hielt er in seinem Gedicht *Die Insel der Sirenen* Gesang und Stille jederzeit für austauschbar.

Bei Kafka aber hat in jedem Falle die Stille das letzte Wort. Davon zeugt auch seine weniger bekannte Erzählung *Blumfeld, ein älterer Junggeselle*. Ihm erscheint zunächst die Schwerhörigkeit seiner Wirtschafterin als vorteilhafter Lebensschutz; und er versucht die Wirkung der Geräusche auf ihn dadurch abzuschwächen, daß er sich Watte in die Ohren stopft. Doch die Bälle, sie stehen für das Unberechenbare des Lebens, »lärmen« weiterhin im Kasten, wie er betrübt vermerkt.

Musik und Lärm, Gesang und bloße Geräusche, Klänge und Pfeiftöne, Worte, die sich verzweifelt um ein Verständnis der Töne bemühen und über ihren vermeintlichen Sinn reden wollen, alle bilden sie absurde Verhältnisse, sie scheitern an ihrer Unvereinbarkeit, obgleich sie sich so nahe sind. Sie sehnen sich nach Stille, wobei sie eben deren lähmende Wirkung kunstvoll verdrängen.

Hans Werner Henzes
›böhmische Quinten‹

Weniges an der Sprache spricht für sich selbst. In einer musikalischen Komposition können Worte Fermente sein. Der Schweizer Komponist Beat Furrer beschreibt dieses Verhältnis so: »Die Sprache ist Ausgangspunkt (des Komponierenden, R. G.), und wenn ich die Sprache zersplittere, dann tue ich es zum Beispiel aus der Frage heraus, was sich da dazwischen abspielen, ob es Prozeßhaftes geben kann.« In seiner Komposition *Narcissus* etwa vernimmt man nur einzelne Silben, gelegentlich ein vollständiges Wort, aber keinen Satz- oder Aussagezusammenhang mehr.

Das, was sich zwischen den Worten und Silben ereignet, das, was Furrer »das Leise« nennt, sind letztlich Klangnuancen, die ein feingestimmtes Hören erfordern, das im Techno-Zeitalter etwas geradezu Esoterisches hat. Die Techno-Welt setzt weniger auf den Klang als auf den Rhythmus. Sie formt sich eine durchrhythmisierte Fangemeinde. Ihre Worte lösen sich im Rhythmus auf.

Gelegentlich wartet die Pop-Szene mit einem anspruchsvollen Satz auf. »Tell me the meaning of being lonely« könnte musikalisch einiges erhoffen lassen – mehr zumindest als das übliche Schwelgen im Bereich der Subdominante. Rasch zeigt sich dann freilich, daß solche Sätze die musikalischen Mittel der Pop-Zivilisation maßlos überfordern. Der Text nimmt sich denn auch sogleich selbst zurück, indem er »the meaning of being lonely« nicht weiter entfaltet, sondern in stupiden Reprisen abnützt.

Eine Musik, die das Wort ernst nimmt, nein, genauer: es auf ernste Weise scherzend aufnimmt, gewinnt unweigerlich an Komplexität. Denn sie integriert in ihre eigene Viel-schichtigkeit die Laut- und Sinnstruktur der Worte. Die Frage nach dem Verhältnis von Wort und Ton, die Richard Strauss zum Thema seiner letzten Oper *(Capriccio)* gemacht hatte, stellt sich mithin in erster Linie als ein Integrations-problem. Dieses Problem kann dramatischen Charakter ha-ben, wie eine Aussage von Hans Werner Henze aus dem Jahre 1959 belegt: »Manchmal überfällt Musik die Sprache stürmisch, vernichtet sie in ihrer Umarmung, oder die Spra-che will die Musik überfallen; beide können einander er-niedrigen, aber auch erhöhen.«

Sprachbewußter als Henze komponieren wenige. Und noch weniger Komponisten gehen schriftstellerisch virtuo-ser mit Sprache um als dieser Wahlrömer aus Gütersloh. Wer *so* schreibt wie Henze, ist vor allem eines: mitteilungsfreu-dig. Einerseits. Aber andererseits weiß gerade dieser Kom-ponist um die Notwendigkeit, dem Sich-Mitteilen zu ent-sagen, wenn es um kompositorische Neuansätze geht. Das klingt zunächst paradox. Wie paradox, veranschaulicht die Einleitung zu Henzes 1964 vorgelegten »Essays«, zwanzig geradezu ›durchkomponierten‹ Textstücken, die letztlich von der (sprachlichen wie musikalischen) Kommunikation am Ende der Kommunikation handeln: »Wenn jedes erfind-liche Kommunikationsmittel ausgedient hat, wenn kein Brief mehr schreibbar, kein Telegramm mehr abzuschicken ist, wenn einem kein Telephongespräch mehr einfällt, wenn keine Gefühle mehr zu Worte kommen, wenn alles erfüllt ist, *la libidine sfogata* und auch der seelische Kontakt, wenn we-der Schlaf noch Alkoholrausch zur Entschuldigung gerei-chen – dann liegt die Wüste weit ausgebreitet da, der für das Schreiben von Musik reservierte Raum, in dem man sich selbst zum Gegenüber, zur Zielscheibe nimmt. In diesem

Raum trägt man zusammen, was Begegnungen, Gesehenes und Gehörtes einem eingebracht haben, die Jagdbeute. Ohne genau zu wissen wie, bringt man das Geräusch, das die Dinge an sich haben oder das die Empfindung dieser Dinge auslöste, hier zum Schweigen.«

Im Schweigen hatte auch Anton Webern die Voraussetzung für neue Klangwelten erkannt (»Dal silenzio a un nuovo mondo sonoro«). Webern irrlichtet ansonsten allenfalls durch Henzes Werk. Was ihn am ehesten mit dessen musikalischer Poetik verbindet, ist Henzes zeitweilige Vorliebe für kontrapunktische Strukturen, wie etwa in seiner Oper *Prinz von Homburg*. Das Verengen des Tonmaterials sowie dessen serielle Entwicklung widerstreben Henze. Deutlicher gesagt, sein Werk ist ein einziger Einspruch gegen die von der Neuen Wiener Schule herkommende und noch von John Cage propagierte Gleichwertigkeit der Laute.

Vielmehr besteht Henze auf der Differenzierung des Klangmaterials – entsprechend der poetischen Vorgaben. Es ist ein Werk ungewöhnlicher thematischer Spannweiten – von den frühen *Improvisationen für Cembalo, Altstimme und acht Soloinstrumente auf Texte von Georg Trakl* (1949) bis zum lyrischen Drama *Boulevard Solitude* (1951), von einem Chorstück aus Goethes *Faust II* (1964) bis zur *Englischen Katze* (1980/83) nach Edward Bond. Da ist die Filmmusik zu Volker Schlöndorffs *Der junge Törless* nach Robert Musil (1966) und die Oper *Der junge Lord* (1964) zu einem Libretto von Ingeborg Bachmann. Texte von W. H. Auden und Chester Kallmann hat er als dichterische Vorlagen zu kompositorischen Arbeiten benutzt (*Elegy for Young Lovers*, 1959/61), ebenso wie Dichtungen von Kafka, Enzensberger, Hildesheimer, aber auch von François Villon. Mit Cervantes hat er sich musikalisch auseinandergesetzt und mit Yukio Mishima, mit Giordano Bruno und Percy B. Sheiley, mit Gaston Salvatore und Franz Werfel. Seine *Sinfonia N. 8* folgt Motiven aus dem »Sommernachtstraum«, und wer hätte Gedichte von Ingeborg Bachmann kongenialer vertonen, nein, ihnen sinnigere Musik entlocken können als eben Henze – etwa in *Nachtstücke und Arien* (1957). Er ist nun einmal der Inbegriff eines poetischen Komponisten. Es gibt von Henze Kammermusiken, Sonaten, ein Trio jüngsten Datums, die im Hörer den Eindruck einer lyrischen Textur erwecken, fünf Streichquartette, musikalischen Orten gleich, an denen sich Haydn und Nono hätten begegnen können.

Schon die Musik des frühen Henze hat etwas Bezwingendes, beispielsweise seine Kantate auf ein Gedicht von Walt Whitman *Whispers from heavenly death*, sein barockisierendes Kammerkonzert für Klavier, Flöte und Streicher (1946), ein Sich-Erproben im Schatten des Neoklassizismus. Überhaupt die Flöte im Jahre 1946! Pan auf Ruinenlandschaften – die grauenvolle Idylle, der trostlose Mittag, der Wille, noch einmal einen Ton zu wagen, einen einzelnen: ein Ton gegen die Wüste, eine angespannte Klangfolge gegen das gähnende Nichts. Akkorde als Widerstand, aber eben keine leeren Quinten, keine bloßen Unheimlichkeiten, keine Betrachtungen eines musikalischen Geistersehers, sondern Musik als neuen Lebensquell erschließen.

Leben ist Süden. Auch Henze in Arkadien. An Partituren arbeitend, in denen Zitronen zu blühen schienen. »1953 im Frühjahr die Überquerung der Alpen, zwei Koffer enthalten die gesamte Habe, es sind Bücher und Partituren. Am ersten Abend: Venedig. Stundenlanges Stillsitzen auf fremden weiten Plätzen, Gänge im Labyrinth menschenleerer Calli. Alles Gewesene soll nun vergessen sein, alles wird anders werden, die Sonne hebt alles auf. Durchquerung der Toscana, eines weiten und gewaltigen Behälters von Grazie und Ebenmaß (...).« Noch war »der Süden« nichts Selbstverständliches; noch wollte er erarbeitet sein. Bundesdeutsche Wirtschaftswunderisten hielten sich einstweilen mit der Wiederbesetzung Italiens noch zurück.

An diesem »Übergang« stand die Arbeit an *Il Re Cervo*, einer Oper nach Gozzi mit dem bezeichnenden Untertitel »Die Irrfahrten der Wahrheit«. Brahms hatte einst diesen Opernstoff erwogen – und verworfen. Aber Henze gelang mit dieser Oper eine Odyssee durch die musikalischen Formen, eine fünfsätzige Symphonie als Finale einbegriffen, eine »südliche Musik«, wie sie Nietzsche von deutschen Komponisten gefordert hatte.

Henzes Musik hat »im Süden« eine tragfähige Leichtigkeit klingenden Seins gewonnen und mythische Signifikanz dazu. Er komponierte Ballette, brachte mythische Stoffe neu in Bewegung: *Undine* (1956/57), *Orpheus* (nach Edward Bond 1978/86) und *Venus und Adonis* (Libretto von Hans-Ulrich Treichel, 1993/95). Noch in den neun geistlichen Konzerten, die zusammen Henzes *Requiem* ergeben (1990/92), dominieren das Lichte und der Wunsch, einen barocken Tiepolo-Himmel »aufreißen« zu wollen. Mehr noch. In seinen autobiographischen Mitteilungen nennt er ein Grundprinzip dieser Kompositionen: »Die Wörter und Wirkungen des sonst in den Totenmessen üblichen menschlichen Singens sind den Instrumentalisten anvertraut, es wird erwartet, daß sie die Wörter denken und die Tätigkeit des singenden Menschen direkt auf ihre Instrumente übertragen, auf ihren Instrumenten nachempfinden und nachahmen.« Henzes Ideal ist damit benannt: die »Austauschbarkeit von Vokal- und Instrumentalmusik«.

Stimmen. In Henzes Welt, so sagte er einmal (1963), wollen Faune und Harlekine, Tritonen und Hamlet, Merkur und Leonce zu Wort kommen, aber auch Protestierende, Entsetzte, Überlebende. Sein Beitrag zur Revolte 1968 war denn auch das Oratorium *Das Floß der Medusa*. Die Konzeption erinnert an Peter Weiss. Die Intention entsprang dem Wunsch, das »Ende des status quo« zu erklären. Es ist die Zeit, als Henze mit Rudi Dutschke zusammentrifft – in seinen Erinnerungen nennt er ihn eine Kreuzung aus protestantischem Mönch und Aljoscha Karamasow – und in Bayreuth, ausgerechnet dort, eine Wahlrede für Willy Brandt hält. Auf Cuba läßt er sich den »uomo sociale« vorführen, den altruistischen »neuen Menschen«. Im Anti-Vietnam-Protest probt auch er den Aufstand gegen die totale Amerikanisierung des westlichen Bewußtseins.

Über dem *Floß der Medusa* könnte Thomas Manns Notiz aus dem Jahre 1940 stehen: »In der Nase (...) der Brandgeruch der Weltgeschichte, in den Ohren die Hilferufe der Untergehenden.« Das »Floß« kann aber letztlich nur eine Partiturseite sein, konzipiert in der Idylle von Marino bei Rom, eine Flaschenpost im Sinne Brechts, eine klirrende Fahne des Aufrechten im Südwind.

Reiselieder mit böhmischen Quinten hat Henze seine Erinnerungen genannt (1996); auch sie, diese »autobiographischen Mitteilungen«, sind eine Komposition, sprachliche Variationen auf ein Thema von Nikolaus Lenau: »Meinst du, der alte Geiger, / Dem die Gestirne tanzen / ... Wird unser Erdenleben, / Wenn's einmal abgespielt ist, / Noch einmal 'runterspielen, / Nur höher, in der Quinte?« Das zweite Thema ist ein Hofmannsthal-Zitat: »... Aber unten liegt ein Land, / Früchte spiegelnd ohne Ende / In den alterslosen Seen. / Marmorstirn und Brunnenrand / Steigt aus blumigem Gelände, / Und die leichten Winde wehn.« Am Ende stellt sich noch ein imaginärer »Zauberkünstler« bei Henze ein, ein Souffleur, eine Stimme des Gewissens, ein fiktiver Ratgeber.

Henze, der Erzähler. »Ich erzähle von London, einer Märchenstadt, einem naßkalt bevölkerten Ort voller Gespenster und Gespinste, wo mitternachts im Wasserdampf Father Brown, Charles Dickens und Sacheverell Sitwell auf der Heide von Hampstead einander die Tageszeiten wünschen, wo es *clubs* gibt und *slums* und so viele Leute, daß man leicht die Übersicht verliert und die Kriterien auch, die erforderlich sind, um Cherubine von Lustmördern und Betschwestern von Hedonistenlümmeln zu unterscheiden.« Das ist volles Menschenleben einerseits, andererseits erlebte Stadt als Imagination. Gegen Ende seiner »Mitteilungen« beschreibt Henze eine Bootsfahrt, Themse-aufwärts in Richtung Oxford, eine nachmittägliche Stimmung, die schließlich in einen stillen Abend übergeht. Dem folgt eine beinahe atemberaubende Genauigkeit in der Schilderung: »Ein leises Wimmern lag, einem Vierteltonvibrato auf der E-Saite gleich, über dem Abendgrauen.« Erzählend, beschreibend gelingt Henze so die Einstimmung in einen Abgesang. Ein Abgesang, den er am Ende der *Reiselieder* sprachlich noch eingehender ausführt – nun aus der Perspektive vom Balkon seines Hauses in Marino: »die stille wirkt wie entfernung, als seien noch zikaden da oder als höre man schon leise die abendlichen langgezogenen klagerufe der grillen.

dabei ist es draußen wahrscheinlich totenstill – oder tönt vielleicht doch noch etwas?«

In der Anspielung auf die »zikaden« scheint Ingeborg Bachmann mit einem Mal präsent; im »klageruf«, in den sich die Idylle des Tags verwandelt hat, mag jene Zeile aus

Händels letztem Oratorium *Jephta* (1751) nachschwingen, die da lautet: »Alle Freud' wird nun zu Leide, aller Jubel wird zur Klage, wie sich Tag in Nacht verkehrt.«

In diesen Erinnerungen kommt Händel nur einmal, nur beiläufig vor. Und doch erscheint er mir gegenwärtiger, als dies der Komponist eingestehen will. Klingt Henze nicht oft wie ein vielfach gebrochener Händel – südlich, getragen, auf leichte Art schwer, orlandohaft mit den Zeiten spielend? »Alte Formen erscheinen mir«, so Henze in seinem Berliner Vortrag 1963, »wie klassische Schönheitsideale, nicht mehr erreichbar, aber doch in großer Ferne sichtbar, Erinnerung belebend wie Träume, aber der Weg zu ihnen ist von größtem Dunkel des Zeitalters erfüllt, der Weg zu ihnen ist das Schwerste und das Unmöglichste.«

Komponierend episch werden, ausladend, in Noten erzählend, in Kantilenen zu folgender Urszene: Sohn beobachtet heimlich seine sich entkleidende Mutter.

Sie heißen Fusako und Noboru. Im Hafen von Yokohama. Mutter lernt einen Schiffsoffizier kennen in Fis-Dur. Henze komponiert Szenen aus Mishimas Roman »Gogo no eiko«, als Libretto eingerichtet von Hans-Ulrich Treichel. Und Henze hört dabei Gesualdo-Madrigale aus dem *Libro V* und Kuckucksrufe und will die »schwerkraft überwinden«, wie er notiert. Dieses Musikdrama in zwei Akten trägt den Titel *Das verratene Meer* und besingt die Fremde und das Wagnis in der Liebe und die Überschreitung der Grenze zwischen dem Du und dem Ich.

Henze komponiert das Leise, dem Japanischen Gemäße; er intoniert Verwandlungen. Übt sich gar im Auflösen, ja, »zerstäuben« der Musik. »Unruhige Ruhe, ruhige Unruhe« bewegt ihn beim Komponieren. Bis er weiß, was die Handlung treibt: der Verrat am Meer, an seiner Naturgewalt durch die Herkömmlichkeit der Liebe zwischen Fusako und dem Offizier.

Das ist es, das Besondere dieses Komponisten, daß er aus den Welten, die zwischen den Kulturen und zwischen den Epochen und ihren Stilen liegen, Musik gewinnen kann; daß er den Unterschied zum Singen bringt, daß er es versteht, »böhmische«, volle Quinten über seinen Schatten springen zu lassen.

Vom Schreiben über Neue Musik

Am Beispiel von Dieter Schnebels Texten
Anschläge – Ausschläge
und Helmut Lachenmanns Schriften
Musik als existentielle Erfahrung

Polyphonie X für 17 Instrumente. Donaueschingen 1951. Komponist Pierre Boulez. Dirigent und Instrumentalisten betreiben Gruppengymnastik, die ans Akrobatische grenzt.

1956 tritt ein Pianist auf, der »klaviert«, zwischendurch das Radio anstellt, auf einer Trillerpfeife sich begleitet und dann und wann Wasser aus einem Behälter in einen anderen schöpft. Die Geräuschkomposition heißt »Water Music« von John Cage.

In der Folge werden Flaschen zertrümmert, bei Penderecki Holz zersägt, vorgeführt, wie man die Saiten eines Klaviers dämpft, die Klaviatur mit Ellbogen und Fäusten bearbeitet – wie in Cages *Klavierkonzert*, oder die Tastatur mit Talkum eingepudert – wie bei einer Aufführung von Stockhausens *Klavierstück X.* Dieter Schnebel beschreibt die Wirkung dieses optischen Kunstgriffs: »Beim Spiel der ersten Glissandi stiegen dann Schwaden von den Tasten auf, die, wegen der grellen Beleuchtung des Klaviers, vorm dunklen Hintergrund besonders gut sichtbar wurden – vielleicht hätte man sie anders gar nicht bemerkt. Jedenfalls charakterisierte der gleichsam aus der Musik hervorquellende Qualm adäquat die explosive Musik.«

Den fraglos unübertroffenen Höhepunkt dieser Art Provokationskunst bildete 1960 der Auftritt des jungen Koreaners Nam June Paik. Aktionen am Klavier unterbrach er, indem er Erbsen ins Publikum warf, ein Ei an die Wand schmiß, das Klavier schließlich umstürzte und mit ohrenbetäubendem Lärm ein Moped startete, dem Publikum zum masochistischen Genuß. »Fluxus« hieß die Parole, Antikunst als Kunst, *Performance*, *Event*, Spectaculum. Der Auftritt zählte.

Wer führt was auf? Der Komponist sein Material oder das Material den Komponisten? John Cage tritt auf und erzählt Märchen oder hält eine *Lecture on Nothing*: »Ich bin hier, und es gibt nichts zu sagen. Wenn unter Ihnen die sind, die irgendwo hingelangen möchten, sollen sie gehen, jederzeit.« Aus den Partituren werden Regieanweisungen für das Material und die Tontechniker. Die elektronische Finesse, die aus einer Stimme einen ganzen Chor herstellen kann, die Manipulation des Hörers, darf selbst Ereignis werden. Selbst hinter dem an sich so unschuldigen Wort »Klangfarbe« verbirgt sich, technisch gesprochen, eine Eigenwelt: Sie ist die Resultante von Schwingungsüberlagerungen, die bei ihrer graphischen Umsetzung in eine »Partitur«, man denke an Stockhausens *Elektronische Studien*, ins Verhältnis zur Tonhöhe, gemessen in Schwingungen pro Sekunde, zur Tondauer, gemessen in Sekunden, und zur Dynamik, gemessen in Dezibel, gesetzt wird. Die Live-Aufführung entpuppt sich mithin als bloße technische Reproduktion.

Diese wenigen Hinweise zeigen andererseits aber auch, daß man *beschreiben* will, was sich hier ereignet. Man versucht das buchstäblich Unerhörte zu bezeugen, ob in technischer oder metaphorischer Sprache, ob nüchtern oder mit emphatischem Ton, ob verdammend oder befürwortend. Optisch will diese Musik wahrgenommen sein; ihre *performance* bietet Leckerbissen fürs Auge, wie Schnebel nicht müde wird zu betonen.

Zu *sehen*, wie Musik *geschieht*. Scheinbar teilzuhaben am Experiment »Ausdruck«, auch wenn die elektronische Seite bis ins feinste ausgearbeitet worden ist. Oder ist diese Musik nur ein Medium zur Abreagierung? Können wir wirklich, wie Schnebel dies beharrlich tut, von Klängen reden, wo doch allenfalls Geräusche gemeint sind, Urlaute, akustische Verzerrungen, eben nur noch »Ausschläge«, aber keine subtilen »Anschläge« mehr? Oder wird in dieser Art Geräuschproduktion auf überraschende Art Schopenhauers Befund aktuell, daß Musik unmittelbares Abbild des Willens sei? Oder sollen wir sagen: des Triebes?

Die Qualitätskriterien scheinen zu fehlen. Luigi Nono ließ sich noch beurteilen im Zeichen serieller Befindlichkeit. Man hörte hin und wieder Webern durch die stillen Stellen einer Komposition Nonos. In ihnen wurde anstelle eines »pianissimo« ein Hölderlin-Wort zitiert, um die Spieler in die angemessene »Stimmung« zu versetzen. Nono, das war die Revolution durch die Stille, radikaler noch als bei Cage. Doch das ist Vergangenheit, genauso wie die »Fluxus«-Ästhetik und die zerschmetterten Eier. Auf Paiks ins Parkett geworfenen Erbsen rutscht inzwischen niemand mehr aus. Die musikalische Stimmung in der Avantgarde heute ist ätherischer geworden, jedoch gleichermaßen wortaufwendig geblieben. Schnebel beweist es, auch Wolfgang Rihm. Am Beispiel Rihms, dessen Kompositionen in ihrer Konzentriertheit einen eindrucksvollen Kontrast zu den nicht selten zerfasert wirkenden Arbeiten eines Kagel oder Ligeti bilden, läßt sich eindrucksvoll belegen, was Schnebel mit dem Übergang vom seriellen Komponieren in »Strukturen« zu »Prozessen« meint, auch wenn er ihn auf die Situation der Jahre nach Cages Auftritt in Darmstadt (1958) datiert. »Prozeß« meint für Rihm, »daß ich Zustände von Musik selbst ausdrücke, wenn ich etwas aufschreibe«. Bezogen auf eine seiner Kompositionen jüngeren Datums, *Gesungene Zeit* (1991/92), erklärt er dies so: Was ihn beschäftigt, sei das »Vibrieren des Zeitstrahls. Energie, die sich im Ton sammelt, um den nächsten Ton zu generieren. Zwischen den Tönen scheint – unvorstellbar – auf, was wir Musik nennen können. Ein Ton also: die Erwartung von Musik; ein anderer Ton also: die Erinnerung von Musik.« Dergleichen hätte Webern nicht schreiben können, obgleich ja gerade in seinem von »schwebender Klanglichkeit« geprägten Spätwerk der einzelne Ton in seinem jeweiligen System – emanzipiert – zu sich selbst finden konnte. Auch Schnebel schreibt nicht so. Ihn beschäftigt, was sich *am* lautlichen Material ereignet, nicht was *in* ihm geschieht. Für sein Schreiben über Neue Musik ist im Grunde noch verbindlich, was Adorno den »Erkenntnischarakter« der Avantgarde genannt hatte: »Die Neue Musik nimmt den Widerspruch, in dem sie zur Realität steht, ins eigene Bewußtsein und in die eigene Gestalt auf. In solchem Verhalten schärft sie sich zur Erkenntnis.«

Als Zeit-Kunst wäre damit Musik unweigerlich immer auch Zeit-Kritik. Schnebels Texte belegen, wie um 1967/68, in der Zeit der Studentenrevolte also, die Neue Musik, der man vorwarf, elitär zu sein und weltfremd, diese These als Rechtfertigung ihres Daseins bemühte.

Rihm und mit ihm so unterschiedliche Komponisten wie Robin Holloway und Per Nørgard setzten bei der Selbst-Erkenntnis des musikalischen Materials an. Durch ihr Komponieren gewinnt der Ton Bewußtsein; erst dadurch *kann* er in »Widerspruch zur Realität« geraten – muß es aber nicht. Rihms Position ist verwandter mit einer Äußerung Ciorans: »Wir tragen in uns die ganze Musik: sie ruht in den Tiefenschichten der Erinnerung. All das, was musikalisch ist, gehört zur Reminiszenz.« Man müßte ergänzen: zur Erinnerung und Ahnung.

Ist das neo-romantisch empfunden? Handelt es sich hierbei um den Versuch, die betont optische Wirkung der Neuen Musik wieder zu relativieren, sie dem unmittelbaren »Zugriff« durch den sehenden Hörer zu entziehen?

Es ist durchaus in den Kategorien Adornoscher Dialektik gedacht, wenn man feststellt, daß eine so entschieden physisch bis physikalisch determinierte Form der Musik, wie sie von Varese bis Cage, von Kagel bis Stockhausen vertreten worden ist, eine (überraschend?) meta-physische Seite hervorbringt, die in keinem Werk offensichtlicher ist als in jenem Stockhausens.

Man mag Stockhausens seit Anfang der siebziger Jahre immer stärker gewordenen Mystizismus verwerfen oder bewundern, man mag den gigantischen Opernzyklus *Licht* als vermessen ansehen oder als Nachfolger Wagnerscher Ring-Konzeptionen, gewiß ist, daß sein Frühwerk schwerlich getrennt werden kann von dieser ins Spirituelle ausgreifenden Entwicklung; denn es lieferte in Gestalt seiner bahnbrechenden Kompositionen wie *Klavierstück I*, *Gesang der Jünglinge*, *Gruppen* und *Klavierstück XI* gewissermaßen die klang-physische Basis für die jetzt erfolgende meta-physisch-kosmische Überhöhung. Kurios genug, daß Schnebel diesen »qualitativen Umschlag« im Werk Stockhausens nicht wirklich reflektiert. Dabei sieht sich Stockhausen durch die Neue Ästhetik unverhofft sanktioniert, die von der Rede über eine Neue Erhabenheit bis zu George Steiners furiosem Essay *Von realer Gegenwart* reicht, dessen mittlerweile leidenschaftlich diskutierte Hauptthese lautet, daß tragfähige Kunst »letztlich auf der Annahme einer Gegenwart Gottes beruhen muß«.

Dahin ist der Glaube an »Beethovens Erbe als moralische Aufrüstung« (Kagel), geschwunden die Hoffnung auf eine progressive Symbiose von Politik und Musik (Henze), verelendet sind »konkrete Musik« und reine Elektronik, wenn es nach dieser neothomistischen Ästhetik ginge – und nach Stockhausen, der längst Gott in den Zeugenstand seines musikalischen Wollens gerufen und der in *Luzifers Traum* den Tod musikalisch außer Kraft gesetzt hat. Schnebel schreibt, daß es heute schwer sei, ein *Jesu juve* oder ein *ad maiorem Dei gloriam* unter ein Werk zu schreiben. Er vergißt seinen Lehrmeister Stockhausen, der mit solchen Motti beginnt.

Das musikalische *happening* hatte längst pseudo-religiöse Züge angenommen. Die »Gruppen«, ob in Köln oder Darmstadt, zelebrierten sich selbst. Die »Jünglinge« hatten sich mittels Schönbergs noch auf Stefan George und die »hängenden Gärten« besinnen können; sie wußten, was Kult war. Die Reihe war ihnen, im nachhinein gesehen, in Stockhausenscher Verkleidung Mittel zum kultischen Zweck gewesen.

Stockhausen schrieb im Mai 1968 poetische Texte anstelle einer notierten Musik. Schnebel zitiert: »Spiele einen Ton / mit der Gewißheit / daß Du beliebig viel Zeit und Raum hast.« Eine Zeit jenseits der Gegenwart war damit gemeint, jenseits der Barrikaden, der Vietnam-Proteste, die Zeit der »reinen«, wohl unbefleckten Kunst, vorgetragen in einem Idiom, das Schnebel in der Zeit der Literarisierung der Musik um und nach Beethoven aufgespürt hatte.

Aus dem Schreiben über Musik ist mithin ein Schreiben *in* die Musik geworden; aus dem kritischen Diskurs über das Gewagte, Neue, eine Apologie des Gewagten, ein Rezept für das Herstellen des Unbekannten. Um abermals Rihm zu zitieren: »Wir entwerfen hörend auf ein Ganzes hin, das es nicht gibt. Aber dort muß es sein ...«

Als was versteht sich aber der heutige Komponist? Als Akustiker oder Klangproduzent, Geräuschkünstler oder esoterischer Hermetiker? In den sechziger Jahren pflegte er noch die aktionistische Geste: Er komponierte »Verhältnisse« als Gegenentwürfe zu jenen des bürgerlichen Konzertbetriebs. Inzwischen gehört der Klang- und Geräuschexperimentator zum Inventar der postmodernen Gesellschaft. Sie hält ihn sich als Exoten. Man beweist Zeitsinn, wenn man ein paar Xanakis-CDs in seiner Sammlung hat, etwas Nicolaus A. Huber, Louis Andriessen, Luciano Berio und Steve Reich. Die Zürcher Kulturzeitschrift *du* widmete dem Stuttgarter Klangavantgardisten Helmut Lachenmann eine Bildseite: der Komponist, auf einer Matte sitzend, am Anfang oder Ende einer Meditation, vor einer kahlen Wand (kahler noch als jene, vor der sich Pierre Boulez photographieren ließ), ohne Musikzubehör – anders als Stockhausen, der inmitten seines Akustikterminals abgebildet ist.

Der 1935 geborene Lachenmann, ein Schüler Luigi Nonos, gehört zu den reflektiertesten und gleichzeitig »naivsten«, sprich: offensten Komponisten seiner Generation. Man könnte behaupten, Lachenmann sei ein Komponist des Offenen – von seinen Orchesterstücken *Schwankungen am Rand* bis zu *Accanto* und *Ausklang*. *Accanto* ist eine Musik für Klarinettisten und Orchester, die auf Zuspielungen von Mozarts Klarinettenkonzert reagiert und auf diese Weise kreative Konzeption und umgesetzte Hörerfahrung zeigt.

Überhaupt das Hören. Was Hören sein kann, untersuchen viele seiner Abhandlungen und Versuche, die nun in einem von Josef Häusler sinnvoll eingeleiteten Band vorliegen. Tiefgründiger kann man kaum über heutiges Komponieren informiert werden als durch Lachenmanns Analysen. Sie gehen aus von seiner frühen These: »Hören ist wehrlos ohne Denken.« In diversen Anläufen befragt Lachenmann ihren Aussagewert und kommt zu komplementären Befunden: »Hören, nicht anders als das Komponieren selbst, (ist) eine Form menschlichen Suchens.« Oder: »Hören heißt: sich selbst neu entdecken, heißt: sich verändern.«

Musik versteht Lachenmann nicht mehr unbedingt als Einspruch gegen die gesellschaftlichen Zustände, jedoch durchaus als eine Auseinandersetzung mit ihnen. Er verwahrt sich gegen simplifizierende Kategorisierungen in der modernen Musik und die mit ihr einhergehende Verharmlosung ihrer »Klassiker« wie Schönberg und Webern.

Lachenmann formuliert gelehrt und polemisch (man nehme seine Kritik an Hans Werner Henze und vergleiche sie mit dem Streit zwischen Neoromantikern und Modernisten am Anfang dieses Jahrhunderts!), analytisch seine Materie durchdringend und Reflexionen im Leser anregend. Besonders prägnant seine Werkkommentare, etwa: »Wiegenmusik (nicht ›Wiegenlied‹) ist bestimmt von einem Gefüge vielfach verzweigter, oft weit gedehnter, oft eng zusammengedrängter Arpeggio-Figuren. Sie nähert sich nach anfänglichen Verdichtungen mehr und mehr einem Zustand völliger Ruhe an: ›Kind im Einschlummern‹, quasi als Psychogramm abgewandelt.«

Es zeichnet diesen Künstler aus, daß er sich Widersprüchen (in Material und Intention) stellt und seine eigene Kunst in ihrer prinzipiellen Paradoxie erkennt: »Kommunikation verweigern um der gefährdeten Kommunikation willen: Das scheint mir heute noch die Chance für den Komponisten zu sein bei dem Versuch, in der Kunst eine Schönheit zu destillieren, die das Leiden dieser Gesellschaft an sich selbst nicht ignoriert und weder beweint noch belacht, sondern zum Wissen wendet ...« Das aber erfordert von uns ein Hören mit – abermals paradox gesprochen – allen Sinnen.

Spiritualität und Neue Musik

Gegenwärtig begeht die gesittete Nachwelt wieder einmal ein Johann Sebastian Bach-Gedenkjahr. Eines freilich fällt uns dabei von Jahrestag zu Jahrestag schwerer, nämlich zwei kardinale Halbsätze Bachs zu verstehen – »ad maiorem dei gloriam« und »soli deo gloria«: Zum höheren Ruhme Gottes habe er geschaffen, weil allein Gott die Ehre gebühre. Dieses Bekenntnis Bachs stand über, unter und zwischen allen seinen Kompositionen. Sie waren in ihrer beschwingten Strenge Gebet und Kunst; sie verklärten die Innigkeit des Glaubens und die Fülle des Daseins.

Man stelle dem die langen Perioden eines John Cage gegenüber oder das Schweigen zwischen den Klangphasen Luigi Nonos und ermesse, welchen Weg wir kulturgeschichtlich gehen mußten, um in diese musikalischen Leerläufe zu geraten. Oder haben sie diese Leere womöglich zu unserer buchstäblich meta-physischen, also jenseits des Körperlichen angesiedelten Erbauung komponiert?

Ist aber inzwischen dennoch etwas von dem spürbar, was Wolfgang Welsch die »auditive Kulturrevolution« genannt hat?

Wahr ist, in der zeitgenössischen Musikszene, die sich bewußt global und transkulturell begreift, zeichnet sich eine Entwicklung ab, von der anzunehmen ist, daß von ihr Impulse auf ein ansonsten weitgehend entseeltes Kulturverständnis ausgehen. Das wohl wesentlichste Merkmal dieser Musik ist, daß sie ihre Materialität nicht leugnet, sondern im Gegenteil nahezu jeden Aspekt digitaler Technik nutzt. Gleichzeitig kann dadurch das scheinbar Entrückte, Abwesende anklingen und ins klangliche Spiel gebracht werden.

Was ›heilig‹ ist an der Leere der Moderne, ›erscheint‹ nicht nur, sondern erklingt wieder.

Kein zeitgenössischer Komponist steht offenkundiger für diese Entwicklung als Arvo Pärt. Nicht musikalische Installationen, sondern klangliche Konstellationen prägen sein Werk, etwa das Verhältnis von renaissancehafter Polyphonie und Serialität oder auch jenes von Ton zu Ton. In einer seiner Kompositionen für Violine und Klavier mit dem Titel *Spiegel im Spiegel* werden die Töne in sich mehrfach wiederholender Reihung gleichsam zu Tropfen, melodisch Schuberts *Notturno* erinnernd. Es erklingen Töne, die sich durch diese wechselseitige musikalische ›Spiegelung‹ nicht entrinnen können; vielmehr bleiben sie gefangen in ihrer klanglichen Selbstbezüglichkeit.

Die Frage nach dem, was hier Form, was Inhalt sei, macht augenscheinlich keinen Sinn mehr. Gegenstand der Spiegelung ist die Spiegelung selbst. Form und Inhalt werden in Pärts Kompositionen zu einem in sich kreisenden *Vorgang* verschmolzen, der jedoch dann und wann über sich hinauszuweisen scheint, auf ein wie auch immer geartetes ›Anderes‹. Dieser Eindruck und nicht der Umstand, daß Pärt lieber in Kathedralen als in Konzertsälen konzertiert, verleitet den Hörer, von einer quasi religiösen Musik zu sprechen.

Unser gleichfalls am Visuellen ausgerichtetes Vokabular kennt im Auditiven keine Entsprechung zum Wort ›scheinen‹. Das Scheinen in der Musik, von Hegel über Nietzsche bis Adorno ein zentrales, wenngleich selten artikuliertes Begriffsproblem der Klangästhetik, sei in unserem Zusammenhang ein *Auditieren* genannt. Pärts Musik erweckt (analog zum ›Anschein‹) einen Anklang ans Sakrale; in ihr auditiert ein Heiliges, wobei sich diese Klänge bewußt von prosaischen Alltagserfahrungen ablösen. Sie füllen die Leere des

Alltäglichen nicht, sondern meiden oder überspielen sie. Oder vollzieht sich in dieser Musik womöglich das, was Rilke am Ende seiner *Ersten Duineser Elegie* als ›musikalische Hoffnung‹ entwarf, daß nämlich Musik, klagende Musik die Leere in eine, wie er schrieb, uns »hinreißende«, aber auch tröstende Schwingung versetzen könne?

Wir nehmen durchaus Unterschiede im auditiert Religiösen wahr, sagen wir in der Musik einer Hildegard von Bingen, in der h-Moll-Messe Bachs oder in der *Missa solemnis* Beethovens, im *Elias* Mendelssohn-Bartholdys, im *Parsifal* Wagners, in den Sakralsymphonien Bruckners oder der *Psalmensymphonie* Strawinskys. Beethovens ›Credo‹ in seiner »Missa« etwa schwankt zwischen weltlichem Pathos und religiöser Inbrunst, wogegen Wagner, des philosophisch konstatierten und von ihm selbst im *Ring* musikdramatisch herbeigeführten Todes der Götter eingedenk, das Religiöse im *Parsifal* nur noch inszenieren konnte. Glaubhaft ist der *Parsifal* allenfalls als eine durch den theatralischen Ritus simulierte Religiosität. Die Leere des ausgebrannten Walhall scheint sich zwar am Ende der »Götterdämmerung« mit jener »dem Nordlicht ähnlichen« rötlichen Glut zu füllen: und in der Musik auditiert das Verwandlungsmotiv, aber nicht als Zeichen der Hoffnung, sondern einer Sehnsucht. An die Stelle des zerbrochenen Glaubens ist die Sehnsucht nach Glauben getreten. *Parsifal* kann diese Sehnsucht nur in Gestalt einer Parodie des Religiösen stillen.

Wer daraus die äußerste Konsequenz zieht, begreift Worte nur noch als Sprachhülsen und Musik als Geräusch. Von dieser letzten Konsequenz sind die Stücke Becketts bestimmt. Da fällt alles, »von Anfang an ins Leere«, wie es im *Spiel* heißt, und »Worte und Musik« werden zu komparsenhaften Partnern in einer Beziehung, in der Schablonen mit Schablonen, scheinbar angeregt, über nichts kommunizieren.

Arvo Pärts Musik nun wäre keine ›Partnerin‹ für Becketts ›Worte‹. Woran liegt das? Beckett erinnert uns an – nichts, nur an das Leere. Pärt erinnert uns an das, was Rilke das »Herzwerk« genannt hat. Bei Beckett dagegen lösen sich Träume in nichts auf. Pärts Musik wiederum leistet immer auch Traumarbeit; denn sie zwingt zum Innehalten und Ruhiger-Werden; überdies verleitet sie zum Vergessen, daß wir geborene Parodisten und hart geprüfte Zyniker sind.

Seit gut zwei Jahrhunderten leidet die Kunst jedoch auch daran, daß sie sich selbst überfordert hat. Sie kann den transzendental Obdachlosen nicht wirklich beheimaten oder gar das Politische ersetzen. Sie kann eben nur spielen, gelegentlich sogar mit dem Feuer. Kunst, ob als kruder Karneval der Materialität oder als symbolisch-spielerische Feier des ganz ›Anderen‹ verstanden, dürfte aber in den Sinnwüsten unserer Zeit eine weiterhin deutenswerte Fata Morgana, eine farbige Spiegelung unserer Krisen bleiben. Und die Leere ringsum ihre entzauberte Aura.

Von Bachs schaffenspsychologischem Credo, seinem »ad maiorem dei gloriam«, war eingangs die Rede gewesen und der Frage, ob es für heutige Künstler noch glaubwürdig sein kann. Man nehme John Tavener, der klangliche Gegenentwürfe zur profanen Spätmoderne schaffen will, wobei er bewußt auf Bach zurückgreift, wie etwa in seinem Klavierstück *Hypakoe*, dessen zweiter Teil einen Bachschen Choral anklingen läßt. Freilich, wie hören wir dergleichen? Als akustisches Versatzstück? Als Zitat musikalisch ausgeformten Glaubens?

Bachs Bekenntnis zum göttlichen Ursprung künstleri-

scher Schöpfung war zu seiner Zeit durchaus noch (bürgerliche) Norm und Kantorenpflicht. Heute klingt ein solches
Bekenntnis exotisch. Der Thomas-Kantor hatte noch kein
Rampenlicht gekannt. Tavener dagegen ist Teil einer rück-
sichtslos operierenden Public Relations-Maschinerie, die
im Neu- bis Pseudo-Sakralen eine Marktnische entdeckt
hat. Sie stellt John Tavener als einen komponierenden Johannes von Patmos vor; und selbst wenn er sich dieser Me-
dienlegendenbildung zu entziehen versucht, gehören solche
Rückzugsversuche ins kommerziell verwertbare Bild vom
entrückten Komponisten.

Oder liegt es an Taveners Musik, daß sie und er sich sol-
chermaßen verwerten lassen? Bedient seine Musik nicht,
zuweilen wenigstens, ein Klischeebedürfnis nach metaphy-
sischer Tröstung in profaner Zeit? Kritischer gefragt: Fördert sein Hang zu klanglicher Monotonie, sein Verzicht auf
eine weiterentwickelte Kontrapunktik und damit auf Komplexität, nicht die Sehnsucht nach vermeintlicher neuer Naivität, Einfachheit und unbedarfter Schlichtheit?

Anders, wie erwähnt, sehr anders Arvo Pärt; anders aber
auch Olivier Messiaen, dieser Chagall der Musik, dessen
großes Oratorium *La Transfiguration* in der Zeit der europäischen Studentenbewegung entstand und gleichsam eine
spirituelle Revolte wagte und der nach seiner Oper *Saint
François* in der letzten Phase seines Lebens die *Éclairs sur
l'au-delà* (1987-92) abschließen konnte. Es mag dauern, bis
wir so ganz erfassen, was Messiaen uns da hinterlassen hat,
ein, paradox gesagt, erfülltes Vakuum, einen Glauben durch
Musik. Aber einen Glauben woran? An die für die Dauer
eines Hörerlebnisses kathartische Wirkung von Musik.

Was aber ist der Unterschied zwischen den Naturlaut-
Zitaten eines Messiaen und, sagen wir, der h-Moll-Messe

Bachs, deren ›Sanctus‹ wie ein gewaltiger Einspruch gegen die Profanisierung der Welt klingt? Von diesem Einspruch lebt die geistliche Musik bis heute, auch wenn sie nicht mehr über diese ergreifende Emphase Bachs verfügen kann – es sei denn im Zitat. Man denke an Pendereckis *Seven Gates of Jerusalem*, an Kreneks *Lamentatio Jeremiae Prophetae* oder an Francis Poulencs lichte Klangwelt, allesamt Proteste gegen plane Verweltlichung, versuchte Rekonstruktionen des Glaubens und Evokationen des Heiligen.

Im Christentum bestimmt sich das Ich durch tätige Dreieinigkeit, die sich in jeder Missa beglaubigt sieht. Es ist die Dreiheit des ›credo‹, des ›confiteor‹ und des ›expecto‹, des ›Ich glaube, bekenne, erwarte‹. Als Bach an seiner h-Moll-Messe schrieb (1748/49), gehörte dieser Kirchenstil liturgisch und musikalisch schon fast der Vergangenheit an. Nicht die Intensität dieses musikalisch-religiösen Bekenntnisses, wohl aber sein kompositorisches Ausmaß sprengte den kirchlichen Rahmen und verlangte nach konzertanter Aufführung. Damit ergibt sich das Paradox, daß jenes Werk, in dem altchristlicher und protestantischer Glaube seine musikalische Apotheose fand, gleichzeitig den säkularisierten, außerkirchlichen Aufführungsrahmen brauchte. Mit Beethovens *Missa solemnis*, im Grunde eine symphonische Messe, setzte sich diese Entwicklung fort. Was sich hier abzeichnete, war die Emanzipation des durch die Kunst vermittelten Religiösen von der konfessionellen Religion. Die zum Konzertprogramm mutierte Liturgie wahrte bis Wagners *Parsifal* noch den Anschein geistlicher Erfülltheit. Wagners Apotheose seiner Gesamtkunstwerk-Idee verstand sich dann jedoch primär als »Bühnenweihfestspiel« und erklärte damit Religion und Religiöses zum theatralischen Akt. Die Liturgie, Nietzsche hatte dies genau erkannt, führte sich im

Parsifal selbst vor, was auf ihre Selbstentzauberung und auf eine letztlich leere, das Eschatologische parodierende Pointe hinauslief: »Erlösung dem Erlöser«. Wagner hatte freilich in seinem Versuch *Religion und Kunst* (1880) erklärt, daß in einer Zeit, in der die Religion künstlich geworden sei, die Aufgabe der Kunst darin bestehe, die Essenz des Religiösen zu bewahren. Kann sich nun wiederum die Kunst von diesem sie überlastenden Anspruch nur dadurch ›erlösen‹, daß sie sich selbst zerstört? Stünde demnach das Leere, das sie so bereitwillig thematisiert, für ihre Selbstaushöhlung? Das wäre dann aber eher die zen-buddhistische Lösung des Problems, der zufolge das Ankommen im absolut Leeren selbst das Göttliche obsolet werden läßt.

Die Musik nun ist dasjenige Kunstmedium geblieben, das noch am ehesten religiöse Grundbedürfnisse des spätmodernen Menschen artikulieren oder zumindest erinnern konnte. Literarisch gewann diese Aufgabe der Musik in Thomas Manns *Doktor Faustus* Gestalt, genauer im Werk seines fiktiven Komponisten Adrian Leverkühn. Es gipfelt in seiner Faustus-Kantate, welche die »Negativität des Religiösen« ausdrücken wollte, eine Klage Gottes über das Ende seiner Weltschöpfung. Dieses »Ende« drückt sich in der novellistischen Schilderung dieser Kantate so aus: »Aber der nachschwingend im Schweigen hängende Ton, der nicht mehr ist, dem nur die Seele noch nachlauscht, und der Ausklang der Trauer war, ist es nicht mehr, wandelt den Sinn, steht als ein Licht in der Nacht.«

Leverkühns Musik kannte noch den Umschlag von Negativität in Hoffnung, von einem allein gelassenen Ton in ein »Licht in der Nacht«. Ins Licht aufgelöste Religiosität mag man auch noch in Stockhausens Werk *Donnerstag aus Licht* wahrnehmen, in den reich schattierten Orchesterglissandi

Ligetis oder Pendereckis oder im Werk der Sofia Gubaidulina, etwa in ihrer Symphonie *Stimmen...Verstummen* oder der Konzeption ihres Konzerts für zwei Bratschen und Orchester, in dem die Begegnung der beiden Schwestern des Lazarus, Maria Magdalena und Martha, mit Christus *auditiert* werden soll, wobei die eine Bratsche »in helle Tonlagen« aufsteigt, die andere dagegen in dunkle Tonregister abgleitet.

Wenn Stimmen und Verstummen ineinander übergehen, wenn ein Ton nachschwingt und Licht aus ihm wird oder Dunkel, dann stellt sich immer wieder die eine entscheidende Frage: Was löst ein Wort, ein Ton, ein Pinselstrich, ein Filmstreifen in uns aus? Was hören wir im Wort, was sehen wir im Ton, was begreifen wir durch die Linie oder Farbe?

Von Adrian Leverkühn heißt es im Roman, er sei ein Jahr lang »leer gewesen von Arbeit« nach Abschluß einer bestimmten Arbeit. Und damit ist die Frage gestellt, die sich zu den vorigen noch hinzugesellt: Was bewirkt das Gefühl von innerer Leere im Menschen? Ist sie nicht Voraussetzung dafür, daß sich etwas in ihm neu bildet? Den Blick auf die Leere aushalten, das ist eine wichtige Maßgabe des Zen. Und daß es entscheidend darauf ankommen kann, konstruktiv innere Leere zu verwandeln, wußte bereits der griechische Mythos. Zeus erfand die Statue im Angedenken an seinen von den Titanen zerrissenen Sohn Zagreus. Durch eine Öffnung legte Zeus das Herz seines Sohnes in das leere Innere seiner Plastik, woraufhin es wieder zu schlagen begann. Worauf es Zeus ankam, so der Mythos, war die Vollkommenheit der Skulptur als Vertreterin der göttlichen Erscheinung.

Schon der junge Nietzsche hatte die symbolische Bedeutung dieses Vorganges erkannt und sie auf die Moderne bezogen: »Die Griechen brachen aus dem Heiligen aus und wandten sich, im Vertrauen auf die Suprematie des Ästhetischen, dem Vollkommenen zu.« Aber es handelt sich dabei um ein Vertrauen auf den Schein. Sofern Kunst sich sakralen Themen zuwendet, ein Heiliges anklingen oder aufscheinen läßt, ist das Religiöse unweigerlich mehr abwesend als anwesend. Denn nicht das Gestaltete kann heilig sein, allenfalls das noch zu Gestaltende, Numinose. In einem Chagall-Gemälde zum Beispiel ist einzig die eigentliche Abwesenheit des Heiligen in unserem Leben anwesend. Gegenwärtig hinter der scheinbaren Fülle der Farben ist die Leere, ganz wie in Gubaidulinas sakraler Symphonie das Verstummen hinter den religiös inspirierten Stimmen wartet.

Worauf nun bereitet eine solche um das Leere wissende Kunst vor? Darauf, mitten in unserer funktionalistischen Welt auch den Leerlauf zu wagen, der nicht unmittelbar zu einem konkreten Ergebnis führt. Den panischen Schrecken überwinden zu lernen, der uns vielfach Verplante überkommt, wenn wir plötzlich – mitten in einem Musikstück – vor einem »leeren Zeitraum« stehen. Umgehen zu können mit leer bleibenden Plätzen inmitten unserer Metropolen. Auch von der zeitgenössischen, durchaus mythenbewußten Kunst können wir diese Tugenden wieder lernen. Vielleicht ist das nicht die unwichtigste ihrer Wirkungen.

Nach-Worte zur Musik

Musik ist das Auskomponieren der inneren Stimme.

Man wird, was man hört. Aber zuletzt verhört man sich selbst.

Töne wirken als Fermente der Zeit, bis sie zur Fermate der Dauer werden.

Das Wortlose ist die Substanz der modernen Musik.

Worte verbrauchen sich; ebenso bestimmte Tonfiguren: Nach Liszt ließ sich ein verminderter Septimakkord kaum noch ertragen; auch die Chromatik hat sich erschöpft und zuvor die Dissonanz, die sich in der Romantik emanzipiert hatte. Dennoch bleiben in der Musik verfremdende analytische Transpositionen möglich. Ligeti zum Beispiel sucht nach mikrotonalen Intervallen.

Das Sein eines Tones ist eine Schwingungszahl; seine »Natur« das Schwingen selber.

Musik kann erregen, besänftigen, aber nicht anklagen, verteidigen oder beleidigen. Sie ist nicht diskursiv, sondern suggestiv. Die musikalische Situationskomik beruht nun darauf, daß Suggestives quasi diskursiv eingesetzt wird – wie im Falle vieler Haydn-Symphonien und auch in Schumanns *Humoreske*.

Musik verwirklicht Rationalität auf sinnliche Weise. Das Rationale ist ihre Konstante – von den Neumen bis zur Zwölftonordnung; die Sinnlichkeit dagegen ihre Variable.

Max Weber wies in seiner Studie *Die rationalen und soziologischen Grundlagen der Musik* (1920) darauf hin, daß sich diese Rationalität vor allem im Instrumentenbau umsetzte. Er verwies auf die Orgel und ihre Maschinenhaftigkeit: »Sie ist in ihrer Entwicklung auch darin dem Maschinenprinzip gefolgt, daß, während ihre Bedienung, welche im Mittelalter noch eine Vielzahl von Personen, vor allem von Balgtretern, erforderte, diese physische Arbeit zunehmend durch maschinelle Vorrichtungen ersetzt ist, und daß sie dabei auch das technische Problem des kontinuierlichen Gebläses mit der Eisenverhüttung geteilt hat.«

Seit alters her gehört es zur Kunst des Musikers, des Komponisten wie des Instrumentalisten, die technischen Möglichkeiten seiner Instrumente, die er einsetzen oder spielen möchte, zu kennen. Das gilt in verstärktem Maße heute – im Zeitalter der elektronischen Musik und des Synthesizers.

Diese intime Vertrautheit des Musikers mit technischen Fragen könnte mit eine Ursache dafür sein, daß die Musik – spielend – mit dem Computerzeitalter fertig wird, spielender zumindest als die Schriftsteller.

Dieser sinnliche Umgang mit Technik, der die Pop-Musik ebenso wie das Schaffen Stockhausens und Kagels auszeichnet, könnte allmählich zu einer Wiederannhäherung, ja, Verschmelzung der E- und U-Musik führen.

Anders als die Sprache kann die Musik »Sinn« und »Bedeutung« aus dem bloßen Spiel mit der Form gewinnen. Der Sprachkünstler dagegen hat beim Sprachspiel immer zu bedenken, daß er mit gewachsenen Bedeutungseinheiten experimentiert. Folglich muß die Sprachkunst, wenn sie überleben will, ein Minimum an Verständlichkeit respektieren. Wer kennt heute noch Hans G. Helms Werk *Fa:m’ Ahniesgwow*?

In der Tschukotka, einem Landstrich und Inselkomplex an der Behringstraße, besagt eine Volksweisheit, daß jeder Mensch bei seiner Geburt von der Natur ein Lied mitbekomme, um es dann zeitlebens zu singen. Die Eskimos glauben daran, daß sie dieses Lied schütze.
  Singend zu seinem eigenen Schutzengel werden.

Orpheus hinter Stacheldraht lautet ein Singspiel Hans Werner Henzes. Darin zerstört Orpheus sein Instrument und baut aus den Bruchstücken ein neues. Dessen Musik ihn zerstört.

Nachtrag zu Rilkes *Musik des Hintergrunds*. Seine poetische Hypothese scheint sich im Bereich der Astrophysik und der Sozialpsychologie verifiziert zu haben: Astrophysiker gehen heute davon aus, daß im ganzen Universum der Urknall nach wie vor echot.
  Übertragen auf die Sozialpsychologie urteilte Norbert Elias, daß der Mensch ein *Hintergrundsgefühl* der Geborgenheit benötige, das sich in der Kindheit entwickele oder gestört werde. Dieses Gefühl sei eine Art *basso continuo* im Leben, ein hintergründiger *cantus firmus* gewissermaßen.

Die einen verstummen, wenn sie Musik hören; die anderen drängt es, über sie etwas zu sagen. Beide arbeiten auf ihre Weise am Echo.

»Während die Elementargesetze der Wortsprache, die wir Grammatik nennen, rationaler Art sind, erkenne ich in denen der musikalischen Sprache eine emotionale Qualität« (Bruno Walter). Dur-Moll-Wechsel als Konjunktiv der Musik?

Oder haben Sprache und Musik ihren begrenzten notationsfähigen Lautvorrat erschöpft, weil sich auch die menschliche Empfindungsfähigkeit zu erschöpfen beginnt? Leben und komponieren wir auf das große Schweigen zu?

Ein indisches Sprichwort lautet: »Den Schweigenden besingt die Stille.«

Nachweise

Komponistenprosa · Erstdruck in: Merkur 569/1996, S. 683-691

»Flöten gehn ihm voraus ...« · Erweiterte Fassung eines im Bach-Jahr 1985 im Institute of Germanic Studies, London, gehaltenen Vortrages, unveröffentlicht

Mozarts Zeit-Horizont · Vortrag, gehalten auf dem Internationalen Symposion »Für eine mozartische Zukunft«, Salzburg im September 1991. Teilabdruck in: »Die Welt« vom 30. XI. 1991 unter dem Titel »Tamino bittet zum Endspiel«. Erstdruck des ganzen Textes in: Universitas 52/1997, Heft 608, S. 175-186

Kleist im Schall ... unveröffentlicht

Im Schatten der Einsamkeit... Erstdruck: Allgemeines Deutsches Sonntagsblatt Nr. 39 vom 28. IX. 1990

Über Schubert · Vortrag, gehalten im Mai 1998 im Austrian Cultural Institute in der Reihe »Occasions« unter dem Titel: »Schubert's Unanswered Question: Literary Reflections on a musical theme«. Einzeldruck im Bd. 5 der »Occasions«. London 1998. Deutsche Übersetzung von Karin Sousa

Gebrochene Romantik · Erstdruck: Neue Zürcher Zeitung vom 25./26. Juni 1988

Sokrates tanzt · Erstdruck: Merkur 616/2000, S. 674-685

Über Tschaikowsky · Erstdruck: Die Presse/Spectrum (Wien) vom 6. November 1993

Versuch über Richard Strauss · Gedenkvortrag zum 50. Todestag von R. Strauss, gehalten vor der Gesellschaft der Musikfreunde in Wien am 29. IX. 1999. Erstdruck: Merkur, Nr. 612, April 2000, S. 324-336

»... und Musik überstieg uns ...« · überarbeitete Fassung eines in den Blättern der Rilke-Gesellschaft 10/1983, S. 50-68, erstmals publizierten, auf Schloß Duino gehaltenen Vortrages

Arme Spielleute · Erstdruck: Die Presse/Spectrum (Wien) von 9./10. November 1991

Notiz über das Melos · gründet auf Überlegungen, die der Verfasser unter dem Titel »Das Melos – Ein unzeitgemäßer Begriff?« in: Sprachkunst XIII/1982, S. 109-127, vorgelegt hat

Musik und Dinglichkeit · unveröffentlicht

Zur Musik des Absurden · überarbeitete Fassung eines Beitrages in Neue Deutsche Hefte 1989/90, S. 605-610

Hans Werner Henzes »böhmische Quinten« · unveröffentlicht

Vom Schreiben über neue Musik · überarbeitete Fassung von zwei Aufsätzen, die in Die Presse/Spectrum (Wien) vom 12. März 1994 und 10. August 1996 unter den Titeln »Wie Musik aussieht« und »Hören mit allen Sinnen« erschienen sind

Spiritualität und Neue Musik · Karfreitagsvortrag 2000, Schloß Elmau; unveröffentlicht

Nach-Worte zur Musik · unveröffentlicht

NF 38/1/5.00

Frauen mit Flügel. Lebensberichte berühmter Pianistinnen. Von Clara Schumann bis Clara Haskil. Herausgegeben von Monica Steegmann und Eva Rieger. it 1714. 402 Seiten

Die großen Komponistinnen. Von Hildegard von Bingen bis Germaine Tailleferre. Mit zahlreichen Abbildungen. it 2116. 435 Seiten

Georg Friedrich Händel. Von Christopher Hogwood. Übersetzt von Bettina Obrecht. it 2655. 576 Seiten

Heinrich Heine. Leben und Werk in Daten und Bildern. Herausgegeben von Joseph A. Kruse. it 615. 352 Seiten

Hermann Hesse. Sein Leben in Bildern und Texten. Herausgegeben von Volker Michels. Mit einem Vorwort von Hans Mayer. Gestaltet von Willy Fleckhaus. it 1111. 365 Seiten

Hermann Hesse. Werk und Wirkungsgeschichte. Von Siegfried Unseld. Mit zahlreichen Abbildungen. it 1112. 414 Seiten

E. T. A. Hoffmann oder Die Tiefe zwischen Stern und Erde. Von Eckart Kleßmann. Mit zahlreichen Abbildungen. it 1732. 608 Seiten

Peter Huchel. Leben und Werk in Texten und Bildern. Herausgegeben von Peter Walther. it 1805. 336 Seiten

Im Aufbruch. Biographien deutscher Jüdinnen. Von Marianne Goch. it 2541. 288 Seiten

Harry Graf Kessler. Eine Biographie. Von Peter Grupp.
it 2533. 400 Seiten

Katherine Mansfield. Leben und Werk in Texten und
Bildern. Von Ida Schöffling. Mit zahlreichen Fotografien.
it 1687. 261 Seiten

Die Familie Mendelssohn. 1729-1847. Nach Briefen
und Tagebüchern herausgegeben von Sebastian Hensel.
Mit einem Nachwort von Konrad Feilchenfeldt. Mit zeitgenössischen Abbildungen. it 1671. 936 Seiten

Yehudi Menuhin. Von Tony Palmer. Übersetzt von
Cornelia C. Walter. Mit zahlreichen Abbildungen. it 1989.
266 Seiten

Leopold Mozart. Eine Biographie. Von Erich Valentin.
it 2224. 223 Seiten

Nijinsky. Der Gott des Tanzes. Von Romola Nijinsky.
Mit einem Vorwort von Paul Claudel. Übersetzt von Hans
Bütow. Mit zahlreichen Fotografien. it 566. 399 Seiten

Marcel Proust. Leben und Werk in Texten und Bildern.
Von Renate Wiggershaus. it 1348. 350 Seiten

George Sand. Leben und Werk in Texten und Bildern.
Von Gisela Schlientz. it 565. 407 Seiten

Peter Tschaikowsky. Eine Biographie. Von Edward
Garden. Übersetzt von Konrad Küster. it 2232. 302 Seiten

Antonio Vivaldi. Eine Biographie. Von Michael Talbot. Übersetzt von Konrad Küster. it 2217. 378 Seiten

Das Leben des Voltaire. Von Jean Orieux. Übersetzt von Julia Kirchner. it 1651. 1024 Seiten

Maria Walewska, Napoleons große Liebe. Eine historische Biographie. Von Marian Brandys. Übersetzt von Klaus Staemmler. it 1835. 314 Seiten

Wilhelmine von Bayreuth. Eine preußische Königstochter. Neu herausgegeben von Ingeborg Weber-Kellermann. Mit Illustrationen und sieben Porträts. it 1280. 562 Seiten

Stefan Zweig. Leben und Werk im Bild. Herausgegeben von Donald A. Prater und Volker Michels. it 532. 362 Seiten